Ulrich Hesse-Lichtenberger

Wie Österreich Weltmeister wurde

111 unglaubliche Fußballgeschichten

Ulrich Hesse-Lichtenberger

Wie Österreich Weltmeister wurde

111 unglaubliche Fußballgeschichten

VERLAG DIE WERKSTATT

Bibliografische Information der Deutschen Bibliothek:
Die Deutsche Bibliothek verzeichnet diese Publikation in
der Deutschen Nationalbibliografie; detaillierte bibliografische Daten
sind im Internet über http://dnb.ddb.de abrufbar.

Lotzestraße 24a, D-37083 Göttingen
www.werkstatt-verlag.de

Umschlagfoto: Andreas Helminger / Pixelio
Satz und Gestaltung: Verlag Die Werkstatt
Druck und Bindung: Clausen & Bosse, Leck

ISBN 978-3-89533-597-6

VORWORT

Fast alle der in diesem Buch gesammelten Texte wurden für eine Veröffentlichung im Internet geschrieben. Ein großer Teil von ihnen erschien Anfang des Jahrzehnts auf einem inzwischen eingestellten Fußball-Portal, andere waren auf Websites zu lesen, die nach dem Ablauf einer gewissen Frist wieder offline genommen wurden, da sie zeitlich an eine bestimmte Veranstaltung gebunden waren, zum Beispiel an eine Weltmeisterschaft.

Diese Entstehungsgeschichte der Texte erklärt drei Dinge. Zum einen, warum sie nun in dieser geballten Form in Buchform erscheinen: Der Verlag war der Meinung, es wäre schade, dass sie nicht mehr zugänglich sind – und welcher Autor würde einer solchen Einschätzung widersprechen? Einige der Geschichten wurden zwar in den vergangenen sieben Jahren durch Kollegen von mir aufgegriffen und in Büchern oder Magazinen erwähnt, aber wir reden hier von einer Zahl im einstelligen Bereich.

Zweitens erklärt der Ursprung der Texte ihren Inhalt. Etwas Verblüffendes wollten die Betreiber der angesprochenen Homepages haben, Rückblicke der unerwarteten Art, skurrile Geschichten. In jedem Fall etwas, das ein Besucher der Website – und handelte es sich auch um einen kenntnisreichen Fan – wahrscheinlich noch nicht gelesen hatte und was ihn für ein paar Minuten an die Website fesseln würde.

Ein paar Minuten. Das zielt auf das dritte Merkmal der… ja, was sind sie? Anekdoten? Kolumnen?… Texte ab: ihre

Kürze. In der digitalen Welt hat offenbar niemand Zeit für etwas, oder zumindest nicht besonders viel Geduld, daher sind die Geschichten kompakt und knapp. Obwohl ich manchmal einen Trick angewendet habe und ein längeres Thema in mehreren Teilen abhandelte. Oder zumindest so etwas plante. Als ich zum Beispiel von dem Spieler hörte, der in den Lauf einer Maschinenpistole blickte, aber den Träger der Waffe dann kaltblütig umspielte, um ein Tor zu schießen, war ich so gefesselt, dass ich mehr über diesen Fußballer wissen wollte. Es stellte sich heraus, dass der Rest seiner Karriere noch bizarrer war als jene Episode. Und daher ist der mit Abstand längste Text in diesem Buch jener, der das mysteriöse Leben von Roni Kalderon behandelt. Er geriet so lang, dass ich ihn am Ende dann doch bei keiner der Internet-Plattformen einreichte; er ruhte bis heute auf der Festplatte meines Computers.

Kalderon ist in diesem Buch übrigens dahingehend in guter Gesellschaft, dass außer auf ihn noch auf drei andere Nationalspieler Schusswaffen gerichtet werden. Einer von ihnen wird entführt, damit er keine Tore mehr erzielen kann; ein anderer täuscht seinen Tod vor; der dritte stirbt wirklich. Was den Leser vermutlich zu der Frage bringt: Wie findet man solche Geschichten?

Man könnte annehmen, dass Zeitungs- oder Agenturmeldungen eine gute Quelle darstellten. Das waren aber eher Ausnahmen, denn erst in den letzten paar Jahren ist der internationale Fußball so interessant geworden, dass man auch über abseitige Dinge informiert wird, die in entlegenen Teilen der Welt passierten. Oder vielleicht auch nicht passierten … Das Problem mit Pressemeldungen ist nämlich oft, dass sie erstens nur aus ein paar Sätzen bestehen, die zweitens nicht immer fundiert sind. So musste ich eine meiner Lieblingsgeschichten fallen lassen, obwohl ich große Hoffnungen in die Meldung der französische Nachrichtenagentur Agence France-Presse gesetzt hatte, dass eine Filiale von McDonald's umlackiert wurde, um erboste Fußball-Fans zu beruhigen. AFPs Behauptung, das Gebäude wäre tatsächlich nicht mehr in Gelb und Rot gehalten, ließ sich von mir nicht verifizieren.

Dafür fand ich im Zuge jener Nachforschungen den Hinweis auf eine schottische Stadt, in der Ampeln demoliert wurden, weil sie – wie Ampeln das von Zeit zu Zeit tun – das Grün von Celtic Glasgow anzeigten. Das wiederum ließ sich erhärten. Und auf ganz ähnliche Weise kamen viele andere Geschichten zustande. Während der Recherchen für meine anderen Bücher oder während der Arbeit an Artikeln begegneten mir oft Nebensätze, die etwas erklären sollten – für mich aber neue Fragen aufwarfen. Dass ein spanischer Klub auf seinen Stammtorwart verzichten muss, weil der sich gerade auf den Weltuntergang vorbereitet, kann nur jemand locker überlesen, der nicht neugierig ist.

Schließlich habe ich schon für Publikationen in allen möglichen Ländern geschrieben und stehe deswegen mit Journalisten aus Japan und Israel ebenso in Kontakt wie mit Kollegen aus den USA oder Australien. Unter solchen Umständen erwähnt schon einmal ein Fußball-Freund aus Schweden bei einem Bier die Geschichte von dem Spieler, der den Beginn des UEFA-Cup-Finales verpasst, weil er auf der Toilette eingeschlossen ist. Und sein deutscher Kollege erzählt davon, wie sich der Anstoß eines WM-Finales verzögert, weil keine Fahne der DDR aufzutreiben ist. Dann wird der Abend lang, und an seinem Ende ist der Bierdeckel ebenso vollgekritzelt wie das Notizbuch.

Ach ja, wenn sich der Leser jetzt am Kopf kratzt und denkt „Aber die DDR stand doch nie in einem WM-Finale und war auch nie Gastgeber“, dann ist dieses Buch das richtige für ihn.

0 0 1

Seit mehr als 75 Jahren finden Fußball-Weltmeisterschaften statt. Das sind Turniere, bei denen eine festgelegte Anzahl von Nationalmannschaften, die sich in der Regel für diesen Wettbewerb qualifizieren mussten, um den Weltpokal der FIFA streiten. Mal gewinnt dieses Land, mal jenes, aber meistens ist es Brasilien.

Vielleicht fragt sich der Leser jetzt, warum er gleich am Anfang mit solch banalen Informationen belästigt und ihm die Zeit gestohlen wird. Nun, zum Beispiel, weil er unter Umständen wissen möchte, wer der wahre Weltmeister ist – oder zumindest der andere. Doch zuvor will der Autor dem Leser eine Gegenfrage stellen: Ist es nicht ziemlich blödsinnig, den Fußball-Weltmeister durch solche Turniere in einem Abstand von vier Jahren zu ermitteln? Klar ist es das. Oder lässt sich eine der drei folgenden Thesen widerlegen?

These eins: Bei diesen Turnieren besteht die Gefahr, dass die eigentlich beste Mannschaft vorzeitig ausscheidet, weil zum Beispiel eine Lotterie wie das Elfmeterschießen zum Tragen kommt – siehe Holland 1998.

These zwei: Diese Turniere spiegeln möglicherweise gar nicht den aktuellen Leistungsstand wider, weil zum Beispiel ein inzwischen sehr starkes Team Monate zuvor in der Qualifikation gestolpert ist – siehe Holland 2002.

These drei: Da die Sieger dieser Turniere sich volle vier Jahre Weltmeister nennen dürfen, kann es passieren, dass die beste Elf der Welt den Titel nie holt, weil sie nur zwischen zwei WMs groß aufspielt – siehe Holland 1987 bis 1989.

Und das sind nur einige der Kritikpunkte. Dazu kämen noch Details wie der Heimvorteil, der schon so manche dritt-

oder viertbeste Truppe zur besten werden ließ, oder die zuweilen etwas bizarren Modi, unter denen etwa eine Mannschaft Meister der Welt werden kann, die nicht ein einziges ihrer ersten drei Spiele gewinnt (Italien 1982).

So weit, so gut. Nehmen wir einfach mal an, dass der Leser jetzt zwar überzeugt ist, jedoch hartnäckig einwendet, dass es kein besseres Verfahren gäbe, um den Weltmeister zu ermitteln. Nun, zumindest James Allnutt aus Australien würde da vehement widersprechen. Schon vor langer Zeit fragte sich Mister Allnutt, wie die Fußballwelt wohl aussähe, wenn dieser Sport seine Weltmeister so ausspielen würde, wie das etwa im Profi-Boxen der Fall ist oder beim Schach mehr als ein Jahrhundert lang war: Wer den alten Weltmeister schlägt, ist neuer Weltmeister. Ganz einfach. Keine Turniere, keine Qualifikation – und vor allem: keine fragwürdigen Elfmeterschießen. (Wenn sich der Weltmeister und sein Herausforderer unentschieden trennen, verbleibt der Titel eben im Besitz des amtierenden Champions.)

Der einzige Haken an dieser sensationellen Idee war, dass Allnutt sich in der Folge durch anderthalb Jahrhunderte Fußball-Statistiken quälen musste, um den tatsächlichen aktuellen Weltmeister zu finden, weil die FIFA ja auf ihren wertlosen Turnieren beharrt. Allnutt folgerte zunächst, dass der erste Weltmeister logischerweise im ersten Länderspiel überhaupt ausgespielt worden war: England gegen Schottland am 30. November 1872. Leider lautete das Ergebnis 0:0, also sprang Allnutt zur nächsten Partie. Am 8. März 1873 spielten die beiden Länder wieder gegeneinander, und diesmal siegte England 4:2 – und wurde somit erster Weltmeister. Das Team behielt den Titel aber nur zwei Jahre, dann unterlag es Schottland.

Da die frühe Fußballgeschichte eine fast rein britische war, wechselte der Allnutt'sche Weltmeistertitel lange Jahre zwischen diesen beiden Mannschaften hin und her, und auch der erste Eindringling stammte aus Großbritannien: Im März 1903 gewann Irland gegen Schottland und kletterte so auf den Fußball-Thron. Erst 1931 wurde zum ersten Mal eine nicht-britische Mannschaft Weltmeister, auf die wir gleich noch zurückkommen werden. Bis 1950 verblieb der Titel in Europa, dann gewannen die USA mit 1:0 gegen England (übrigens bei der FIFA-WM!) und durften sich immerhin drei Tage lang als Weltmeister einer anderen Definition fühlen.

Manchmal überschneiden sich übrigens Allnutts Weltmeister mit denen der FIFA, so zuletzt bei der WM 1998. Nach diesem Turnier hielt Frankreich beide WM-Titel, den der FIFA und den von James Allnutt. Aber ein Jahr später verloren die Franzosen gegen Russland, das seinerseits zwölf Monate darauf geschlagen wurde – von Israel. Man sieht schon: Allnutts Wertung ist erstens viel demokratischer ... und zweitens wahrhaft weltumspannend: In den vergangenen Jahren durften sich zum Beispiel Angola, Georgien und Venezuela Weltmeister nennen. Drittens zeichnet sich Allnutts Liste zudem auch durch etwas aus, was Engländer „poetische Gerechtigkeit" nennen würden. So gelten nach seiner Wertung einige unbestritten große Teams als Weltmeister, obwohl ihnen die FIFA diesen Titel verwehrt.

Da wäre zum Beispiel die tolle holländische Elf der Johan-Cruyff-Ära. Sie hielt den inoffiziellen WM-Titel von Mai 1973 bis Juli 1974 (bis er wegen eines Spiels in München an Deutschland ging, übrigens auch offiziell). Und da wäre die so genannte „Wunderelf" der Österreicher. Sie gewann bei der FIFA-WM

1934 in Italien vor allem deshalb nicht, weil sie im Halbfinale (gegen Italien) vom Schiedsrichter benachteiligt wurde. In Allnutts schöner, neuer Fußballwelt hat dieses Drama einen weniger bitteren Beigeschmack, denn nach seinen Regeln hatten die Österreicher sich schon 1931 mit ihrem legendären 5:0-Sieg über Schottland den Titel des Weltmeisters geholt, als erste nicht-britische Mannschaft, und ihn 19 Monate lang verteidigt. Für einen Weltmeister dieser Rechnung ist das eine sehr lange Zeit – denn er kann sich ja auf seinen Lorbeeren niemals ausruhen.

(Der Titel ging übrigens später, 1967, noch einmal für kurze Zeit an Österreich. Die Schweiz war 1982 Weltmeister, nach einem Sieg über Italien. Und Deutschland schließlich saß im Juni 2000 zum bisher letzten Mal auf Allnutts Thron. Der Titel wurde durch ein 3:2 gegen Tschechien errungen, ging aber wegen der 0:1-Niederlage gegen England im Rahmen der offiziellen EM bald wieder verloren.)

002

Jene Täuschungsversuche, die man als „Schwalben" kennt, stellen für alle Fußballfreunde ein großes Ärgernis dar. Und doch fordern einige Exemplare dieser Spezies jedoch fast so etwas wie Bewunderung heraus. Ganz besonders gilt dies für eine von Allan Simonsen aufs Parkett gelegte Darbietung – der einst nicht etwa ein Foul vortäuschte, sondern gleich einen tödlichen Schuss aus dem Hinterhalt!

Simonsens ganz und gar nicht zu Unrecht als „Schauspieleinlage“ bezeichnete Vorstellung hatte in gewisser Weise mit dem größten Erfolg der dänischen Kinogeschichte zu tun. Hierbei handelt es sich um die vielteilige Spielfilmserie über ein Trio liebenswerter aber unfähiger Gangster – die auch in Deutschland sehr beliebte „Olsenbande“. Maßgeblich beteiligt am Erfolg der Filme war der Regisseur Tom Hedegaard, der an den frühen Werken als Assistent mitwirkte und später auch alleinverantwortlich Regie führte. Im Jahre 1977 aber produzierte Hedegaard einen ziemlich kruden Film unter dem Titel „Skytten“, der mit dem Humor der Olsenbande nun wirklich nichts zu tun hat. Wörtlich übersetzt bedeutet „Skytten“ Schütze, und wenn man nun noch weiß, dass englischsprachige Versionen im Umlauf sind, die „The Marksman“ oder „The Sharpshooter“ heißen, wird die Sache schon klarer.

Die Hauptfigur von „Skytten“ ist ein militanter Atomkraftgegner, der auf etwas undurchsichtige Weise zu der Überzeugung gelangt, es täte dem Land Dänemark nur gut, wenn er wahllos ein paar Leute erschießen würde. Eines seiner Opfer ist niemand anderes als Allan Simonsen, Star der dänischen Nationalelf und zu jener Zeit noch bei Borussia Mönchengladbach unter Vertrag. Während eines Länderspiels legt der Heckenschütze auf Simonsen an und tötet ihn unter den Augen des Publikums im Stadion und an den Fernsehgeräten. (Alles innerhalb der Filmhandlung, versteht sich!)

Wie nun sollte Tom Hedegaard das inszenieren? Er konnte ja schlecht ein ganzes Länderspiel nachstellen, und in Mönchengladbach hätte man es wohl auch nicht verstanden, wenn Simonsen gesagt hätte, er müsse mal eben ein paar Tage nach Dänemark reisen, um seinen Tod vorzubereiten. Also trat

Hedegaard mit der Bitte an Simonsen heran, sich doch beim nächsten regulären Länderspiel ein wenig tot zu stellen. (Dass er hinzufügte „Du weißt doch, wie man das im Strafraum macht", ist nur ein ganz gemeines Gerücht.) Simonsen fand an der Idee Gefallen, und als er bei seinem nächsten Auftritt im dänischen Trikot zu einem Kopfball ansetzte, nutzte er die Gelegenheit, um danach zu Boden zu sinken und einige Sekunden regunglos auf dem Rasen zu verharren. Hedegaard bearbeitete das Filmmaterial nachträglich so, dass es den Anschein hatte, Simonsen würde bluten, und er brachte auch den berühmten dänischen Reporter Svend Gehrs dazu, diese Bilder mit einem hysterischen Kommentar zu unterlegen. Simonsen erhielt allerdings weder einen Elfmeter noch den Oscar.

0 0 3

Der Racing Club Buenos Aires ist einer der großen, legendären Vereine Südamerikas. (Eigentlich heißt er „Racing Club Avellaneda", nach dem Schlachthofviertel von Buenos Aires, aus dem auch der bitterste Rivale des Racing Clubs kommt – Independiente.) Zwischen 1915 und 1918 gewann der Verein viermal in Folge die argentinische Meisterschaft, zwischen 1949 und 1953 sogar fünfmal. Und 1967 holte er schließlich in Montevideo (Uruguay) auch noch den Weltpokal gegen Celtic Glasgow. Aber genau an diesem glorreichen Tag begann der Niedergang des Racing Clubs. Während seine Fans nämlich den Sieg auf den Straßen von Buenos Aires feierten, brachen Anhänger von Independiente in das Stadion ihres verhassten Nachbarn ein, die berühmte „Academia“, und vergruben insgesamt sieben tote schwarze Katzen, um die Stätte mit einem Fluch zu belegen.

Jahrelang versuchten Offizielle und Fans von Racing Club alles nur Erdenkliche, um die Tierleichen zu lokalisieren. Während sie sich so abmühten, ging es mit dem Verein immer weiter bergab. Nach der 13. (!) Meisterschaft 1966 und dem nachfolgenden Weltpokal quälte sich der Klub durch 35 lange Jahre, ohne etwas zu gewinnen – 1999 stand man sogar vor dem Bankrott. In diesem Jahr fanden sich auch 100.000 Fans in der „Academia“ ein, weil ein Priester einen Exorzismus vornahm, um den Fluch vom Stadion zu nehmen. Das Problem war nämlich, dass der Racing Club im Laufe der Jahrzehnte sechs der toten Katzen gefunden und beseitigt hatte – aber eben nur sechs.

Anfang 2001 wurde Reinaldo Merlo neuer Chef des Klubs, und eine seiner ersten Amtshandlungen bestand darin, eine großangelegte Suche nach der siebten Katze zu starten. Und „großangelegt“ bedeutet genau das. Selbst Flächen, die irgendwann nach 1967 betoniert worden waren, wurden aufgerissen, um an das Erdreich darunter zu gelangen. Und an einer dieser Stellen, die früher einmal ein Wassergraben gewesen war, fand man tatsächlich das Skelett der letzten Katze. Der Racing Club wurde noch in derselben Saison Meister.

0 0 4

Es dürfte allgemein bekannt sein, dass die Engländer kein besonders gutes Verhältnis zum Elfmeterschießen haben. Allein in den neunziger Jahren schied die Nationalmannschaft aus gleich drei großen Turnieren auf diese Weise aus (1990, 1996 und 1998). Man könnte nun glauben, das liege daran, dass wahre Sportsleute Strafstöße per se ablehnen. Als die Regel 1891 eingeführt wurde, gab es in der Tat viele Aktive, die lauthals gegen diese Neuerung protestierten, weil sie auf der ungeheuerlichen und absurden Annahme basierte, ein Spieler würde ein Foul begehen, womöglich gar mit Absicht. Die Torhüter des berühmten Amateurklubs Corinthians lehnten sich noch lange Zeit danach bei Strafstößen gegen ihr Team an einen der Torpfosten, um dem Gegner klarzumachen, dass wahre Gentlemen mit solchen Auswüchsen nichts zu tun haben wollten.

Der wahre Grund, aus dem Engländer aus elf Metern nicht treffen, ist aber wohl in einem Trauma zu finden, das bis heute im kollektiven Unterbewusstsein weiterleben muss. Im Jahre 1899 forderte jemand vier Spieler von Leicester Fosse (heute: City) zu einem Elfmeterschießen heraus, bei dem die Profis keine gute Figur machten. Drei von ihnen verloren sang- und klanglos, der vierte – ein gewisser William Keech – erreichte mit Ach und Krach und mit der Hilfe eines, wie die damaligen Zeitungen schrieben, „Täuschungsmanövers" ein 2:2. Das Peinliche daran war, dass es sich bei dem Gegner der Spieler um einen Zirkuselefanten handelte. William Keech gewann die Revanche ein Jahr später mit 3:2, aber da war die Moral Englands wohl schon gebrochen.

005

In der Bundesliga ist der SC Freiburg der Klub, der die meisten Probleme mit Elfmetern hat. In der Saison 1996/1997 verwandelten Spieler des SC nur vier von acht Strafstößen (davon einen erst im Nachschuss). Alle vier vergebenen Elfmeter gingen übrigens auf das Konto von Harry Decheiver; bei drei von ihnen war der Pfosten im Weg. Doch es kam noch übler für die Breisgauer: In der Spielzeit 1999/2000 führten nur drei von sieben Strafstößen zu Toren, und zweimal brauchte man auch hier einen Nachschuss. Am vorletzten Spieltag wurde die Angelegenheit vollends peinlich, als Alexander Iaschwili gar an einem Aushilfskeeper scheiterte: Kaiserslauterns Verteidiger Michael Schjönberg hatte den verletzten Uwe Gospodarek ersetzen müssen, parierte aber den Elfmeter souverän.

Doch die Freiburger mögen sich damit trösten, dass es Vereine gibt, die noch schlechtere Erfahrungen mit Strafstößen gemacht haben. Etwa den FC Portsmouth aus England. In der Saison 1982/83 vergab der Drittligist neun Elfmeter in Folge. (Und stieg trotzdem auf!) Sechs verschiedene Spieler halfen, diese einmalige Serie aufzustellen, die erst – und sinnigerweise – während des Osterfestes riss. Allerdings muss man erwähnen, dass der Verein auch schon einmal auf legendäre Weise von der Nervenschwäche eines Gegners profitiert hatte. Das war im September 1973, damals in der 2. Liga, als Aufsteiger Notts County beim FC Portsmouth antrat. Der Gast bekam einen Elfmeter zugesprochen, den er aber vergab. Der Schiedsrichter hingegen befand, der Torwart von Portsmouth habe sich zu früh bewegt, und ordnete eine Wiederholung an. Doch auch beim zweiten Versuch traf der Schütze nicht ins Netz. Zum Glück hatte der

Unparteiische den Strafstoß diesmal noch gar nicht freigegeben, und so bekam Notts County eine dritte Chance. Ein Verteidiger namens Brian Stubbs trat an und den Ball in die Wolken. Danach hatte selbst der Schiedsrichter den Glauben an ein Tor verloren, und das Spiel ging mit einem Abstoß weiter. (All diese glücklichen Fügungen nutzten Portsmouth wenig: Notts County gewann 2:1.)

0 0 6

Als sich Japans Nationalelf für die WM 1998 in Frankreich qualifizierte, konnte man allenthalben hören, dass das Land darüber sehr erleichtert war, weil es doch äußerst peinlich gewesen wäre, als Co-Gastgeber des Turniers 2002 noch niemals an einer Endrunde teilgenommen zu haben. In der Tat spielten die Japaner 1998 zum ersten Mal überhaupt auf der größten Bühne des Weltfußballs. Was aber kaum jemand weiß (vermutlich nicht einmal in Japan selbst), ist, dass sie es eigentlich schon 1994 hätte schaffen sollen. Ja, müssen. Ja, eigentlich schon geschafft hatten …

In der Qualifikation zu diesem Turnier setzte sich Japan zunächst in der Asien-Vorrunden-Gruppe F gegen die Vereinigten Arabischen Emirate und drei andere Teams durch. Dadurch gelangte man in eine Endrundengruppe mit Südkorea, Nordkorea, Saudi-Arabien, Irak und Iran. Die ersten beiden dieser Gruppe durften zur WM 1994 in die USA fahren. Am letzten Spieltag sicherte sich Saudi-Arabien mit einem 4:3 über den Iran den ersten Platz. Um den wichtigen zweiten Platz stritten nun noch Südkorea, Japan und Irak. Letztere trafen in Bagdad direkt aufeinander, und als das Spiel mit einem 2:2 endete, waren die Gäste aus Japan guter Dinge: Sie blieben nun in der Tabelle vor dem Irak und konnten von den Südkoreanern nur dann überholt werden, wenn die ihr Spiel mit mindestens 2:0 gewannen. Südkoreas Gegner? Ausgerechnet der politische Feind aus dem kommunistischen Nordkorea!

Um zu verstehen, was nun geschah, muss man zwei Dinge wissen: dass Korea einst eine japanische Kolonie war – und dass Nord- und Südkoreaner sich trotz aller ideologischen Unterschiede zusammengehörig fühlen. Zur Halbzeit stand es zwischen den beiden Teams in einem kampfbetonten Match 0:0. In der Halbzeitpause besprachen die Nordkoreaner nun aber nicht etwa, wie man die gegnerische Abwehr knacken könnte, sondern wie sich die Lage in der Tabelle darstellte. „Wir wussten, dass man uns aus politischen Gründen ohnehin nicht in die USA hätte fahren lassen", verriet neun Jahre später, nach seiner Flucht aus dem Land, Nordkoreas Trainer Yoon Myung Chan. „Und wir wollten nicht, dass sich Japan qualifiziert." Also gab Yoon Myung Chan seinen Akteuren neue Instruktionen für die zweite Halbzeit. Den Nordkoreanern unterliefen plötzlich unerklärliche Fehler, und Südkorea gewann 3:0. (Fast auf den Tag genau acht Monate später traf Südkorea übrigens bei der WM auf Deutschland. Es war das Spiel, in dem Stefan Effenberg seinen Stinkefinger zeigte und deswegen nach Hause geschickt wurde.)

007

Der 2003 verstorbene Rudi Brunnenmeier war eine der großen tragischen Figuren der Bundesliga. Der Torjäger von 1860 München gewann 1964 den DFB-Pokal, 1966 die Deutsche Meisterschaft. Er traf gleich in seinem ersten Länderspiel (1964, im wichtigen WM-Qualifikationsspiel gegen Schweden) und führte in seinem zweiten Deutschland gar als Kapitän aufs Feld. Da war er erst vor kurzem 23 geworden. Vier Jahrzehnte später lebte Rudi Brunnenmeier von Arbeitslosenhilfe, wohnte bei seiner Mutter und verbrachte die Tage in der Caféteria eines Kaufhauses, in der Hoffnung, man werde ihn erkennen und ihm einen Kaffee spendieren. Was ihm nach eigener Aussage „das Genick brach", war, dass er 1966 Besitzer einer Kneipe namens „Pik Dame" wurde. Denn Brunnenmeier stand seinen Mann an der Theke ebenso verlässlich wie auf dem Platz und war für seine Trinkfestigkeit berühmt. Die stellte er auch in der Nacht vom 31. August auf den 1. September 1965 wieder einmal unter Beweis. Als er dann aber äußerst alkoholisiert nach Hause torkelte, erwartete ihn eine böse Überraschung in Person des Postboten. Jener händigte ihm nämlich ein Notruf-Telegramm aus. Am selben Abend sollte die deutsche B-Nationalelf in Köln gegen die UdSSR spielen, und wegen einer kurzfristigen Absage eines Spielers hatte man Brunnenmeier nachnominiert! Der Star der Sechziger machte sich also mit brummendem Kopf auf zum Flughafen und bestieg eine Maschine nach Köln. Den Nachmittag verbrachte er im Bett des Mannschaftshotels, um seinen Kater wenigstens ansatzweise auszuschlafen. Als das erledigt war, schoss er zwei Tore zum 3:0 gegen die UdSSR und flog nach München zurück. „So war ich halt", sagte er später.

008

Man hat sich ja inzwischen daran gewöhnt, dass Torhüter auch Geschmack am Toreschießen gefunden haben. Jens Lehmann und Frank Rost trafen schon in der Bundesliga; Paraguays José Luis Chilavert erzielte 1996 mal ein Freistoßtor aus 60 Metern Entfernung, und Mexikos Jorge Campos – der mit den bunten Trikots – spielte während seiner Länderspielkarriere dreimal sogar ganz offiziell im Sturm. (Nachdem jeweils ein Torhüter eingewechselt worden war, damit Campos zum Angreifer werden konnte.) Aber kaum ein Keeper wird je mit Jimmy Glass mithalten können – denn sein Tor fiel nicht nur spät und war nicht nur schön, sondern zudem auch noch äußerst wichtig.

In der Saison 1998/99 war Glass von Swindon Town an Carlisle United in Englands „Third Division" ausgeliehen worden. (Damals war die „Third Division" die vierte Liga, weil die erste nun mal Premier League hieß. Heute ist es noch komplizierter.) Aus dieser untersten Profifußball-Klasse steigt jedes Jahr ein Team ab, und wem das passiert, der versinkt im Sumpf des Amateurfußballs, nicht selten auf immer und ewig. Am letzten Spieltag der Saison, dem 8. Mai 1999, traf Carlisle daheim als Tabellenletzter auf Plymouth Argyle. Es war erst das dritte Spiel, das Jimmy Glass im Tor von United bestritt. Sein Team musste unbedingt gewinnen, um nicht abzusteigen – und selbst dann hatte man noch darauf zu hoffen, dass ein anderes Kellerkind, Scarborough, keine drei Punkte holte.

Nach 90 Minuten stand es in Carlisle 1:1. Von der Bank bekamen die Spieler Signale, dass auch Scarboroughs Heimspiel mit diesem Ergebnis enden würde. Noch war also Hoffnung, aber es wollte sich einfach keine Tormöglichkeit für Carlisle ergeben. In der fünften Minute der Nachspielzeit holte die Elf einen Eckball heraus, und der Schiedsrichter deutete an, dass er nach dieser Aktion das Spiel – und damit wohl auch Carlisles Geschichte als Profiklub – beenden würde. Also eilte Jimmy Glass nach vorne. Sein Kollege Graham Anthony brachte den Eckball herein und Scott Dobie köpfte ihn aufs Tor, doch Plymouths Schlussmann James Dungey wehrte den Ball reaktionsschnell ab. Von seinen Fäusten segelte das Leder nun durch die Luft … und direkt auf Jimmy Glass zu. Der nahm nun nicht seine Fäuste zu Hilfe (wie Oliver Kahn es ja mal in Rostock tat), sondern hämmerte den Ball seelenruhig per Volley in die Maschen. „Der Ball fiel in meine Richtung, rumms, Tor, vielen Dank!“, beschrieb Glass das Geschehen später. Trotz seiner Heldentat bekam er keinen Vertrag bei Carlisle, sondern wechselte zu Cambridge. Später arbeitete er bei einer Internet-Firma, heute gehört ihm ein Taxiunternehmen.

0 0 9

Wer am Sonntag, dem 4. November 2001, zufällig einen Ausflug zum Stadion des englischen Klubs Oxford United unternahm, der wurde Zeuge einer außergewöhnlichen Versammlung. An diesem spielfreien Tag befanden sich auf dem Platz nämlich nicht nur einige Spieler und der Klubvorsitzende Firoz Kassam, sondern auch Uniteds Kaplan, der Reverend Michael Chantry, und sogar der Bischof von Oxford, Richard Harries. Letzterer sprenkelte etwas Weihwasser auf das Feld und sprach ein Gebet.

Am nächsten Tag berichteten Zeitungen, es habe sich um einen Exorzismus gehandelt, mit dem der Bischof einen Fluch von dem Gelände nehmen wollte. In Jahre 1996, als Oxford gerade in die „First Division“ aufgestiegen war, kaufte der Klub nämlich Land von einem Bauern, um dort ein neues, 23 Millionen Euro teures Stadion zu bauen. Auf diesem Land lebten nun bis dahin Zigeuner, die dem Bauern bei der Ernte halfen und als Gegenleistung ihre Lager aufschlagen durften. Als sie hörten, dass man sie vertreiben würden, belegten sie das Land mit einem Fluch.

Das ist natürlich nur eine Legende. Allerdings … Allerdings lief bei dem bis dahin erfolgreichen Team von Oxford United nach dem Landkauf alles schief. Der Klub stieg zweimal ab und fand sich zur Eröffnung des neuen Kassam-Stadions in der „Third Division“ wieder. Von den ersten zehn Heimspielen wurden nur zwei gewonnen, und im November 2001 war United nach 13 Niederlagen in 17 Spielen in großer Abstiegsgefahr. Also schritt der Bischof ein.

Aber das, so sagte er, hatte nichts mit Exorzismus zu tun. „Der Bischof hat den Platz nur geseget, das war alles“, meinte der Sprecher seiner Eminenz, Richard Thomas. Doch je länger die Männer der Kirche sich äußerten, je näher kamen sie dem eigentlichen Thema. „Ich denke, man sollte lieber sagen, es ist auf eine positive Art ein Gebet der Segnung gesprochen worden“, erläuterte Kaplan Chantry. „Das drückt die Sache besser aus, als zu sagen, man habe einen Fluch aufgehoben.“ Und der Bischof selbst meinte: „Heutzutage nennen wir es nicht mehr einen Exorzismus, wir nennen es das Wirken auf die Erlösung vom Bösen.“ Also einen Exorzismus.

Eine Woche später holte Oxford daheim ein 2:2 gegen York. Beide Tore Uniteds resultierten aus abgefälschten Schüssen.

Dann aber unterlag man gegen das Team aus Darlington, dessen Spieler und Fans nach einer sittenstrengen englischen Sekte „Die Quäker“ genannt werden. (Immerhin stieg Oxford am Ende der Saison nicht ab.)

0 1 0

Im Sommer 1973 verpflichtete der FC Bayern München den Mittelfeldmann Hans-Josef „Jupp“ Kapellmann vom 1. FC Köln. Der Medizinstudent kostete die Bayern 800.000 Mark – zu jener Zeit absoluter Transferrekord. „Den brauchen wir nicht“, grummelte Paul Breitner, aber da wusste er noch nicht, dass Kapellmann nicht allein kommen würde.

Für jene 800.000 Mark bekam der Klub nämlich auch Mister Pitt, einen kleinen Stoffbären. Kapellman tat kaum einen Schritt ohne Mister Pitt und unterhielt sich in der Kabine und auf Busfahrten sehr oft mit ihm – auf Deutsch und wahlweise auch auf Französisch. Eines Tages entführte ein Spieler der Bayern den Bären und legte ihn vor die Räder des Mannschaftsbusses, so dass das unschuldige Tier beim Anfahren einen grässlichen Tod gestorben wäre. Glücklicherweise entdeckte Kapellmann seinen Freund gerade noch rechtzeitig, warf sich vor den Bus und riss Mister Pitt an sich. Wie Franz Beckenbauer in seiner Autobiographie „Einer wie ich“ schreibt, beschimpfte Jupp dann seine Kollegen als „Barbaren“ und wünschte ihnen, sie mögen alle Durchfall bekommen. Kapellmann ist heute Chefarzt für Orthopädie in einer bayerischen Klinik.

011

Der größte Pechvogel im internationalen Profifußball ist vermutlich der Argentinier Martin Palermo. Man findet seinen Namen nur selten ohne den Zusatz „der einzige Spieler, der je drei Elfmeter in einer einzigen Partie verschoss". Diese bemerkenswerte Leistung ist in der Tat der Anlass dafür, dass man ihn einen Pechvogel nennen muss – aber nicht die Ursache!

Doch zunächst zu den Fakten: Am 4. Juli 1999 verlor die argentinische Nationalelf bei der Copa America mit 0:3 gegen Kolumbien. Nach torlosen fünf Minuten bekam der Favorit einen Elfmeter zugesprochen, den Palermo über die Latte schoss. In der 76. Minute (es stand inzwischen 1:0 für Kolumbien), durfte es der Stürmer ein zweites Mal versuchen, aber auch dieser Schuss verfehlte das Tor. Danach trafen die Kolumbianer noch zweimal, das Spiel war somit bereits entschieden, als Argentinien in der Schlussminute einen dritten Strafstoß bekam. Palermo glaubte vermutlich, er könne sich nun ohne Nervenbelastung rehabilitieren – aber Torhüter Miguel Calero wehrte den Ball ab. (Wann immer diese denkwürdige Partie an Stammtischen diskutiert wird, vergisst man übrigens meistens, dass an jenem Tag insgesamt fünf Elfmeter verhängt wurden, von denen nur einer zum Torerfolg führte: In der 10. Minute traf Kolumbiens Cordoba vom Punkt aus; in der 47. Minute scheiterte sein Kollege Ricard an Argentiniens Torhüter Burgos.)

Palermo hatte an diesen Elfmetern böse zu knabbern. Er wurde 17 Monate lang nicht mehr für die Nationalelf nominiert, und erst als er mit zwei Toren dafür sorgte, dass die Boca Juniors den 2000er Weltpokal gegen Real Madrid holten, begnadigte man ihn. Aber es war ungerecht, Palermo so hart zu bestrafen.

Denn zunächst einmal ist sein Vergehen keinesfalls einzigartig. Es haben schon einige Spieler drei Elfmeter oder sogar mehr in 90 Minuten vergeben. Der deutsche Torwart Bernd Trautmann hielt nach eigenen Angaben an Ostern 1950 vier Strafstöße im Spiel seines Klubs Manchester City beim FC Sunderland, die alle der Verteidiger Jack Stelling schoss. (Bei einem handelte es sich um eine Wiederholung.) Und ein Jahr später parierte Trautmann drei Strafstöße von William Eckersley (Blackburn Rovers).

Außerdem war nicht allein Palermo schuld am Ausscheiden der Argentinier aus der Copa America. Es stimmt, dass die Elf durch die Niederlage gegen Kolumbien den Gruppensieg verpasste und deshalb schon im Viertelfinale gegen Brasilien spielen musste. Es wird aber fast nie erwähnt, dass Argentinien in dieser Partie keinesfalls chancenlos war. In der 77. Minute, beim Stand von 2:1 für Brasilien, bekam die Elf nämlich … einen Elfmeter zugesprochen. Palermo – wer will es ihm verdenken? – winkte ab, und so trat Roberto Ayala an. Brasiliens Torhüter Dida hielt diesen vermutlich wichtigsten von all den Strafstößen, die hier erwähnt wurden.

P.S.: Falls noch jemand daran zweifelt, dass Palermo ein ausgemachter Unglücksrabe ist … Ende 2001 schoss er in der Verlängerung das Siegtor für Villareal in einem spanischen Pokalspiel gegen Levante. Nach dem Treffer rannte er zur Fankurve, wo etwa fünfzig Villareal-Anhänger ihm entgegeneilten. Unter ihrem Ansturm stürzte eine Betonmauer ein, fiel auf Palermo und brach ihm den Knöchel. Deshalb verpasste er die WM 2002.

0 1 2

Im englischen Pokalfinale von 1956 spielte der deutsche Torwart von Manchester City, Bernd Trautmann, die letzten siebzehn Minuten der Partie mit einem gebrochenen Halswirbel. Das dürfte allgemein bekannt sein. Weniger bekannt ist wohl, dass Trautmann erst ein paar Tage nach dem Spiel erfuhr, wie schlimm seine Verletzung wirklich war und dass er in der Zwischenzeit sogar einen Chiropraktiker aufgesucht hatte, der – in der Annahme, es handele sich um eine bloße Verrenkung – an dem Torwart gezerrt und geruckt hatte, bis dieser vor Schmerzen schrie.

Aber Trautmann hält nicht den Rekord, was das Spielen mit einer lebensgefährlichen Wirbelfraktur angeht. Diese zweifelhafte Ehre gebührt Billy Marsden von Sheffield Wednesday, der nicht nur 17, sondern gleich 42 Minuten absolvierte, in deren Verlauf er ständig von Lähmung oder sogar Tod bedroht war!

Auch in diesem Fall waren übrigens Deutsche zumindest indirekt beteiligt. Am 10. Mai 1930 spielte die englische Nationalelf in Berlin gegen Deutschland. Das war jene Partie, in der Richard Hofmann zum Volkshelden aufstieg, weil er drei Tore schoss und seiner Mannschaft zu einem sensationellen 3:3 gegen den haushohen Favoriten verhalf. Schon nach drei Minuten stieß Marsden, der erst sein drittes Länderspiel bestritt, mit einem Kollegen zusammen und bekam dessen Knie in den Rücken gerammt. (Bis heute ist nicht völlig klar, ob es sich bei dem anderen Spieler um Frederick Roy Goodall oder Ernest Blenkinsop gehandelt hat, Letzterer ebenfalls von Sheffield Wednesday.) Minutenlang wurde Marsden auf dem Spielfeld behandelt, dann rappelte er sich auf und spielte weiter. Erst zur

Halbzeit wurde er aus der Partie genommen, die England mit zehn Mann beendete, weil zu jener Zeit noch keine Auswechslungen vorgesehen waren. Wie eine Röntgenuntersuchung in einem Berliner Krankenhaus später ergab, hatte sich Marsden bei der Kollision einen Halswirbel gebrochen. Er musste zwei Wochen lang in Berlin bleiben, bis er nach Hause reisen durfte. Marsden spielte nie wieder Profifußball.

0 1 3

Schon im November 1945, wenige Monate nach Kriegsende, nahm die Oberliga Süd ihren Spielbetrieb auf und ermittelte einen Meister. Die Umstände waren natürlich abenteuerlich, das Reisen war immer problematisch und die Spielausrüstung oft mangelhaft – Bälle stellten schließlich ein kostbares Gut dar.

Gleich in dieser ersten Nachkriegssaison kam es zu einem Skandal. Am letzten Spieltag trafen in Stuttgart der VfB (Zweiter mit 44:14 Punkten) und der 1. FC Nürnberg (Erster mit 45:13 Punkten) aufeinander. Schon nach drei Minuten wurde ein Nürnberger vom Platz gestellt, und zehn Franken unterlagen mit 0:1, was den VfB zum Meister machte. Doch die Gäste waren über die Rote Karte (und einige andere Dinge) so erbost, dass sie sich weigerten, den Stuttgarter Titelgewinn anzuerkennen. Dabei hätte sich all der Streit vermeiden lassen, wenn Nürnbergs Willy Billmann vorher etwas flinker mit der Nadel gewesen wäre …

Beim Auswärtsspiel gegen den sehr schwachen Karlsruher FV (der in dieser Saison 112 Tore in 30 Spielen kassierte) hatten die Nürnberger nämlich Probleme mit dem leichten Ball gehabt, den die Gastgeber benutzten. Da zu dieser Zeit kaum ein Verein einen Ersatzball hatte, verfiel Billmann auf die Idee, das Spielgerät zu zerstören, damit der Ball der Nürnberger in die Partie kommen würde. Um die Sabotage möglichst unauffällig zu begehen, nahm Billmann bei Einwürfen oder Freistößen vorsichtig die Sicherheitsnadel, die sein Trikot zusammenhielt, und perforierte damit den Karlsruher Ball. Die Methode war clever und erfolgreich – aber zu zeitaufwendig: Als Billmann endlich fertig und das Leder unbrauchbar war, hatten die Karlsruher schon vier Tore geschossen, der FCN verlor 1:4.

Billmann war ohnehin ein offenbar zu zurückhaltender und friedliebender Mensch. Das kostete ihn auch die Teilnahme am Endspiel um die Deutsche Meisterschaft 1948 gegen Kaiserslautern. Im letzten Ligaspiel zog er sich nämlich auf ungewöhnliche Weise einen Kieferbruch zu. „Ich wollte nur einen Streit schlichten", erinnerte er sich, „und ein Schweinfurter hat mir den Ellbogen voll ins Gesicht gerammt. Dieser Kieferbruch war gleichzeitig das Ende meiner Fußballerlaufbahn."

014

Der Jugoslawe Goran Curko kann kein ganz schlechter Torwart gewesen sein, sonst hätte er nicht für Offenbach, Bielefeld und Reutlingen in der 2. Bundesliga gespielt. Nur mit seinen Nerven, da schien er Probleme gehabt zu haben …

Am 20. Oktober 2000 traf Bielefeld daheim auf Mannheim. Curko war gerade eben zum dritten Mal vom „kicker“ in die „Elf des Tages“ gewählt worden, durfte also guter Dinge sein. Doch in dieser Partie gegen Mannheim unterlief ihm ein Ausrutscher, der zwar ohne Folgen blieb, aber die hinter seinem Tor stehenden Arminia-Fans gegen den Keeper aufbrachte. Darüber regte sich Curko auf, was wiederum die Zuschauer noch mehr verärgerte und ... Nun, so schaukelten sich die Emotionen eben gegenseitig hoch – bis zur 62. Minute. Da hatte Curko genug und marschierte einfach so vom Feld und in die Kabine. Bielefelds neuer Trainer Benno Möhlmann musste in aller Eile Ersatzmann Dennis Eilhoff zwischen die Pfosten schicken. Trotzdem war der Coach gewillt, Curko im Kader zu behalten, doch Bielefelds Präsidium entließ den Spieler wegen „vereinsschädigenden Verhaltens“. (Die Partie endete übrigens 0:0.)

Knapp zwei Jahre später hatte Curko wieder Probleme mit unruhigen Fans, diesmal in Diensten des SSV Reutlingen. Im Heimspiel gegen Lübeck bekam der unsicher wirkende Keeper drei Gegentore, und die Anhänger forderten seine Auswechslung. Reutlingens Trainer Frank Wormuth sprach mit seinem Torwart und erfuhr, dass Curko bei Spielen manchmal die Konzentration verlor und an alle möglichen Dinge dachte, die nicht so richtig etwas mit Fußball zu tun hatten. Daher verfiel der Coach auf einen Kniff. Beim Spiel in Mainz am 15. September 2002 brachte Wormuth vier rote Zettel, etwas größer als eine Postkarte, an Torpfosten und Tornetz an. Reutlingen gewann 3:1, Curko war der beste Mann. „Ich war voll motiviert und konzentriert“, strahlte er später, „weil ich immer das Rot im Augenwinkel gesehen habe.“

015

Viele Fußball-Moderatoren haben es sich angewöhnt, ihr Wissen um fremde Kulturen unter Beweis zu stellen. Sie sagen dann „Roma“ zum AS Rom, „ManU“ zu Manchester United und betonen das „Zeh Eff“ in CF Barcelona, damit auch jeder merkt, dass dieser Verein, da er spanisch ist, natürlich „Club de Fútbol“ heißt und nicht etwa FC (also „Football Club“). Aber wie das so ist, wenn man ganz schlau sein will: Manchmal – wie im Falle Roms – klappt es, meistens aber nicht.

Kaum ein Engländer sagt „ManU“, weil das wie das englischen Wort für „Menü“ klingt. Briten kennen den Klub als „Man United“ oder meistens bloß „United“. Nur wer dem Klub Böses will, der sagt „ManU“ und haucht noch einen „R“-Laut hinterher – denn „manure“ bedeutet Mist im Sinne von Dung. Wer von „ManU“ spricht, verrät sich sofort als Kontinentaleuropäer. Das aber ist ein verzeihlicher Fehler. Bei Barcelona stellt sich die Sache ganz anders dar. Zwar heißen fast alle spanischen Klubs in der Tat „CF“ (was normalerweise hinter den Vereinsnamen gesetzt wird, also: Valencia CF oder Real Madrid CF), der Klub aus Barcelona sieht sich jedoch als katalanischer oder sogar internationaler Verein, nicht als spanischer. Er wurde von einem Schweizer gegründet und stand immer auch unter englischem Einfluss, deshalb nennt er sich „Football Club“, FC Barcelona. (Ein anderer baskischer Klub, der aus Bilbao, heißt genau deshalb auch nicht „Atletico“, sondern britisch „Athletic“.)

Ist es nun so wichtig, ob man „CF“ oder „FC“ sagt? Im Falle Barcelonas schon. Denn eine Zeitlang hieß der Klub tatsächlich „CF“. Unter Francos faschistischem Regime wurde nämlich alles Fremdartige aus den Namen der Vereine getilgt, und Barcelona musste den „Football Club“ in „Club de Fútbol“ ändern. Für die stolzen Katalanen ist also ein solch kleiner Fehler ein Verweis auf schlimme Zeiten, in denen Real Madrid hofiert und man selbst unterdrückt wurde. (In diesem Zusammenhang könnte man auch noch Internazionale Mailand erwähnen. Viele italienische Klubs nennen sich „AC“ – für „Associazione Calcio“ – oder ähnlich, Inter aber ist ein „FC“, ein „Football Club“. Und auch Inter musste für diesen englischen Einfluss unter den Faschisten büßen: Während Mussolini an der Macht war, hieß der Klub „Ambrosiana“ – nach dem Schutzpatron der Stadt, Ambrosius, dessen Namen übrigens auch die berühmte Mailänder Bibliothek trägt, die erste öffentliche Bücherei Europas.)

016

Lange galt Englands FC Wimbledon als das Paradebeispiel für einen gemütlichen, sympathischen Klub. Erst 1977 gelangte der Verein vom Amateurfußball in die (professionelle) 4. Division, aber schon 1986 stieg man in die höchste Spielklasse auf und gewann zwei Jahre später sensationell den Pokal. All das zwar mit einer sehr rustikalen Spielweise (der walisische Mittelfeldmann Vinnie Jones gab 1993 in dem Video „Soccer’s Hard Men“ detaillierte Hinweise, wie man am härtesten und effektivsten foulen sollte), aber so richtig böse konnte man dem kleinen Klub nicht sein.

Im Jahre 2002 jedoch wurde aus dem lieben FC Wimbledon der am meisten verachtete Verein in ganz England; auf vielen Webseiten wurde sein Name schon gar nicht mehr erwähnt, sondern durch den herabwürdigenden Ausdruck „Franchise FC“ ersetzt, und Fans hatte Wimbledon eigentlich überhaupt keine mehr. Das kam so: 1997 zog sich Wimbledons Besitzer Sam Hammam vom Fußball zurück und verkaufte seine Anteile an die norwegischen Geschäftsleute Kjell Rokke und Björn Gjelsten. Die machten zwei Jahre später ihren Landsmann Egil Olsen zum Trainer, mit dem Wimbledon prompt nach 14 Jahren in der obersten Klasse aus der „Premier League“ in die „First Division“ abstieg. Eines der Probleme des Klubs, sagten die Norweger, wäre, dass er kein eigenes Stadion besaß, sondern seine Heimspiele im Selhurst Park von Crystal Palace austrug. Da sich weit und breit kein Gelände finden ließ, um ein neues Stadion zu bauen, begannen die Besitzer, an einen Umzug zu denken.

Zunächst war im Gespräch, den Verein nach Dublin (!) zu verlegen, aber dann erschien den Norwegern und dem von ihnen eingesetzten Vorsitzenden Charles Koppel die Stadt Milton Keynes passender, die etwa 80 Kilometer nördlich von London liegt. Am Anfang untersagte der Fußball-Verband einen solchen Umzug, aber im Mai 2002 wurde dem FC Wimbledon plötzlich eine Ausnahmegenehmigung zugestanden. Nun handelten die Anhänger des Klubs, die einen Umzug immer vehement abgelehnt hatten: Ein im Jahre 2000 von der unabhängigen Fan-Gruppierung WISA („Wimbledon Independent Supporters Association“) gegründeter Fonds wurde dazu genutzt, um am 30. Mai 2002 einen eigenen Verein zu gründen: den AFC Wimbledon. Am 24. Juni 2002 wurde dem neuen

Klub gestattet, den Spielbetrieb in der „Combined Counties League“ aufzunehmen, einer Unterdivision der halb-professionellen „Ryman Isthmian League“, und mehr oder weniger als 7. Liga zu bezeichnen.

Am 29. Juni meldeten sich 230 Fußballer, um für die erste Mannschaft vorzuspielen, am 10. Juli bestritt der neue Klub sein erstes Spiel. Der FC Wimbledon hatte mittlerweile Probleme bekommen, weil der Umzug nach Milton Keynes nicht so reibungslos klappte, wie man gedacht hatte. Vor allem aber, weil der Verein von den Fans boykottiert wurde – sogar von denen der Gästevereine. Am 26. Oktober 2002 spielte der kleine AFC Wimbledon in der 7. Liga gegen Cobham und gewann 4:0. Dieses Spiel sahen 3.377 Zuschauer. Drei Tage später traf der große FC Wimbledon in der 2. Liga auf Rotherham und gewann 1:0. Vor 849 Zuschauern.

0 1 7

Erstaunlich viele Fußballer, die es zu Ruhm und Ehre gebracht haben, hätten auch in einer Versehrten-Elf auflaufen können. Wilfried Hannes verlor als C-Jugendlicher durch einen Tumor sein rechtes Auge, trotzdem feierte er mit Mönchengladbach Erfolge und war bei der WM 1982 im deutschen Kader. Bei seinem ersten Länderspiel, 1981 gegen Albanien, stand er übrigens nach seiner Einwechselung neben Bernard Dietz in der Abwehr. Dietz, der Europameister von 1980, machte als junger Kerl eine Ausbildung zum Schmied – und verlor dabei zwei

Finger der rechten Hand. (Raymond Kopa, 1958 Europas Fußballer des Jahres, wurde übrigens als Bergmann der Zeigefinger der linken Hand zertrümmert und oberhalb des ersten Gelenks amputiert.)

Aber Hannes und Dietz sind nicht die beiden berühmtesten deutschen Nationalspieler, die nicht mehr so antreten konnten, wie Gott sie geschaffen hatte. Der große Richard Hofmann aus Dresden, das Idol einer ganzen Generation, büßte bei einem Autounfall im Anschluss an eine Karnevalsfeier sein rechtes Ohr ein und spielte fortan mit einer Binde quer über dem Kopf. (Kaum zwei Monate nach jenem Unfall lief er im Mai 1930 so gegen England auf – und erzielte beim legendären 3:3 alle deutschen Tore.)

Ein Unglück widerfuhr auch Robert Schlienz vom VfB Stuttgart. Der Stürmer schoss in der Oberligasaison 1947/48 31 Tore für seinen Klub und galt als kommender Superstar des deutschen Fußballs, da geriet er im August 1948 mit seinem Wagen von der Straße ab. Das Gefährt stürzte um und zertrümmerte den linken Arm des Spielers, der daraufhin im Krankenhaus amputiert werden musste. Doch Schlienz spielte weiter und wurde sogar von Sepp Herberger in die Nationalelf berufen. Es gibt Leute, die behaupten, dass Herberger den Stuttgarter nur deshalb nicht mit zu einer WM (zum Beispiel 1954) nahm, weil er nicht wollte, dass ein Gegner der Meinung war, er müsse sich gegen Schlienz zurückhalten. Dabei wäre ein Einarmiger bei einer Weltmeisterschaft nichts Neues gewesen. Im Gegenteil: Hector Castro wurde trotz dieser Behinderung nicht bloß Weltmeister 1930 mit Uruguay, sondern schoss sogar das entscheidende vierte Tor im Finale gegen Argentinien.

Das Team der Gehandicapten ließe sich übrigens durchaus komplettieren. Ins Tor könnte man zum Beispiel Andy Goram stellen, der 43-mal für Schottland spielte. Allerdings passt er nicht ganz auf diese einsamste aller Positionen im Fußball, denn Anfang der neunziger Jahre wurde bei Goram eine harmlose Form der Schizophrenie festgestellt. Dass die Fans der gegnerischen Mannschaften danach gerne „Es gibt nur zwei Andy Gorams" sangen, ist leider eine Geschichte, die nie belegt werden konnte. Belegt ist hingegen, dass Goram in der Tat eine gespaltene Persönlichkeit war: Er brachte es nämlich auch im Cricket zum Nationalspieler, als linkshändiger Batsman (Schlagmann) und rechtshändiger „Bowler" (Werfer).

Noch besser wäre es aber, den Amerikaner Tim Howard zwischen die Pfosten zu stellen, der vier Jahre lang für Manchester United spielte. Er leidet am „Tourette-Syndom", einer neuropsychiatrischen Erkrankung, die sich in unkontrollierbaren motorischen und verbalen Ausfällen äußert. Am bekanntesten ist wohl die Ausprägung, bei der ein Patient zwanghaft in Fäkalsprache verfällt. Unter dieser Variante leidet Howard nicht, obwohl sie für ihn am leichtesten zu kaschieren wäre – gehört es bei modernen Torhütern doch zum akzeptierten Verhalten, Leute zu beschimpfen … (Besonders lustig – der zartfühlende Leser mag den Ausdruck in diesem Zusammenhang entschuldigen – wäre die Sache, würde man den Mainzer Verteidiger Stefan Markolf vor Howard positionieren. Der ist nämlich von Geburt an zu 90 Prozent taub. Sein mehrere Tausend Euro teures Hörgerät ist auf dem Platz nur bedingt nützlich, daher hat er es sich angewöhnt, Kommandos von den Lippen abzulesen.)

018

Kommen wir doch noch mal kurz auf Vereinsnamen zurück. Was haben Chelsea London, Arsenal London, Celtic Glasgow und die Glasgow Rangers gemeinsam? Richtig: Es gibt sie nicht. Chelsea FC, Arsenal FC, Celtic FC und Rangers FC verzichten in ihren offiziellen Namen alle auf einen genaueren Hinweis, von welchem Fleckchen Erde sie wohl stammen mögen. (Auch wenn die „Enzyklopädie der europäischen Fußballvereine“ etwas anderes behauptet.)

Das tun auch die bekannten Kaizer Chiefs aus Südafrika, die nicht etwa so heißen, weil sie aus der Stadt „Kaizer“ kommen, sondern weil sie von einem Spieler namens Kaizer Motaung gegründet wurden. Vom selben Kontinent stammt übrigens auch der Klub Jeanne d'Arc (und nicht etwa aus Frankreich, wie man wegen der Namenspatronin Johanna von Orleans meinen könnte). Jeanne d'Arc – also der Verein, nicht die Jungfrau – schaffte es 2002 immerhin unter die letzten acht der afrikanischen Champions League und vertrat damit die Stadt Dakar und das Land Senegal ganz vernünftig.

Hübsche Klubnamen findet man auch in Südamerika. Colo Colo Santiago aus Chile heißt nach dem Spitznamen für eine einheimische Wildkatze; Vasco da Gama aus Rio de Janeiro ist nach dem portugiesischen Seefahrer benannt, der die Route um das Kap der Guten Hoffnung entdeckte, weil dieser Klub als Segelverein begann. Und kaum zu toppen ist schließlich der Klub aus Bogota in Kolumbien, der 1938 als Deportivo Municipal gegründet wurde. Als nämlich Ende der vierziger Jahre die kolumbianische Profiliga mit ungeheuren Gehältern um Spieler aus aller Welt warb (wie zum Beispiel Alfredo di Stéfano) und sie auch bekam, obwohl die FIFA die Liga boykottierte und alle Akteure auf eine schwarze Liste setzte, brachte ein Journalist einen Spitznamen auf, der inzwischen offiziell geworden ist: Millionarios Bogota.

0 1 9

Nicht einmal die Allergrößten haben es geschafft, jede bedeutende Trophäe zu gewinnen, die man als europäischer Fußballer erreichen kann – also die nationale Meisterschaft, den nationalen Pokal, den UEFA-Cup, den Pokalsiegercup, den Landesmeisterpokal (oder die Champions League), die Europameisterschaft und die Weltmeisterschaft.

Einige Spieler haben sechs dieser möglichen Titel. Etwa Sepp Maier, Franz Beckenbauer und Gerd Müller, denen nur der UEFA-Cup fehlt. Oder Marco Tardelli von Juventus Turin, der es leider nicht schaffte, Europameister zu werden. Gar nicht mal so schlecht steht auch Youri Djorkaeff dar: Er war Welt- und Europameister mit Frankreich, holte den französischen Pokal sowie den europäischen Pokalsiegercup mit Paris St. Germain und gewann 1998 als Spieler von Inter den UEFA-Cup. Er musste also nur auf eine nationale Meisterschaft und die Champions League verzichten.

Wie unwahrscheinlich es ist, alle sieben Titel einzuheimsen, sieht man daran, dass keiner der oben genannten jemals richtig nah daran kam, seine Sammlung zu komplettieren, sprich: Keiner stand auch nur in einem Finale um die ihm noch fehlende

Trophäe. Und deshalb ist der Profi, der am knappsten an diesem Super-Grand-Slam vorbeischrammte, ein unerwarteter Kandidat: Rainer Bonhof. Er gewann mit Borussia Mönchengladbach den DFB-Pokal (1973), die Deutsche Meisterschaft (mehrfach) und den UEFA-Cup (1973). Er war 1974 Weltmeister und holte im Trikot des CF Valencia 1980 den Europapokal der Pokalsieger. Es fehlen ihm also nur ein Europameistertitel und der Landesmeisterpokal, und beide Trophäen lagen für Bonhof im Bereich des Möglichen: Er war Mitglied der deutschen Elf, die 1976 das EM-Finale im Elfmeterschießen verlor, und er spielte 1977 für Gladbach im Finale des Europacups der Landesmeister, das gegen Liverpool verloren ging.

020

Lazio Rom ist zwar einer der großen Vereine Italiens und gehört zu der Gruppe von ruhmreichen Klubs, die man als die „Sieben Schwestern" bezeichnet, aber bis 1974 gab es für die 1900 gegründete „Societa Sportiva" nicht eine einzige Meisterschaft zu feiern. In der Saison 1970/71 stieg man gar aus der ersten Liga ab. Doch in gewisser Weise war das der Beginn von besseren Zeiten – die dann durch zwei Todesfälle vorzeitig beendet wurden, von denen einer der vielleicht bizarrste der Fußballgeschichte ist.

In der 2. Liga verpflichtete Lazio den Trainer Tommasso Maestrelli, einen ehemaligen Profi vom Lokalrivalen AS Rom. Maestrelli sollte zur großen Vaterfigur der meisten Lazio-Spieler werden, insbesondere des Torjägers Giorgio Chinaglia, und er führte den Klub sofort zurück in die „Serie A". Eine der wichtigsten Verpflichtungen, die Maestrelli dann tätigte, war die des Mittelfeldspielers Luciano Re Cecconi, der bald „der blonde Engel" hieß (lange bevor Bernd Schuster diesen Beinamen erhielt). 1974 wurde Re Cecconi zum Nationalspieler – und Lazio gewann zum ersten Mal überhaupt die Meisterschaft.

Der Klub schien nun vor einer großen Zukunft zu stehen, aber dann ging alles schief. Im Jahr nach dem Triumph erkrankte Maestrelli an Krebs, und ein geschocktes Lazio geriet ins Schlingern, stand 1975/76 sogar kurz vor einem erneuten Abstieg. Das Team schien sich jedoch gefangen zu haben, als es am 5. Dezember 1976 erfuhr, dass Maestrelli gestorben war. Und nur etwa fünf Wochen später, am 17. Januar 1977, verfiel Re Cecconi auf eine wahrhaft törichte Idee. Der „blonde Engel" war mit einem Juwelier gut bekannt und wusste, dass der Geschäftsmann in ständiger, fast krankhafter Angst vor Raubüberfällen lebte. An besagtem Tag nun wollte sich Re Cecconi einen geschmacklosen Spaß machen: Er stülpte sich eine Skimaske über und stürzte in das Geschäft seines Bekannten, um ihn zu erschrecken. Der Juwelier zögerte keine Sekunde und ließ Re Cecconi nicht den Hauch einer Chance, sich zu erkennen zu geben. Er riss eine unter der Ladentheke verborgene Waffe hervor und streckte den maskierten Eindringling mit einem tödlichen Schuss nieder. Luciano Re Cecconi war 29 Jahre alt, als er starb. Drei Jahre später wurde Lazio wegen Bestechung in die „Serie B" versetzt; erst 1988 stieg der Klub wieder auf.

0 2 1

Man darf getrost davon ausgehen, dass die meisten Fußballfreunde, die am 4. September 2005 die offizielle Homepage der FIFA besuchten, sich nicht begierig auf den Spielbericht zur Begegnung Usbekistan gegen Bahrain gestürzt haben werden. Vermutlich fanden sie es interessanter, über die Taten der Tottis, Beckhams und Van Nistelrooys dieser Welt zu lesen. Das war an diesem Sonntag ein Fehler, denn besagter Text enthielt ein gar erstaunliches Detail.

Usbekistan und Bahrain hatten sich am Abend zuvor zum Hinspiel der Playoffs in der Asienzone getroffen. Der Sieger des Duells würde im November gegen den Vierten der CONCACAF-Gruppe (das sind die Nationen aus Nord- und Mittelamerika) um ein Ticket zur WM-Endrunde nach Deutschland kämpfen. Am Ende der 90 Minuten stand ein knapper 1:0-Sieg der Gastgeber. Im Spielbericht hieß es dazu: „Usbekistans Spezialist für Standardsituationen, Kasimov, machte den Unterschied zwischen beiden Mannschaften aus und erzielte in der 12. Minute den einzigen Treffer der Partie nach einer Hereingabe von Anvarjon Soliev von der rechten Seite. Die Heimmannschaft war in der ersten Halbzeit spielbestimmend, in der zweiten Halbzeit hatten jedoch beide Teams ihre Torchancen." Das war eine korrekte Übersetzung des englischen Originaltextes – aber keine vollständige.

Der englische Bericht erwähnte nämlich noch, dass Usbekistan sechs Minuten vor der Pause eine große Chance zum 2:0 besaß: „Server Djeparov scored from the penalty spot. However, Japanese referee Toshimitsu Yoshida ruled that a Uzbek player had entered the area before Djeparov had taken his kick and awarded Bahrain an indirect free-kick." Auf Deutsch heißt dies, dass der Spieler Djeparov einen Elfmeter verwandelt hatte, den der Schiedsrichter aus Japan nicht gelten ließ, weil ein Usbeke zu früh in den Strafraum gelaufen war. Folge: ein indirekter Freistoß für Bahrain.

Das muss stutzig machen. Nein, nicht dass Djeparov diesen Strafstoß für Usbekistan ausführte, wo doch anscheinend Kasimov der „Spezialist für Standardsituationen" war. Sondern dass der Referee, Herr Toshimitsu Yoshida, den Elfmeter nicht wiederholen ließ und stattdessen dem Gegner einen Freistoß zusprach. Das ist ein eindeutiger Verstoß gegen die Regeln. Usbekistans Kapitän wies den Schiedsrichter auch sogleich darauf hin und protestierte gegen die Entscheidung. Der Japaner zeigte sich jedoch unbeeindruckt und beharrte auf dem Freistoß für Bahrain.

Nun muss man zur Ehrenrettung des Unparteiischen anführen, dass er nur ganz knapp danebenlag. Wäre der Schuss zum Beispiel abgewehrt worden, dann hätte das Spiel tatsächlich mit einem indirekten Freistoß für Bahrain fortgesetzt werden müssen (Regel 14.4), weil diese Mannschaft ja unschuldig daran war, dass ein Usbeke zu früh in den Strafraum rannte. Aber Djeparov hatte eben getroffen, somit musste es zwingend eine Wiederholung geben.

Wie das Toshimitsu Yoshida entfallen konnte, ist unerklärlich. Der 42-Jährige pfiff seit 1993 Spiele der J-League in Japan, hatte schon einige andere Partien der WM-Qualifikation geleitet und amtierte sogar beim Weltpokalfinale 2004 zwischen dem FC Porto und Once Caldas als vierter Offizieller.

Zu allem Überfluss stellte sein Black-out alle Beteiligten vor knifflige Probleme. Normalerweise führt ein Regelverstoß des

Referees zur Annullierung der Partie, wenn Protest eingelegt wird. Die Spieler aus Bahrain, die Verlierer, konnten sich aber nicht wirklich beschweren, schließlich hatte ihnen Toshimitsu Yoshida ein fast sicheres Gegentor erspart. Die Usbeken hingegen waren zwar benachteiligt worden, hatten eben aber auch gewonnen. Mit anderen Worten: Niemand konnte schon vor dem Rückspiel wissen, was ein 1:0 wert wäre, trotzdem musste schnell gehandelt werden.

Schließlich fiel den Usbeken eine Lösung ein: Sie legten schriftlich Protest gegen die Wertung des Spiels ein – und forderten, das Resultat in ein 3:0 zu verwandeln! Das ging der FIFA dann aber doch zu weit. Sie entschied nach kurzer Beratung, die Partie am 8. Oktober wiederholen zu lassen. Der Leser ahnt sicher schon, was passierte … Genau: Diesmal kamen die Usbeken nicht über ein 1:1 hinaus. Vier Tage später endete das Rückspiel in Bahrain mit dem unter den geschilderten Umständen geradezu unvermeidlichen 0:0, dem schlimmstmöglichen Resultat aus Sicht der Usbeken, die jetzt wegen der Auswärtstoreregel ausgeschieden waren. Hätten sie keinen Protest gegen die Wertung der ersten Partie eingelegt, wären sie als Sieger aus dem Duell hervorgegangen und nur 180 Minuten von der WM entfernt gewesen. (Bahrain unterlag nur ganz knapp gegen Trinidad und Tobago, das nach Deutschland reisen durfte.)

0 2 2

Über ein Jahr lang, zwischen Dezember 2001 und März 2003, konnte kein Elfmeter gegen 1860 Münchens Torwart Simon Jentzsch verwandelt werden. Insgesamt versuchten sich neun verschiedene Schützen in der Meisterschaft, dem DFB-Pokal und dem UI-Cup, aber keiner brachte den Ball regulär ins Tor. So imposant Jentzschs Serie auch ist, sie ist nicht wirklich einzigartig.

In der Saison 1979/80 gelang Thomas Zander etwas Ähnliches, und auch er hütete das Tor der Löwen! 1860, damals Aufsteiger, spielte am ersten Spieltag beim 1. FC Köln. Die Münchener verloren zwar 2:1, aber Zander parierte zwei Elfmeter innerhalb von nur zwanzig Minuten (gegen Herbert Zimmermann und Harald Konopka). Das war der Auftakt zu einer beeindruckenden Saison, in deren Verlauf die Schiedsrichter sieben Elfmeter gegen die Löwen verhängten, die alle nicht (direkt) zu Toren führten. Zander hielt Schüsse von Horst Hrubesch, Wilfried Hannes, Werner Lorant und Paul Breitner; Hans-Günter Neues traf den Pfosten. So ganz lupenrein war Zanders Rekord jedoch nicht, weil er den sechsten dieser Strafstöße (den von Breitner) zwar abwehrte, der Nachschuss jedoch den Weg ins Netz fand. Der TSV 1860 selbst bekam in dieser Spielzeit fünf Strafstöße zugesprochen und vergab zwei von ihnen. Mit anderen Worten: 1979/80 pfiffen die Referees in Partien mit Beteiligung der Löwen 12 Elfmeter, von denen aber nur vier verwandelt werden konnten – wie gesagt, einer davon erst im Nachschuss.

0 2 3

Im Oktober 2002 kam es bei einem Erstligaspiel in Madagaskar zu einem folgen- und torreichen Streit zwischen dem Schiedsrichter und dem Trainer des Teams Stade Olympique l'Emyrne. Aus Protest gegen den Referee begannen die Spieler von Stade Olympique Eigentore in Serie zu fabrizieren, und die Partie endete mit 149:0 für den Gastgeber AS Adema. Diese Anekdote machte auch in deutschen Zeitungen die Runde, obwohl ihr Wahrheitsgehalt nicht abschließend geklärt werden konnte. Gesichert sind jedoch zwei andere Fälle, in denen Teams absichtlich Eigentore erzielten – wenn auch das zweite dieser Spiele noch unglaublicher wirken mag als ein 149:0 ...

Zunächst aber zum Spiel zwischen Thailand und Indonesien beim sogenannten „Tiger Cup" aus dem Jahre 1998. Der Sieger der Partie sollte in der nächsten Runde auf den hohen Favoriten Vietnam treffen, deshalb strengte sich keine der beiden Mannschaften besonders an. Wenige Minuten vor dem Ende (es stand 2:2), entschieden sich die Indonesier, das Ganze durch ein Eigentor zu entscheiden. Die Spieler aus Thailand bekamen diesen Plan jedoch mit und eilten geschlossen nach vorne, um das indonesische Tor zu verteidigen! Das gelang ihnen auch bis zur Nachspielzeit: Da konnte Indonesiens Torwart Mursyid Effendi endlich den Ball in seinen Besitz bringen, woraufhin er sich umdrehte und das Spielgerät ins eigene Netz pfefferte. Der ungewollte Sieger Thailand verlor das Halbfinale gegen Vietnam, aber der frohe Verlierer Indonesien unterlag ebenfalls (gegen Singapur). Beide Mannschaften erhielten eine Geldstrafe, und Effendi wurde lebenslänglich gesperrt.

Aber es geschehen noch seltsamere Dinge. Im Jahre 1994 galten für die Meisterschaft der Karibik (damals „Shell Cup" genannt) einige ungewöhnliche Regeln, die unter anderem daher rührten, dass die FIFA mit dem „Golden Goal" experimentierte. So wurden bei Unentschieden auch die Gruppenspiele verlängert und im „Sudden Death" entschieden. Nun ergibt sich bei dieser Praxis natürlich die Frage nach dem Torverhältnis, denn es kann ja für ein Team von Nachteil sein, dass es in der Verlängerung nicht mehr als nur einen Treffer erzielen kann. Um einen solchen Fall auszuschließen, wurde festgelegt, dass ein „Golden Goal" doppelt zählen würde. Und das führte prompt zum vielleicht witzigsten Spiel der Fußballgeschichte.

In der Vorrundengruppe A spielten Barbados, Grenada und Puerto Rico. Am 23. Januar gewannen die Puerto Ricaner mit 1:0 gegen Barbados. Zwei Tage später unterlagen sie Grenada mit 0:1. Schon hier kommen die eigenwilligen Regeln des Wettbewerbs ins Spiel, denn dieses Tor fiel in der Verlängerung, zählte also doppelt – womit Puerto Rico ein Torverhältnis von 1:2, Grenada eines von 2:0 aufwies.

Am 27. Januar trafen nun Barbados und Grenada im abschließenden Spiel aufeinander. Barbados konnte noch Erster werden, wenn die Mannschaft mit zwei Toren Unterschied siegte; Grenada reichte eine knappe Niederlage zum Weiterkommen. Barbados ging rasch 2:0 in Führung, aber sieben Minuten vor dem Ende gelang Grenada das wichtige Anschlusstor. In den Reihen der Akteure aus Barbados machte sich nun nicht nur Verzweiflung breit – sondern vor allem große Verwirrung. Würde man in nur sieben Minuten noch das 3:1 schaffen? Oder … Oder wäre es nicht besser, per Eigentor das 2:2 zu schießen, das Spiel in eine 30-minütige Verlängerung zu schicken und auf ein „Golden Goal" zu hoffen, das dann ja praktisch einen Endstand von 4:2 bedeuten würde?

Als Grenada nun mitbekam, was das Team von Barbados plante, war man in der misslichen Lage, gleich beide Tore verteidigen zu müssen. Das gelang allerdings nur wenige Minuten lang, dann schaffte Barbados ein absichtliches Eigentor zum 2:2. Damit aber noch nicht genug… Während nämlich die Spieler nun zum Anstoß gen Mittelkreis trotteten, ging dem Team aus Grenada auf, dass die bizarre Situation nach dem biblischen Motto „Auge um Auge, Zahn um Zahn" verlangte. Eine 2:3-Niederlage hätte der Mannschaft ja gereicht und wäre besser gewesen als eine Verlängerung. Mit anderen Worten: Jetzt musste Grenada versuchen, ein Eigentor zu schießen!

Was zu dem Szenario führte, dass es nun die Fußballer aus Barbados waren, die in den letzten Sekunden beide Tore – auch das von Grenada – gegen die Fußballer aus Grenada verteidigten. Sie taten das mit großem Erfolg, denn Barbados rettete das Spiel nicht bloß in die Verlängerung, sondern schoss in der 94. Minute tatsächlich das entscheidende „Golden Goal" (diesmal ins richtige Tor) und gewann 3:2, also 4:2. (In der Zwischenrunde hielt sich Barbados achtbar, schied aber nach zwei Unentschieden aus, weil man die dritte Partie gegen den späteren Turniersieger Trinidad/Tobago 0:2 verlor.)

0 2 4

Eines der ungewöhnlichsten Elfmeterschießen im internationalen Fußball fand am 3. November 1971 in Lissabon statt. Im Achtelfinale des Europapokals der Pokalsieger traf an diesem Abend Gastgeber Sporting auf die Glasgow Rangers. Für die Schotten war dies eine ganz besondere Partie: In Lissabon hatte nämlich vier Jahre zuvor Lokalrivale Celtic den Meistercup gewonnen, außerdem spielte Sporting – wie Celtic – stets in grün-weiß gestreiften Trikots. Dermaßen angespornt, lieferte Rangers den Portugiesen ein großes Match und unterlag erst durch einen späten Treffer in der Verlängerung mit 3:4. Der Gesamtstand lautete somit 6:6, woraufhin Schiedsrichter Laurens van Ravens aus den Niederlanden die Teams ins Elfmeterschießen beorderte.

Das wurde für die Rangers zu einer äußerst peinlichen Angelegenheit. Sandy Jardine, Colin Stein und Tommy McLean scheiterten alle an Sportings Torwart Damas. Als Dave Smith als vierter Schütze antrat, führte Lissabon bereits 2:0, daher musste der Schotte unbedingt verwandeln. Sein Schuss traf den Pfosten, doch der Schiedsrichter ließ den Strafstoß wiederholen. Beim zweiten Versuch brachte Smith den Ball nicht einmal mehr in die Nähe des Tores und schlich entnervt vom Feld, während die Gastgeber jubelten. Dass die Rangers mit fünf Schüssen vom Elfmeterpunkt nicht ein einziges Tor erzielten, ist sicher ungewöhnlich. Die wahre Pointe des Geschehens ist aber, dass Glasgow in den nächsten Runden des Wettbewerbs den AC Turin und Bayern München ausschaltete, bevor der Klub sechs Monate nach dem Drama von Lissabon schließlich gegen Dynamo Moskau den Pokal holte! Wie konnte das passieren?

Nun, aufmerksamen Lesern wird nicht entgangen sein, dass Sporting 4:3 gewann, der Gesamtstand nach Hin- und Rückspiel aber mit 6:6 angegeben wurde. Daraus ergibt sich, dass die Rangers in ihrem Heimspiel mit 3:2 gesiegt hatten, was wiederum bedeutet, dass sie gar nicht ins Elfmeterschießen gemusst hätten, weil sie nach der Auswärtstoreregel die nächste Runde erreicht hatten. Leider war dies Herrn van Ravens entgangen. Zu seiner Verteidigung muss gesagt werden, dass die Auswärtstoreregelung in den späten sechziger und frühen siebziger Jahren oft für Verwirrung sorgte, weil sie nicht einheitlich galt. Schon 1965 wurde sie etwa im Cup der Pokalsieger angewandt – im Meisterpokal aber erst zwei Jahre später. Und als man die Regel 1969 auf alle europäischen Wettbewerbe ausdehnte, legte die UEFA fest, dass Auswärtstore, die während der Verlängerung geschossen wurden, nicht doppelt gezählt werden sollten! Das sorgte noch in derselben Saison für Chaos: Im Halbfinale des Pokalsiegercups traf AS Rom auf Gornik Zabrze. In Italien trennten sich die Teams 1:1, und so hieß es auch nach 90 Minuten des Rückspiels in Polen. In der Verlängerung trafen beide Mannschaften je einmal, woraufhin die Römer den Einzug ins Finale feierten, denn beim 2:2 hatten sie ja nun zwei Auswärtstore geschossen. Erst in der Nacht erfuhr der Klub, dass der Treffer aus der Verlängerung nicht in die Rechnung einfließen konnte und man sich zu einem Entscheidungsspiel aufzumachen hatte.

Die Saison 1971/72 war dann die erste, in der auch Auswärtstore aus der Verlängerung bei Gleichstand doppelt zählten – und das war dem guten van Ravens kurzfristig entfallen. Selbst viele Rangers-Spieler waren sich nicht bewusst, dass das Elfmeterschießen völlig unnötig war. Colin Stein versuchte zwar, das seinen Kollegen zu erklären, aber Peter McCloy sagte später: „Ich dachte zwar, dass Stein Recht haben könnte, aber ich meinte auch, wir müssten da jetzt eben durch." Noch in derselben Nacht informierte der UEFA-Delegierte Andres Ramirez die beiden Klubs, dass van Ravens einen Fehler gemacht hatte und er dies der UEFA melden würde. Das Elfmeterschießen wurde annulliert, die Rangers standen im Viertelfinale.

025

Am 8. November 1975 spielte Werder Bremen daheim gegen Hannover 96. Die langweilige Partie endete torlos, und einer der Beteiligten schien schon früh geahnt zu haben, dass man getrost auf einen Teil der Spieldauer verzichten konnte: Nach ungefähr 30 Minuten pfiff Schiedsrichter Wolf-Dieter Ahlenfelder nämlich bereits zur Pause. Erst nachdem sein Linienrichter ihn überzeugt hatte, dass Halbzeiten üblicherweise eine Viertelstunde länger dauern, ließ sich der Referee dazu herab, noch bis zur 45. Minute weiterspielen zu lassen. (Einige Hannoveraner Spieler hatten sich schon zuvor gewundert, dass Ahlenfelder einem Fotografen die Zunge herausstreckte und dabei streng aus dem Mund roch. „Ein Bier und ein Malteser zum Mittagessen sind ja wohl noch erlaubt", verteidigte sich der Schiedsrichter später.)

Ein Ahlenfelder'sches – also eigenwilliges – Zeitgefühl zeichnete auch den walisischen Unparteiischen Clive Thomas aus. Er leitete mal ein Jugendspiel nahe des Ortes Blaengwynfi.

(Ja, den gibt es. Das Nachbardorf heißt Abergwynfi.) Jene Partie fand auf einem Platz statt, der auf einen Hügel gebaut war. Jedes Mal, wenn der Ball ins Aus ging, rollte das Spielgerät den Abhang hinab und musste erst mühsam gesucht werden. Thomas notierte sich penibel jede dieser Verzögerungen und ließ deshalb ausgiebig nachspielen – insgesamt fast 45 Minuten lang.

Einige Jahre später allerdings beendete Thomas eine Partie äußerst pünktlich, und zwar nach 90 Minuten und exakt 3 Sekunden. Das erste Problem war nun, dass der Ball nach einer Ecke noch durch die Luft flog, als Thomas abpfiff. Das zweite Problem war, dass das Leder prompt von einem Spieler ins Tor geköpft wurde, der sich dann natürlich sehr darüber aufregte, dass der Schiedsrichter den Treffer nicht anerkennen wollte. Das dritte – und größte – Problem bestand darin, dass es sich bei diesem Spiel nicht um einen Jugendkick handelte, sondern um die Partie Schweden gegen Brasilien bei der WM 1978. Zicos Kopfball hätte den Sieg für Brasilien bedeutet, aber weil Thomas so pingelig war, endete die Begegnung 1:1 – und Brasilien landete in der schwereren Zwischenrundengruppe mit Gastgeber Argentinien.

Ach, wird sich Zico später gedacht haben, hätte doch der Franzose Michel Vautrot dieses Spiel geleitet. Der ließ nämlich die erste Hälfte der Verlängerung im Halbfinale der WM 1990 zwischen Italien und Argentinien 23 Minuten laufen – weil er vergessen hatte, auf die Uhr zu sehen. Das kann passieren, wie Referee Leslie Mottram, ein Lehrer aus Wilsontown in Schottland, bestätigen wird. Der war mit der Leitung des Spiels Bolivien gegen Südkorea bei der WM 1994 betraut und von dem 0:0 so begeistert, dass er die Partie erst nach 104 Minuten abpfiff.

Etwas ramponiert war auch das Zeitgefühl des Portugiesen Gouveia, dessen kurzfristige Umnachtung 1960 für einen etwas ungewöhnlichen Protest des französischen Klubs OGC Nizza bei der UEFA sorgte. Im Viertelfinale des Europapokals traf Nizza nämlich auf Real Madrid, siegte daheim zwar mit 3:2, verlor aber das Rückspiel gegen das „Weiße Ballett" 0:4. In der 44. Minute dieses zweiten Spiels stellte Gouveia einen Spieler Nizzas vom Feld, weil jener ihm vor Wut über einen Elfmeterpfiff in den Rücken gesprungen war. Der Aufprall muss einige Nervenenden bei Herrn Gouveia durcheinander gebracht haben, denn der Referee vergaß danach vorübergehend, seinen Zeitmesser zu konsultieren. Erst nach 54 Minuten beendete er die erste Halbzeit. Dass aber nun Nizza ein Wiederholungsspiel von der UEFA verlangte, war doch etwas übertrieben: Erstens wurde der Elfmeter vergeben und zweitens fiel in diesen überzähligen neun Minuten kein Tor für Real.

Ganz anders hätte die Sache ausgesehen, wenn Herr Gouveia das Spiel eher beendet und Nizza so die Möglichkeit zu ein paar Toren genommen hätte. Wenn er, sagen wir mal, in der 84. Minute beim Stand von 0:1 abgepfiffen hätte, als gerade ein Franzose aufs Tor zulief. Gibt's nicht? Fragen Sie den brasilianischen Schiedsrichter Gilberto de Almeida Rêgo. Der tat nämlich genau das am 15. Juli 1930, bei der ersten Fußball-WM der Geschichte. Sechs Minuten vor Ende der Partie Argentinien gegen Frankreich strebte der französische Stürmer Marcel Langiller dem gegnerischen Tor zu, um das 1:1 zu erzielen – da pfiff Rêgo die Partie ab. Zwar sah der gute Mann nach ausführlichen Diskussionen mit den etwas ungehaltenen Beteiligten seinen Fehler später ein und setzte das Spiel fort – aber das half Langiller auch nichts mehr. Argentinien gewann 1:0 und stand zwei Wochen später im Finale.

Ohne solch ernste Auswirkungen blieb die Tatsache, dass Arthur Ellis ein Europacup-Spiel zwischen den Glasgow Rangers und – schon wieder! – OGC Nizza am 24. Oktober 1956 beim Stand von 2:1 nach 85 Minuten abpfiff. In der Kabine ging ihm sein Fehler auf, und er ließ die fehlenden fünf Minuten nachspielen. „Glücklicherweise änderte sich das Ergebnis nicht mehr", sagte er später. Wie es zu jenem Faux-pas kam, das ist allerdings eine Geschichte, die Ellis etwas peinlich war: Nach 80 Minuten hatte der Ball das Handgelenk des Schiedsrichters getroffen und dabei seine Uhr zerstört. Anstatt sich nun um einen Ersatz zu bemühen, beschloss Ellis, seinem Zeitgefühl zu vertrauen. Und das kann offenbar nicht besonders gut gewesen sein.

Immerhin muss man wohl froh sein, dass die Unparteiischen nicht noch viel direkter ins Spiel eingreifen. Im Jahre 1968 schoss Ivan Robinson ein Tor in der Partie Barrow gegen Plymouth Argyle in Englands „Third Division", als er mit dem Fuß einen Schuss unhaltbar abfälschte. Allerdings war das Robinson sehr peinlich, denn er war der Schiedsrichter des Spiels, das durch seinen unbeabsichtigten Treffer entschieden wurde. (Barrow landete am Ende der Saison zwei Punkte vor einem Abstiegsrang.) Ganz anders sah die Sache im September 2002 bei einem Amateur-Kick zwischen Wimpole und Earls Colne aus. Letztere führten schon 18:0, als Wimpole eine Ecke bekam. Ein Mann namens Brian Saville stahl sich nach vorne, stoppte den Ball mit der Hand und schoss ihn dann volley ins Netz. Dann zeigte er seelenruhig zur Mitte. Das durfte er tun, weil er nämlich der Schiedsrichter war. „Ich habe das Handspiel nicht gesehen und deshalb auf Tor entschieden", sagte

Saville anschließend mit feiner Ironie dem Radiosender „BBC Radio Five Live". Der Mann hatte einfach Mitleid mit Wimpole gehabt, eine menschliche Regung, die einem Kollegen wie Clive Thomas wohl fremd ist.

026

Eintracht Braunschweig wurde 1967 Deutscher Meister, erzielte in 34 Spielen aber nur 49 Treffer, also 1,44 pro Partie. Was geizige, um nicht zu sagen langweilige Titelträger angeht, ist das aber kaum erwähnenswert. Valencia wurde in der angeblich so aufregenden, hochklassigen spanischen Liga 2002 Meister, indem das Team in 38 Spielen 51 Treffer schoss (1,34 pro Partie). Noch besser – oder schlechter – war natürlich eine italienische Elf: Der AC Mailand gewann 1994 den „Scudetto" mit 36 Toren in 34 Spielen. Aber selbst das ist noch kein Rekord, weil die Milanesen immerhin so forsch nach vorne spielten, dass sie statistisch gesehen mehr als ein Tor pro Begegnung machten (nämlich 1,06).

Über einen solch unnötigen Offensivschwung kann man beim AIK Solna aus Stockholm nur müde lächeln. AIK schoss in der Saison 1998 (in Schweden spielt man von April bis November) 25 Tore in 26 Spielen und holte mit diesem Schnitt von 0,96 Treffern pro Begegnung die schwedische Meisterschaft. (Torschützenkönig der Liga wurde übrigens Helsingborgs Arild Stavrum mit 18 Toren.) Hier alle Ergebnisse dieses Wunderteams: 1:0 gewonnen, 1:1, 1:0 gewonnen, 1:1, 1:1, 1:1, 0:1 verloren,

0:2 verloren, 1:1, 1:1, 1:0 gewonnen, 1:0 gewonnen, 1:0 gewonnen, 1:1, 2:0 gewonnen (Schützenfest gegen Hammarby!), 0:0, 2:1 gewonnen, 1:1, 1:0 gewonnen, 0:0, 2:1 gewonnen, 1:1, 2:0 gewonnen (Schützenfest gegen Orebro!), 1:1, 0:0, 1:0. AIK qualifizierte sich dann sogar für die Champions League (mit vier Toren in vier Qualifikationsspielen), holte aber in seiner Gruppe nur einen Punkt. Gegen den AC Florenz. Durch ein 0:0.

0 2 7

Es wird immer mal wieder behauptet, im Fußball gäbe es keine Typen mehr. Dabei durften wir doch gerade erst die ereignisreiche Karriere von Thorsten Legat bestaunen, von dem ein Buch über Werder Bremen sagt: „Na ja, irgendwie hatte er schon Unterhaltungswert." Allerdings! Zur Saison 1991/92 wechselte Legat für 2 Millionen Mark vom VfL Bochum zu Werder. Wie sich aber auch später in Stuttgart zeigen sollte, konnte er das Ruhrgebiet nie so ganz hinter sich lassen. Als Bremen am 5. Juni 1993 Deutscher Meister wurde, durfte man Legat in einem Beitrag des „aktuellen sport-studio" bewundern, wie er mit nacktem Oberkörper durch den Kabinengang lief, dabei wiederholt die Faust gegen eine Wand schmetterte und „Mit zwei Bochumern! Mit zwei Bochumern!" schrie. Damit meinte er sich und Stefan Kohn, mit dem Legat zwei Jahre beim VfL gespielt hatte. (Kohn kommt aus Aalen bei Stuttgart.)

Jupp Heynckes holte Legat dann 1994 zu Eintracht Frankfurt, damit er auf Uwe Beins Position spielen sollte. Das war natürlich eine groteske Idee, denn für den filigranen Bein war der Hobby-Bodybuilder Legat nun wirklich kein Ersatz. (Auf die Frage, wie er zum Bodybuilding gekommen sei, antwortete er übrigens: „Immer die Castroper Straße rauf.") In Frankfurt hat man für reine Arbeiter wenig übrig, deshalb musste Legat – wie eine Historie der Eintracht schreibt – „Hohn und Spott über sich ergehen lassen". So sehr setzten ihm die eigenen Fans zu, dass er schließlich seinen neuen Trainer Karl-Heinz Körbel bat, ihn nur noch bei Auswärtsspielen aufzustellen. Als Körbel ihm dann zwei Wochen später doch wieder im Waldstadion eine Chance gab, zog sich der Spieler noch vor der Halbzeit eine Zerrung zu. Legat behauptete gar, Frankfurter Fans hätten ihn in seiner Tiefgarage überfallen. „Meine Frau und ich wurden von rot-schwarz bemalten Eintracht-Anhängern mit einer Schußwaffe bedroht", sagte er und ging mit dieser Geschichte auch noch ins Fernsehen – zu RTLs „stern tv".

Kaum war die Saison vorüber, floh Legat nach Stuttgart. Aber auch hier gab es Probleme. „Das fing schon mit der Sprache an", erklärte er später und fügte hinzu, dass ihm die Gegend einfach viel zu idyllisch war – „die ganzen Weinberge und so". Nein, die schwäbische Lebensart war Legats Sache nicht. Auf die Frage, ob er schon Spätzle probiert habe, sagte er: „Nein, noch nicht. Aber im Allgemeinen mag ich ja Geflügel." Kein Wunder also, dass Legat immer mal wieder Ausflüge in seine Wahlheimt Bochum unternahm. Wie zum Beispiel in der Silvesternacht 1996/97, in der er das neue Jahr damit begrüßte, dass er einen Nachbarn verprügelte. Zwar stritt Legat lange alles ab, doch das Amtsgericht verurteilte ihn zu einer Strafe von 90.000 DM.

Trotz aller kulturellen Unterschiede hielt es Legat noch drei weitere Jahre in Stuttgart aus – bis er im November 1999 eines

Tages mal wieder im Kraftraum war. Da fiel sein Blick auf ein Poster seines Kollegen Pablo Thiam aus Guinea, das ihn aus einer Flasche trinkend zeigte. Ohne groß nachzudenken, kritzelte Legat das Wort „Negersaft“ über das Poster. Der Klub versuchte herauszufinden, um wen es sich bei dem Schmierfinken handelte, aber da Legat sich nicht zu erkennen gab, musste ein Graphologe herangezogen werden. Jeder Spieler schrieb das Wort „Negersaft“ auf einen Zettel – und bei Legats Schriftprobe fand der Experte drei Übereinstimmungen. Da erst entschuldigte sich Legat bei Thiam und erklärte, er habe nur „einen Spaß gemacht“. Der VfB entließ ihn trotzdem.

Nun kam Legat der Mann zu Hilfe, den er später als „größten Menschen überhaupt“ bezeichnen würde – Schalkes Manager Rudi Assauer. Im Januar 2000 holte er den leidgeprüften Spieler zurück ins Ruhrgebiet, und in gewohnter Umgebung kehrte auch Legats Lebensfreude zurück. Er unterbrach schon mal eine Ansprache von Trainer Huub Stevens, indem er lautes Hundegebell ausstieß, aber „man wird ja noch mal einen Spaß machen dürfen“. Den nächsten Spaß erlaubte sich Legat, als der FC Schalke das offizielle Mannschaftsfoto zur Saison 2000/2001 aufnahm. Zwischen Ünal Alpugan und Olaf Thon stehend, schaute Legat mit männlich ernstem Blick an der Kamera vorbei – hatte aber dafür seine Trikothose bis über den Bauchnabel hochgezogen. Der humorlose Klub reagierte mit einer Abmahnung.

Zu dieser Zeit hatte Legat bereits Probleme mit seinem linken Knie. Es folgten nicht weniger als elf Operationen, bis ihn die Berufsgenossenschaft im September 2001 zum Sportinvaliden erklärte. Im Sommer des nächsten Jahres unternahm Legat – noch keine 34 Jahre alt – seine ersten Schritte in Richtung einer Trainerlaufbahn und wurde Assistent von Dieter Eilts, dem Coach der Bremer A-Jugend. Zwei Monate später hatte er einen schweren Autounfall und musste auf der Intensivstation behandelt werden. Aber selbst dieses neue Missgeschick warf Legat nicht um. „Ich komme aus dem Pott, mein Vater war auf der Hütte", hat er mal gesagt. „Wenn ich wieder fit bin, zeige ich allen, was Malochen heißt."

028

Im Jahre 2000 feierte der ehemalige HSV-Profi John Jensen (47 Bundesligaspiele zwischen 1988 und 1990) einen großen Erfolg als Trainer in seinem Heimatland Dänemark: Mit dem kleinen Klub Herfølge BK gewann er die Meisterschaft, zwei Punkte vor Brøndby. Diese Sensation schrieben einige Leute noch dem guten Omen zu, dass Jensens Spitzname „Faxe" lautete – nach dem dänischen Bier – und dass eben diese Brauerei die erste dänische Liga sponsorte, die demzufolge auch „Faxe Superliga" hieß. Aber der Kater kam bald. Kaum ein Jahr später stieg Herfølge ab – als amtierender Meister wurde man Vorletzter in der Zwölfer-Liga, satte neun Punkte vom sicheren Ufer entfernt.

Dass Meister absteigen, geschieht auch in größeren Ligen als der dänischen, wenn auch sehr selten. In Deutschland erinnert man sich natürlich gleich an den 1. FC Nürnberg, der unter Max Merkel 1968 den Titel gewann, dann aber 1969 als Tabellensiebzehnter die Klasse nicht halten konnte. In England passierte das

Manchester City: 1937 wurde der Rivale von United Meister, im nächsten Jahr schoss man die meisten Tore aller Teams – stieg aber dennoch ab!

Trotzdem scheint es so, als hätten vor allem skandinavische Teams ein Faible für dieses Kunststück. Lyn Oslo holte 1968 die norwegische Meisterschaft; da man aber in Norwegen nach dem Kalenderjahr spielt, trat hier der kuriose Fall ein, dass Oslo Absteiger war, als der Verein in den Europacup der Meister 1969/70 eingriff (und dort insgesamt 16 Tore gegen Leeds United kassierte). Skurriler als in Finnland geht es allerdings wohl kaum noch. Tampere Pallo-Veikot holte hier 1994 die finnische Meisterschaft und stieg im nächsten Jahr ab. Das war zugegebenermaßen etwas unglücklich, denn in dieser Saison wurde die finnische Liga verkleinert, deshalb musste auch der 12. noch eine Spielklasse tiefer – und das war eben der amtierende Meister. Während Tampere also den Gang in die Zweitklassigkeit antrat, gewann Haka Valkeakoski den Titel, was den Klub doppelt freute, da Valkeakoski praktisch eine Nachbarstadt von Tampere ist. In der nächsten Saison wurde Finnlands Liga nun noch einmal um zwei Teams verkleinert (von 12 auf 10) – und was passierte wohl mit dem Meister? Richtig: Haka Valkeakoski wurde Vorletzter und spielte plötzlich wieder mit Tampere in einer Liga. (Beide Klubs hätten übrigens theoretisch – wie Oslo 1969 – als Zweitligisten im Europapokal der Meister antreten können, weil man in Finnland ebenfalls nach dem Kalenderjahr spielt. Doch inzwischen hatte die UEFA eine Qualifikationsrunde eingeführt, in der die zwei Mannschaften jeweils scheiterten, weshalb sie letztlich nur im UEFA-Cup aktiv waren.)

Dumm kickt gut, sagt man. Dabei haben nicht wenige Leute, die dem Fußball eng verbunden sind oder waren, studiert oder gar promoviert. Und das nicht erst in den letzten Jahrzehnten, in denen Fernuniversitäten aufkamen.

Beim olympischen Fußballturnier 1908 zum Beispiel stand in Reihen Dänemarks der Mathematiker Harald Bohr, der daheim zusammen mit seinem Bruder Niels für den BK Akademisk Kopenhagen spielte. Niels Bohr bekam 1922 den Nobelpreis für Physik.

Oder nehmen wir Gerhard Hanappi, Österreichs Star aus den fünfziger Jahren, der noch immer den dritten Platz in der Liste der Rekordnationalspieler seines Landes hält (hinter Andreas Herzog und Toni Polster). Er war Diplom-Ingenieur und baute das Weststadion in Wien. 1977 zog Rapid Wien hierhin um, und als Hanappi drei Jahre später starb, bekam das Stadion seinen Namen. Ein Nationalmannschaftskollege von Hanappi war Professor Dr. Walter Schleger. Dessen akademische Grade stellten allerdings nicht unbedingt etwas Einmaliges dar, denn auch der Kapitän der bulgarischen Nationalelf jener Jahre, Stjepan Boskov, trug einen Doktortitel. Leider spielten Österreich und Bulgarien in dieser Ära nicht gegeneinander, ansonsten hätten die gebildeten Herren eine anregende Unterhaltung im Mittelkreis führen können.

Auch Deutschland hatte – lange vor Hanappi, Schleger und Boskov – einen berühmten kickenden Akademiker, Dr. Hans Kalb vom 1. FC Nürnberg. Kalb holte in den zwanziger Jahren fünf Meistertitel mit dem „Club“ und bestritt 15 Länderspiele. Das Interessante an Kalb (und hier nähern wir uns dem eigentlichen Thema dieses Textes) war, dass er seinen Doktor auf dem Spezialgebiet der Zahnmedizin machte.

Einige Fußballer waren Ärzte – man denke nur an den ehemaligen brasilianischen Superstar Socrates, den einstigen Trainer der argentinischen Nationalmannschaft Dr. Carlos Bilardo oder an den bereits erwähnten Walter Schleger von Austria Wien, Letzterer ein Veterinär. Doch verdächtig viele von ihnen folgten dem Beispiel Hans Kalbs und kümmerten sich um Kauwerkzeuge. Markus Merk fällt einem natürlich gleich ein, der Schiedsrichter aus Kaiserslautern. Oder sein Kollege Franz-Xaver Wack (Hobby: Kulturreisen). Doch die Liste ist noch viel länger und keineswegs auf Deutschland beschränkt. Im Januar 1965 verpflichtete Celtic Glasgow zum Beispiel den jungen Jim Craig – praktisch direkt von der Universität weg, wo er Zahnmedizin studierte. Zwei Jahre später gewann Craig den Europapokal der Landesmeister gegen Inter Mailand. Heute praktiziert er als Dentist.

Und da war ja auch noch der Zahnarzt Dr. Peter Kunter, von 1965 bis 1976 Torwart bei Eintracht Frankfurt. Aber mit ihm endet die Liste noch lange nicht: Hugo Sanchez, der mexikanische Stürmerstar von Real Madrid – auch er ein Gebissrichter. Pak Doo Ik, der legendäre Nordkoreaner, dessen Tor bei der WM 1966 Italien aus dem Turnier warf – von Beruf Armee-Zahnarzt. Und schließlich verdanken wir dem englischen Kolumnisten Harry Pearson den Hinweis, dass dem größten Fußballer Rumäniens, Gheorghe Hagi, eine Kette von Kliniken gehört – es sind natürlich Dentalkliniken. Auch hierbei handelt es sich keinesfalls um einen modernen Trend: Schon bei den Olympischen Spielen 1908 (eben jenen, an denen auch Harald Bohr teilnahm), stand in der schwedischen Elf der Verteidiger und Zahnarzt Ake Fjästad.

Es steht nicht zu hoffen, dass die Häufung von Dentalmedizinern im Fußball etwas mit dem Hang zum Sadismus zu tun hat, den man diesen Ärzten oft nachsagt. Aber einige von ihnen können einem tatsächlich den letzten Nerv töten.

030

Es gehört ja inzwischen zum guten Ton, dass man Pokale, die man gewinnt, erst einmal kaputt macht. Nachdem die Franzosen im Finale der Europameisterschaft 2000 erfolgreich waren, schlugen sie bei der Ehrenrunde den Deckel vom Henri-Délaunay-Cup. Und ein Jahr später ließ Rudi Assauer den DFB-Pokal auf den Betonboden einer Tiefgarage fallen, sodass es das gute Stück nur arg ramponiert auf den Balkon des Gelsenkirchener Rathauses schaffte. Diese Missgeschicke sind aber nicht vergleichbar mit dem Attentat, das 1973 auf den altehrwürdigen englischen Pokal verübt wurde. Der Einzeltäter: Stan Bowles. Die Tatwaffe: ein Ball.

Am letzten Spieltag der Zweitligasaison traten die als Aufsteiger feststehenden Queens Park Rangers beim FC Sunderland an. Der hatte gerade sensationell den FA Cup gewonnen (1:0 gegen Leeds United) und kündigte voller Stolz an, die Trophäe am Spielfeldrand aufzustellen. Einige Tage vor dem Spiel vertrieb sich Stan Bowles (der später fünfmal für England spielte) die Zeit mit einem Freund im Pub. Nach einigen Bieren wettete Bowles um 50 Pfund, dass es ihm gelingen würde, während der Partie den Pokal von seinem Sockel zu schießen. Je näher das Spiel rückte, desto klarer wurde Bowles, dass … nein, nicht etwa, dass diese Wette Unfug war, sondern dass er sein Vorhaben so schnell wie möglich ausführen musste, um nicht die ganzen 90 Minuten lang an nichts anderes als an den Pokal zu denken.

So preschte Bowles schon wenige Minuten nach dem Anpfiff mit dem Ball den linken Flügel Richtung Grundlinie entlang, während seine Stürmerkollegen in Erwartung einer Flanke in den Strafraum eilten. Das Problem war nur, dass der Pokal auf der anderen Seite des Spielfeldes stand. So täuschte Bowles eine Flanke an, schlug einen Haken – und eilte unvermittelt in Richtung der eigenen Hälfte zurück. Auf Höhe der Mittellinie bog der Spieler dann ab und strebte zielsicher und relativ unbehelligt den Trainerbänken zu. („Ich hörte, wie jemand meinen Gegenspielern zurief, dass ich sie nur aus ihren Positionen weglocken wollte", erinnerte sich Bowles später.) Knapp zehn Meter vor dem Tisch mit dem Pokal zog er ab – und da Bowles ein begnadeter Techniker war, traf er sein Ziel mit bewundernswerter Präzision: Der wertvolle Pokal flog durch die Luft und landete in der ersten Reihe der Zuschauerränge.

Das Spiel musste für einige Minuten unterbrochen werden, weil die Zuschauer – wie Bowles sich ausdrückte – „meine Eier als Sandwich-Belag forderten". Als die Partie fortgeführt wurde, brachte der Spieler das Publikum noch weiter gegen sich auf: Zuerst erzielte er das 1:0 für die Queens Park Rangers, dann sorgte er mit einer Schauspieleinlage dafür, dass der Schiedsrichter Bowles' Gegenspieler vom Feld stellte. Im Anschluss an diese unberechtigte Rote Karte stürmten erboste Zuschauer auf den Platz (Bowles: „Sie sahen aus wie die Taliban, allerdings ohne die Turbane."), und die Begegnung wurde erneut unterbrochen. Diesmal für fast 40 Minuten. Alle Beteiligten überstanden den Vorfall recht gut. Der FA Cup trug lediglich eine Beule davon, und Stan Bowles verbrachte die Nacht unter Polizeischutz in seinem Hotelzimmer. Sein großer Auftritt brachte ihn in die Abendnachrichten des Fernsehens und sicherte ihm 50 Pfund Wettgewinn. Und natürlich die Siegprämie, denn QPR gewann 3:0.

031

Im Vorfeld der Fußball-WM 2006 bot das Stadtgeschichtliche Museum in Leipzig allen Kulturinteressierten eine ungewöhnliche Ausstellung an. „Herr der Regeln: Der Fußball-Referee" war, so die Veranstalter, die erste Museumspräsentation, in deren Mittelpunkt die Männer standen, ohne die kein wirklich bedeutendes Spiel stattfinden könnte (zumindest behaupten sie das immer) – die Unparteiischen.

Es ist kein Zufall, dass diese Ausstellung in Leipzig organisiert wurde, denn der Mann, der über ein Vierteljahrhundert lang Geschäftsführer des Leipziger Fußballverbandes war, ist noch immer der einzige deutsche Schiedsrichter, dem die höchste aller Ehren zuteil wurde: Am 21. Juni 1970 durfte Rudi Glöckner das Finale einer Weltmeisterschaft leiten. Dass Glöckner es an diesem Tag in die Geschichtsbücher schaffte, gehört allerdings zu den Merkwürdigkeiten der WM-Historie. Als das Turnier in Mexiko begann, zählte er keineswegs zur ersten Riege der Schiedsrichter. Und wie sich noch zeigen sollte, wussten sogar die Veranstalter nicht allzu viel über den Mann aus dem Örtchen Markranstädt, der seit 1959 Spiele der DDR-Oberliga pfiff.

Manchmal liest man, dass Glöckner vor dieser WM überhaupt erst ein Länderspiel geleitet hätte. Ganz so arg war es nicht. Bei den Olympischen Spielen 1964 stand er zum Beispiel dreimal als Hauptschiedsrichter auf dem Feld. Übrigens jedes Mal bei einer Partie der CSSR, für die Glöckner ein großes Faible gehabt haben muss. Denn auch das Länderspiel, für das er bis zum Sommer 1970 am bekanntesten war, sah Tschechen und Slowaken auf dem Rasen: Am 6. November 1966 unterlag Holland unter den wachsamen Augen von Glöckner der CSSR im Amsterdam mit 1:2. Das Besondere an diesem Match war, dass der DDR-Referee in der 78. Minute einen jungen Mann namens Johan Cruyff vom Platz stellte, weil der ihn geschlagen haben soll. Es war der erste Feldverweis in der Geschichte der holländischen Nationalelf. So tief empfand das Land diese Schmach, dass der niederländische Verband Cruyff eine Länderspielsperre von gleich einem Jahr aufbrummte.

Während der WM 1970 in Mexiko fiel Glöckner dann dadurch auf, dass er nicht auffiel. Er verrichtete Dienst als Linienrichter beim Viertelfinale zwischen Uruguay und der UdSSR sowie beim Gruppenspiel Belgien gegen El Salvador. (Bei dieser Partie stand übrigens sein westdeutscher Klassenfeind Kurt Tschenscher aus Mannheim auf der anderen Spielfeldseite.) Nur das dröge 0:0 zwischen Italien und Uruguay leitete er als Hauptschiedsrichter. Da sah ihn FIFA-Präsident Stanley Rous, und als sich vor dem Finale die Teams aus Brasilien und Italien nicht auf einen Unparteiischen einigen konnten, schlug Rous kurzerhand Herrn Glöckner vor. Die Italiener hatten keine schlechten Erinnerungen an ihn, den Brasilianern sagte der Name offenbar gar nichts. Und so stand am 21. Juni 1970 nicht etwa ein berühmter Referee wie Laurens van Ravens (Holland) oder der Shooting-Star Abraham Klein (Israel) auf dem Rasen des Azteken-Stadions, sondern Rudi Glöckner.

Und das führte prompt zu einer kleine Panne vor Spielbeginn. Dem Organisationskomitee war entweder nicht bewusst, dass es zwei deutsche Staaten gab, oder es hatte einfach nicht erwartet, dass jemand aus der DDR dieses Finale pfeifen würde. Vielleicht fand sich auch bloß keine Flagge mit dem Hammer-und-Sichel-und-Ähren-Symbol, denn die DDR nahm ja nicht am Turnier teil. Wie auch immer: Vor dem großen Endspiel musste jedenfalls auch der Referee durch seine Landesfahne geehrt werden, und so hissten die Mexikaner eben die brasilianische Flagge, die italienische – und die der Bundesrepublik!

Nun legt ein Schiedsrichter schon aus Gründen des Berufsethos höchsten Wert auf Korrektheit. Glöckner beschwerte sich also über die falsche Fahne und ließ sich auch nicht beirren, als man ihm mitteilte, dass die Zeit dränge und kein passender Ersatz aufzutreiben wäre. Aus nie geklärten Gründen hatte Glöckner nämlich zufällig eine DDR-Flagge im Gepäck – und dieses gute Stück aus seinem Privatbesitz flatterte schließlich im lauen mexikanischen Wind, als Brasilen und Italien um die Fußball-Krone stritten. Leider war Glöckners Fahne nicht bei der Ausstellung in Leipzig zu sehen. Dafür aber der Rest seiner Finalausrüstung, natürlich inklusive der Pfeife.

032

Moderne Profis kommen viel herum, und fast jeder Fan hat in seiner Lieblingsmannschaft mindestens einen Spieler, der schon in halb Europa aktiv war. Aber eben nur in halb Europa ... Trotz offener Grenzen und oft wertloser Verträge, trotz Millionen-Gagen, Bosman-Urteil und Agenten, die bei jedem Klubwechsel abkassieren, hatte es bis zum Januar 2003 nur einen Profi gegeben, der in allen vier großen europäischen Ligen aktiv war – also in Deutschland, Italien, Spanien und England.

Man mag kurz an Jürgen Klinsmann und Karlheinz Riedle denken, aber beiden fehlt ein Engagement in Spanien. Gladbach-Fans könnten auf Allan Simonsen tippen – aber der war nicht in Italien. Und so ging der Titel lange allein an den Rumänen Florin Raducioiu, obwohl das Datenbanken wie zum Beispiel soccerbase.com nicht wahrhaben wollen. Raducioiu spielte bis 1990 bei Dinamo Bukarest und sah sich dann ausgiebig in Italien um: In den nächsten vier Jahren hießen seine Stationen nämlich Bari, Verona, Brescia und Mailand (AC). Bis 1999 war er dann hauptsächlich für Espanyol Barcelona in Spanien aktiv, wurde aber von den Katalanen immer mal wieder ausgeliehen: 1996/97 an West Ham United in England (11 Einsätze) und 1997/98 an den VfB Stuttgart, für den er 19 Bundesligaspiele bestritt.

Diesen entscheidenden Ausflug ins Schwabenland unterschlägt soccerbase.com – dabei hatte Raducioiu dadurch den Europa-Grand-Slam geschafft und konnte sich somit 2000 wieder in Bukarest niederlassen, um bei seinem alten Klub Dinamo den verdienten Vorruhestand zu genießen. Aber bevor er noch eine Partie für Dinamo bestritten hatte, fiel ihm wohl plötzlich ein, dass es Leute geben könnte, die behaupten, Europa habe nicht vier, sondern fünf große Ligen und dass Raducioius Sammlung erst dann wirklich komplett wäre, wenn er auch in Frankreich Fußball gespielt hätte. Also unterschrieb er im Alter von 34 Jahren noch flugs beim AS Monaco. Das war, wie sich herausstellte, eine kluge Vorsichtsmaßnahme. Denn im Januar 2003 schloss sich ein Profi Hannover 96 an, der zuvor schon für Tottenham Hotspur (1994/95), den FC Barcelona (1995/96) und US Lecce (2001/02) gespielt hatte. Das Merkwürdige an diesem zweiten Grand Slam ist, dass auch er an einen Rumänen ging – an Gheorghe Popescu. Ein reiselustiges Völkchen.

033

Der Glaube ist ganz wichtig im Fußball, denn – wie vor allem wenig erfolgreiche Trainer immer wieder sagen – gewonnen wird im Kopf. Manchmal natürlich auch verloren, je nachdem, was man so glaubt. Der Torwart Carlos Roa, dessen großartige Paraden Argentinien ins Viertelfinale der WM 1998 brachten, glaubt zum Beispiel, dass es eine Sünde ist, an Samstagen zwischen Sonnenaufgang und Sonnenuntergang Fußball zu spielen. Das ist eine der Lehren der „Siebenten-Tages-Adventisten“, denen Roa angehört, und grundsätzlich ist das natürlich auch in Ordnung – es führt allerdings zu Problemen, wenn man von Berufs wegen Fußball spielen möchte. Roa schaffte es jedoch, dieses Handicap zu umgehen, indem er sich nicht Manchester United anschloss (von denen er ein Angebot hatte), sondern

Real Mallorca – weil die spanische „Primera División“ ihre Spiele in der Regel abends austrägt.

Bald schon tat sich aber ein weiteres Problem auf. Die „Siebenten-Tages-Adventisten“ haben nicht nur etwas gegen Sonnenschein am Wochenende, sondern waren auch davon überzeugt, dass in der Silvesternacht 1999/2000 nicht bloß das alte Jahrtausend endet, sondern gleich die ganze Welt. Da machte es nicht mehr viel Sinn, Torabschläge zu trainieren, deshalb erklärte Roa nach der Saison 1998/99 seinen Rücktritt vom aktiven Sport und verschwand in ein Camp der Sekte, um sich auf das Jüngste Gericht vorzubereiten. Am Morgen des 1. Januar 2000 stellte sich dann allerdings heraus, dass sich die Adventisten wohl verrechnet haben mussten. Das war Roa jedoch keineswegs peinlich. Nachdem er sich davon überzeugen ließ, dass sich das göttliche Gericht vertagt hatte und dass das Leben ebenso weiterging wie der Fußball, tauchte er zur neuen Saison wieder in Mallorca auf und nahm, als wäre nichts gewesen, seinen Platz im Tor ein. Na ja, es war ja auch nichts gewesen.

Eine religiöse Abneigung gegen das Fußballspielen zu ganz bestimmten Zeiten ist übrigens so ungewöhnlich nicht. Bei der WM 1982 dachte Nordirlands Trainer Billy Bingham, er würde seinem Spieler Johnny Jameson einen Gefallen tun, indem er ihn für das wichtige Spiel der zweiten Finalrunde gegen Frankreich aufstellte. In der Tat war Jameson hocherfreut, zu seinem zweiten Länderspieleinsatz zu kommen – bis ihm klar wurde, dass die Partie am 4. Juli stattfinden sollte. Das war nämlich ein Sonntag. Und als Mitglied der „Wiedergeborenen Christen“ war es Jameson untersagt, sonntags vor Lederbälle zu treten. Der offenbar intolerante Bingham hatte das vorher nicht gewusst und war so erzürnt, dass er Jameson nie wieder in die

Nationalelf berief. (Nordirland verlor 1:4, wodurch die Franzosen das Halbfinale gegen Deutschland erreichten.)

Doch Roa und Jameson sind im Teich der Überzeugungstäter bloß kleine Fische, verglichen mit David Icke. Als junger Kerl stand Icke bei den Queens Park Rangers und Coventry City unter Vertrag, schaffte aber dort den Sprung in die erste Elf nicht, weshalb er zur Saison 1972/73 zu Hereford United wechselte. Bei United erinnert man sich noch gerne an die 37 Partien, die Icke im Tor bestritt, denn mit ihm in der Elf wurde kein einziges Heimspiel verloren.

Leider musste der Keeper seine Karriere schon im Alter von 21 Jahren wegen Arthritis beenden. Icke wurde Moderator bei der BBC, verlor aber diesen Job, nachdem er im Fernsehen erklärte, er wäre der Sohn Gottes. (Seine Entlassung, munkelt man, könnte aber auch damit zusammenhängen, dass der verheiratete Icke seine Assistentin auf einer Urlaubsreise schwängerte – die BBC war jedenfalls auf Diskretion bedacht.) Als Reaktion auf die Kündigung berief Icke eine Pressekonferenz ein, auf der er klarstellte, dass er natürlich nicht direkt der Sohn Gottes wäre. Sondern „nur" eine Reinkarnation von Jesus Christus. Des weiteren machte Icke deutlich, dass er sich seiner Assistentin nicht aus Gründen der Fleischeslust genähert habe. Sondern um die Energiepunkte der Erde zu heilen.

Einige Jahre später nahm Icke übrigens die Behauptung zurück, er wäre göttlicher Abstammung. Seine Fähigkeit, auch im dichtesten Berufsverkehr noch freie Parkplätze zu finden, habe ihn zu dieser Annahme verleitet, erläuterte ein Zeitungsbericht. Als das nun geklärt war, ging Icke daran, in Büchern darzulegen, was er wirklich glaubt. Zum Beispiel, dass die Erde von blutsaugenden Reptilienwesen aus dem All beherrscht wird, die menschliche Formen annehmen können und deshalb unerkannt unter uns leben. (Enttarnt hat er bislang die englische Königin und Hillary Clinton.) Oder dass die Freimaurer Lady Diana als Teil einer rituellen Handlung ermordet haben. Oder dass John F. Kennedy erst ein Jahr nach dem Attentat von Dallas gestorben ist. Oder ... Bei weitergehendem Interesse seien Ickes zahlreiche Bücher und ein Besuch auf seiner Homepage empfohlen.

034

Seitdem zum ersten Mal der Ruf „Carlo Werner – Fußballgott" durch das Düsseldorfer Rheinstadion schallte, haben es nicht wenige Kicker dazu gebracht, so bezeichnet zu werden. Thomas Linke in seiner Schalker Zeit etwa. Oder natürlich der Dortmunder Jürgen Kohler. Man könnte nun ja noch einen Schritt weitergehen und eine Kirche gründen. „Der göttliche Eisenfuß" zum Beispiel, in der Kohlers Autobiografie „An mir kommt keiner vorbei" als heiliges Buch verehrt wird.

Das ginge zu weit? Nun, in Argentinien sieht man das anders. Dort gründeten Alejandro Verón, Hector Campomar und Hernán Amez 1999 die „Kirche Maradonas", auch als „Göttliche Hand" bekannt, deren Bibel „Yo soy el Diego" („Ich bin der Diego") ist – die Lebensgeschichte von Diego Maradona. Die inzwischen rund 400 Mitglieder der Sekte feiern Weihnachten am 30. Oktober (Maradonas Geburtstag), haben das neue Jahr null auf 1960 gelegt (Maradonas Geburtsjahr) und leben nach eigenen zehn Geboten. (Gebot neun etwa lautet: „Wähle ‚Diego' als Deinen zweiten Vornamen und wende dieses Prinzip auf alle Deine Söhne an.")

„Der nächste Schritt ist, in Rosario eine Kathedrale zu errichten", sagte Verón. „Wir haben schon einen Altar und eine hölzerne Kapelle, die ein Fan gebaut hat." Leider werden die „Diegorianischen Brüder", wie sie sich nennen, von der katholischen Kirche verfolgt. Priester aus Cordoba ersuchten den Vatikan schon, alle Mitglieder der „Hand Gottes" zu exkommunizieren. „Diego ist der Gott des Fußballs", verteidigt sich Verón. „Wer könnte das bestreiten?"

035

Eines der berühmtesten Bundesligaspiele fand am 20. Oktober 1973 in Kaiserslautern statt. In der 57. Minute der Partie 1. FC Kaiserslautern gegen Bayern München erzielte Gerd Müller das 1:4, und die Gäste schienen einen sicheren Auswärtssieg einzufahren. Dann aber schoss der 1. FCK in 42 Minuten sechs Tore – durch Klaus Toppmöller, Josef Pirrung (2), Ernst Diehl und Herbert Laumen (2)! Dieser 7:4-Sieg der Pfälzer kostete die Bayern am Ende zwar doch nicht die Meisterschaft, aber er bescherte ihnen ein Betzenberg-Trauma, das sie erst überwanden, als sie 1993 auf den Trick verfielen, Trikots in den brasilianischen Farben zu tragen.

Einen Rückstand von drei Toren noch in einen Sieg umzuwandeln, ist allerdings so selten nicht – selbst dann nicht, wenn nur noch 21 Minuten zu spielen sind. Am 19. Januar 1998 lag der FC Valencia beim Gastspiel in Barcelona mit 0:3 zurück, aber Tore von Guillermo Carlos Morigi und Claudio Lopez (2) glichen das Spiel aus, bevor Ariel Ortega in der Schlussminute auch noch den Siegtreffer für Valencia erzielte. (Bizarrerweise schlug Barcelona vier Tage vor diesem Spiel Valencia mit 2:1 – und drei Tage danach mit 3:1! Beide Male im Pokal, der in Spanien in Hin- und Rückspiel ausgetragen wird.)

Um wirklich in den Pantheon der Comeback-Helden aufgenommen zu werden, muss man aber doch etwas mehr leisten als Kaiserslautern oder Valencia. Nehmen wir nur mal den holländischen Klub SC Heerenveen. Der lag im Mai 1950 nach 45 Minuten mit 1:5 gegen das große Ajax Amsterdam zurück, siegte aber noch mit 6:5. Überragender Mann bei den Gastgebern war der große Abe Lenstra, nach dem das Stadion des friesischen Klubs heute benannt ist. Diese Partie ist so legendär in Holland, dass sie im September 1995 als Freilicht-Theaterstück nachgespielt wurde – vor ausverkauften Rängen im Lenstra-Stadion.

Auch nicht zu verachten ist die Leistung der Boca Juniors aus Buenos Aires in der zweiten Runde des Südamerikapokals 1989 gegen Olimpia Asuncion (Paraguay). Das Hinspiel endete 2:0 für Olimpia, und beim Rückspiel in Buenos Aires am 12. April stand es nach 87 Minuten 2:3 für die Gäste. Unter den Regeln des Wettbewerbs – Auswärtstore zählten nicht doppelt und es gab auch keine Verlängerungen – hätte den Boca Juniors zwar ein 5:3 gereicht, um ins Elfmeterschießen zu kommen, aber dafür mussten sie nun drei Tore in nur 240 Sekunden schießen. Was sie, man ahnt es, dann auch prompt taten. (Allerdings verloren sie anschließend das Elfmeterschießen mit 6:7. Am Abend nach dem Spiel zeigte das argentinische Fernsehen die Partie noch einmal in voller Länge. Olimpia gewann übrigens sechs Wochen später den Pokal, ebenfalls im Elfmeterschießen.)

Und dennoch: Die immer noch unerreichten Meister des sensationellen Comebacks sind weiterhin die elf Spieler von Charlton Athletic, die am 21. Dezember 1957 in der zweiten englischen Liga gegen Huddersfield Town spielten. Elf? Nein. Denn nach nur 15 Minuten der Begegnung wurde Charltons Kapitän mit einer schweren Verletzung vom Feld getragen, und da 1957 noch keine Auswechselungen erlaubt waren, stemmten sich von diesem Moment an nur zehn Akteure der Heimelf gegen den Gast aus Huddersfield. Zunächst mit äußerst bescheidenem Erfolg. Nach 62 Minuten stand es nämlich 1:5, und dem nicht nur zahlenmäßig unterlegenen Athletic-Team drohte ein furchtbares Debakel. Dann schoss Johnny Summers, der Schütze des bis dahin einzigen Tores für Charlton, das 2:5. Eine Minute später legte er seinem Kollegen John Ryan das 3:5 auf. Dann traf Summers erneut. Und wieder. Und wieder. Kurz vor dem Ende führten die Gastgeber nun unglaublicherweise mit 6:5, aber die Partie war ja noch nicht vorbei. Der Charlton-Spieler John Davidson Hewie hatte inmitten des Spektakels wohl völlig die Orientierung verloren und erzielte auch einen Treffer – allerdings ins eigene Netz. Nun hieß es durch sein Eigentor wieder Unentschieden, 6:6. Und das Drama war immer noch nicht vorbei. Der Schiedsrichter hatte die Pfeife bereits an den Lippen, als Charltons Held Johnny Summers erneut John Ryan anspielte, der mit dem Schlusspfiff das siegbringende 7:6 für seine dezimierte Mannschaft schoss.

Johnny Summers, der an jenem denkwürdigen Tag fünf Tore erzielt und zwei vorbereitet hatte, starb später an Krebs. Ted Smith-Orr schrieb ein Gedicht über diese Partie. Huddersfield Town ist noch immer das einzige englische Team, das in einem offiziellen Ligaspiel sechs Tore erzielte und totzdem verlor.

036

Tasmania Berlin ist noch immer der Lieblingsklub vieler sensationslüsterner Statistiker. Der Verein wurde 1965 aus politischen Gründen in die Bundesliga gedrängt (der DFB hatte Hertha die Lizenz entzogen, wollte aber ein Berliner Team in der ersten Liga) und sammelte dort in 34 Spielen ganze 8 Punkte – schockierende 0,23 pro Begegnung. Die Elf schoss 15 Tore, kassierte 108. Wie schlecht ist Tasmanias Abschneiden nun im Vergleich zu anderen Prügelknaben aus den höchsten Ligen der größeren Fußball-Nationen? Es muss sich doch in Europa jemand finden lassen, der wenigstens ansatzweise so schlecht war wie die Berliner …

Werfen wir zunächst einen Blick nach Italien, das die Unione Sportiva Lecce ins Rennen schickt. Deren Drama liegt noch gar nicht so weit zurück: 1993/94 erkämpfte Lecce sich 11 Punkte aus 34 Begegnungen. Das war zwar ein Desaster, ergibt aber 0,32 Zähler pro Spiel; ein Wert, mit dem Tasmania nicht konkurrieren kann. (Als gute Italiener hatten die Kicker aus Lecce übrigens sogar noch ein halbwegs respektables Torverhältnis, nämlich 28:72. Trotz 26 Niederlagen, wohlgemerkt.)

Spanien bietet als aussichtsreichsten Kandidaten Sporting Gijon. In der Saison 1997/98 holte diese Mannschaft in 38 Spielen 13 Punkte. Sie gewann nur zwei Partien, verlor 29. Allerdings sieht auch das Torverhältnis dieses Teams mit 31:80 gar nicht mal so düster aus, wie man glauben sollte – und in der Tat war ein 2:6 auf Mallorca die bei weitem höchste Saisonniederlage Gijons. Trotzdem nähert sich Sporting schon jenen Regionen, in denen Tasmania operierte, denn bei einer Umrechnung auf die alte Zwei-Punkte-Regel schrumpft die Ausbeute der Spanier auf 11 Punkte und damit 0,29 pro Partie zusammen. Schlecht. Sogar sehr schlecht. Aber noch zu gut für Tasmania.

11 Punkte sammelte auch Frankreichs schlechtestes Team – Grenoble in der Saison 1943/44. Das Torverhältnis des Klubs reichte immerhin schon an Tasmania-Bereiche heran: 33:99. Aber ganz abgesehen davon, dass das Ganze im Krieg passierte, muss man auch noch erwähnen, dass diese Punkte in nur 30 Spielen geholt wurden und dass Grenoble das Pech hatte, ein 2:2 gegen Marseille am grünen Tisch aberkannt zu bekommen. Ansonsten wäre bestimmt alles ganz anders gelaufen … Man muss also weitersuchen.

England, das doch schon seit ewigen Zeiten Punkte verteilt und Teams absteigen lässt, wird doch wohl ein Tasmania zu bieten haben! Aber unglaublicherweise ist die übelste Mannschaft, die das Land vorweisen kann, Stoke City. Und das beendete die Spielzeit 1984/85 mit horrenden, unbescheidenen 17 Punkten, für die Tasmania-Fans sicher alles gegeben hätten. Der Grund, aus dem Stoke hier überhaupt auftauchen darf, ist, dass die Elf jedoch 42 Ligapartien für diese 17 Zähler brauchte und den Vorteil hatte, dass die Drei-Punkte-Regel galt. Aber selbst nach der alten Zählweise wären man in Stoke auf 0,36 Punkte pro Begegnung gekommen, und das sind viel zu viele, um Tasmania zu gefährden.

Es hat fast den Anschein, als müsse man in kleineren europäischen Ligen suchen, um jemanden zu finden, der den Berlinern Gesellschaft leistet. Tasmanias acht Punkte finden sich zum Beispiel erstaunlich häufig in Belgien: 1925/26 stieg Tilleur FC mit dieser Punktzahl ab, ein Jahr darauf CS La Forestoise. Damals spielten aber nur 14 Teams in der ersten belgischen Liga, daher kommen beide Vereine auf 0,30 Punkte pro Spiel, was zu gut für Tasmania ist. (Das Verblüffende an diesen Vereinen ist etwas anderes. Sie beendeten die Saisons mit exakt denselben Statistiken: 3 Siege, 2 Unentschieden, 21 Niederlagen und ein Torverhältnis von 29:101!)

Fünf Jahrzehnte nach Tilleur und Forestoise, in der Spielzeit 1979/80, blamierte sich der SC Hasselt in der belgischen Liga. Die Elf holte zwar 10 Punkte, brauchte dafür aber 34 Spiele, was einen Schnitt von 0,29 ergibt. Endlich hat sich also mal wieder jemand gemeldet, der zumindest weniger als 0,3 Zähler pro Spieltag sammelte – aber so schlecht wie Tasmania war auch Hasselt noch lange nicht.

Trotzdem gibt der Archivar nicht auf und wendet sich nun jenen beiden großen Freunden Deutschlands zu – Holland und Österreich. Und da versteckt sich doch in der höchsten niederländischen Liga in der Spielzeit 1962/63 ein Klub mit dem schönen Namen De Volewijckers (Amsterdam). Er wurde abgeschlagen Letzter, mit acht Punkten aus 30 Spielen, also einem Schnitt von 0,26. Damit liegt er zwar nur sehr knapp über dem Wert von Tasmania, aber knapp daneben ist auch vorbei, wie man noch heute in Berlin sagt. Tasmanias letzte Hoffnung ist demnach das uns benachbarte Alpenland – und zum allgemeinen Erstaunen haben die Österreicher tatsächlich eine geradezu verschwenderische Sammlung von hoffnungslosen Verlierern vorzuweisen! Man weiß gar nicht, wo zu beginnen wäre ...

Viele Leute erwähnen gerne das Abschneiden des Linzer ASK im Jahre 1940/41. Das Team beendete die Saison mit zugegeben uneinholbaren 0:36 Punkten und 17:106 Toren. Aber auch das geschah alles im Krieg, zudem trat Linz – vermutlich wohlweislich – zu drei Partien gar nicht erst an und bekam am Ende auch noch ein Unentschieden gegen den FC Wien aberkannt. Auf so billige Weise soll Tasmania nicht rehabilitiert werden, und das ist auch gar nicht nötig. Denn da ist zunächst einmal Vorwärts Steyer, das 1995/96 aus 36 Ligapartien nur sechs Punkte holte. Die damals gerade eingeführte Drei-Punkte-Regelung ist hier unerheblich, da Vorwärts alle Zähler durch Unentschieden errang. Das ergibt völlig verblüffende 0,16 Punkte pro Spiel, die der Taschenrechner aber wieder und wieder bestätigt. Man möchte ausrufen: „Hurra! Tasmania ist gerächt!", und im Stillen denken, schlimmer gehe es nimmer. Aber weit gefehlt. In der Saison 1952/53 verbuchte der Salzburger AK ganze vier Punkte nach 26 Partien. (Das Torverhältnis lautete 33:107.) Das macht einen Schnitt von 0,15. Und selbst das markiert noch nicht den Tiefpunkt der österreichischen Fußballgeschichte. Denn 1983/84 beendete der SC Neusiedl das Spieljahr mit folgender, grauenerregender Bilanz:

Spiele: 30	Niederlagen: 27
Siege: 1	Punkte: 4
Unentschieden: 2	Torverhältnis: 10:102

Anders gesagt: Neusiedl holte 0,13 Punkte pro Spiel und war damit um Welten schlechter als selbst Tasmania Berlin.

0 3 7

Der Ausdruck „Derby" für ein traditionsreiches, hitziges Duell zwischen zwei benachbarten Teams kommt, wer hätte es gedacht, aus dem Englischen. Er rührt jedoch nicht etwa von der Stadt gleichen Namens her, sondern geht auf den 12. Earl of Derby zurück, der im Jahre 1780 in Epsom ein Galopprennen veranstalten ließ, das seitdem jährlich stattfindet und nur noch „The Derby" heißt.

Das älteste heute noch ausgespielte Fußball-Derby, wenn man reguläre Wettkampfbedingungen als Bemessungsmaßstab zugrunde legt, findet sich in einer Stadt, in der man es vermutlich nicht erwartet hätte. Es ist nicht etwa Nottingham, Heimat zwei der ältesten britischen Klubs, denn als 1888 die Liga ihren Spielbetrieb aufnahm, war nur Notts County (1862 oder 1864 gegründet) dabei. Nottingham Forest (1865 gegründet) stieß erst vier Saisons später hinzu. Es ist auch nicht Liverpool, denn 1888 war zwar Everton schon dabei, aber der FC Liverpool existierte noch nicht. Und es ist auch nicht London, von dessen vielen berühmten Klubs Arsenal in den 1890er Jahren der erste war, der in den regulären Ligaspielbetrieb eingriff. Doch schon in der ersten Saison der englischen Profi-Liga, 1888/89, kam es zur Paarung Aston Villa gegen West Bromwich Albion. Man hört es den Namen der Klubs nicht an, aber beide kommen aus Birmingham. (Zumindest verwaltungstechnisch gesehen: West Bromwich teilt sich die Postleitzahl und die Telefonvorwahl mit Birmingham.) Im Jahr zuvor, also 1887, hatten diese zwei Teams zudem im Endspiel um den FA Cup gestanden (Villa siegte 2:0).

In eben jenem Jahr 1887 wurde auch der Verein gegründet, der an einem der größten Derbys überhaupt beteiligt ist: Celtic

Glasgow. So wichtig sind die Spiele gegen den Konkurrenten Glasgow Rangers, dass Celtic sich offiziell sogar ein Jahr jünger macht, als es eigentlich ist. Im Wappen des Klubs steht „1888“, weil man am 28. Mai 1888 sein erstes Spiel austrug – gegen die Rangers. (Die erste reguläre Ligapartie zwischen diesen Vereinen fand 1891 statt.) Aus diversen – politischen wie religiösen Gründen – beherrscht die Rivalität der beiden Vereine nicht bloß ihre Stadt, sondern einen großen Teil Schottlands. Im August 2007 verriet ein Polizist aus der kleinen Stadt Larkhall, dass die Ermittler eine einleuchtende Erklärung dafür gefunden hatten, warum in diesem Ort schon seit Monaten die Ampelanlagen immer wieder durch Vandalismus zerstört wurden: Rangers-Fans, sagte er, zerschlügen das Grünlicht, weil es die Farbe von Celtic anzeige. Wem das zu bizarr klingt, dem sei gesagt, dass die Filiale der Drogeriekette „Moss Pharmacy“ in Larkhall schon 2002 die eigentlichen Firmenfarben (Grün und Weiß) ablegte, weil ständig die Fensterscheiben eingeworfen wurden. Nach einem Wechsel hin zu Blau hörte der Ärger mit einem Schlag auf.

Das wohl traditionsreichste deutsche Derby ist nicht etwa Bayern München gegen 1860 München, obwohl die Erstauflage auf den 21. September 1902 zurückgeht (Bayern gewann 2:0). Nein, das ist die Partie zwischen dem 1. FC Nürnberg und der SpVgg Fürth. Auch diese Paarung wurde zum ersten Mal im Herbst 1902 ausgetragen, als die SpVgg noch gar nicht richtig existierte. Es ist aber die hitzige, oft feindselige Rivalität der beiden Vereine, die dieses Derby bald weit über das Münchener Duell hinaushob. Schon vor dem 1. Weltkrieg waren Zuschauerausschreitungen nicht selten, wenn der 1. FCN gegen Fürth spielte, und der Fanatismus ging so weit, dass der kommende

Nationalspieler und Fürther Hans Sutor 1920 nach Nürnberg wechseln musste, als man in seiner Heimatstadt erfuhr, dass er es gewagt hatte, eine Nürnbergerin zu heiraten.

Nürnberg und Fürth sind zwar nur einen Steinwurf voneinander entfernt, aber es sind immerhin zwei verschiedene Städte. Hier beginnt sich also der Begriff „Derby“ schon zu dehnen, und inzwischen spricht man ja sogar bei der Partie Nürnberg gegen Bayern von einem „bayerischen Derby“, obwohl die beiden Städte fast 200 Kilometer trennen. Was ist nun wohl die größte Distanz, die ein „Derby“ zu überbrücken hat? Man könnte listigerweise anführen, dass die Spiele zwischen Galatasaray oder Besiktas Istanbul und Fenerbahce Istanbul sogar Kontinente übergreifen, weil nämlich die ersten beiden Klubs im europäischen Teil Istanbuls beheimatet sind, während Fenerbahce aus dem asiatischen kommt. Das können wir aber nicht gelten lassen, obwohl auch Istanbul von sich behaupten darf, eine Stadt zu sein, in der Fußball-Rivalitäten zu skurrilen Auswüchsen führen können. Als McDonald's im Februar 2001 eine Filiale am Stadion von Besiktas Istanbul eröffnete, geschah das erst nach heftigen Fan-Protesten. Die Anhänger von Besiktas sperrten sich aber nicht etwa gegen westlichen Fast-Food-Kapitalismus, sondern gegen – die Farben von McDonald's! Rot und Gelb stehen in Istanbul nämlich für Galatasaray.

Zurück zu Derbys, die den Ausdruck arg strapazieren. Baltika Kaliningrad stieg 1995 in die oberste russische Liga auf, und da der Klub an der baltischen Küste beheimatet ist, war plötzlich sein am nahesten gelegener Liganachbar die Elf von Zenit St. Petersburg – 1.000 Kilometer entfernt. Es geht natürlich noch schlimmer in Russland, viel schlimmer. Wann immer Lutsch-Energija Wladiwostok aus der regionalen zweiten in die landesweite erste Liga aufsteigt (zuletzt 2005, davor 1993), sinkt bei den anderen Klubs die Lust auf Fußball. Die kürzeste Anreise hat dann nämlich der Verein mit dem schönen Namen Tom Tomsk. Und schon der muss 5.000 Kilometer hinter sich bringen, um nach Wladiwostok zu kommen.

Allerdings: Der engste Nachbar in der Liga ist natürlich nicht unbedingt auch der engste Rivale. Kaliningrad und Wladiwostok pflegen ja lokale Feindschaften und müssen diese echten Derbys ruhen lassen, wenn sie aufsteigen. Es gibt aber auch Klubs, die haben einfach weit und breit keinen echten Nachbarn. Zum Beispiel dann, wenn sie aus einem Land kommen, in dem der Fußball nicht gerade ein Nationalsport ist. Perth Glory aus der australischen National Soccer League fährt oder fliegt 2.700 Kilomter weit, um ein Derby zu spielen – zu der Adelaide City Force. Das ist die einfache Wegstrecke, versteht sich. Bei einer solchen Entfernung kann man davon ausgehen, dass die Fans der Glory es gar nicht merken würden, wenn in Perth ein Drogerieladen die Farben von Adelaide trüge.

038

Kurz vor der WM 2002 verletzte sich Spaniens Torwart Santiago Canizares so schwer, dass er auf das Turnier verzichten musste: Im Bad war ihm eine Parfümflasche auf den Boden gefallen, und die Scherben zerschnitten Canizares eine Sehne im Fuß. Das Seltsame an diesem Vorfall ist zunächst einmal, dass zwei Jahre zuvor ein Kollege von Canizares, der Jugoslawe

Alexandar Kocic, die Euro 2000 verpasste, weil er sich einige Finger brach – ebenfalls im Badezimmer, nach einem Ausrutscher. Und Oliver Reck wurde einmal von einer herabstürzenden Seifenschale aus dem Verkehr gezogen.

Das scheint alles darauf hinzudeuten, dass Torhüter eben extrem ungeschickt sind und keine Köperbeherrschung haben (ansonsten wären sie ja Feldspieler geworden). Doch dies ist ein zu voreiliger Schluss. Vielmehr ist das Badezimmer offenbar ein höchst gefährlicher Ort für Fußballprofis, egal welche Position sie außerhalb der Nasszelle einnehmen. Denken wir nur an St. Paulis Dirk Dammann, der sich in der Badewanne das Jochbein brach. Oder an Alex Alves von Hertha BSC Berlin, der Anfang 2001 einige Spiele aussetzte, weil ein Fußpilz bei ihm zu einer Entzündung im Zeh geführt hatte, die mit Antibiotika behandelt werden musste. In einem anderen Raum als dem feuchten Badezimmer hätte er sich bestimmt keinen Fußpilz geholt. Es sei denn natürlich, ein Hund hat zum Beispiel auf den Küchenboden gepinkelt. Auf so etwas kann man dann sogar böse ausrutschen – wie Darren Bernard vom FC Barnsley, der sich dabei das Knie lädierte und fast ein halbes Jahr ausfiel.

Ach ja, im Haushalt ist man einfach nicht sicher – selbst dann nicht, wenn man bloß fernsieht. Peter Nielsen von Borussia Mönchengladbach kugelte sich im Fernsehsessel die Schulter aus („Gut, dass das kurz vor der Winterpause passierte", sagte er, „denn da konnte ich mich gleich operieren lassen."). Und Robbie Keane riss sich 1998 die Bänder beim Griff nach der Fernbedienung. Nun, denkt sich der auf Vorsicht bedachte Fußballer, dann gehe ich eben nach draußen, wo es ungefährlich ist. Da bin ich an der frischen Luft und kann auch noch so tun, als wäre ich zu etwas nütze. Weit gefehlt! Bremens Michael

Schulz holte sich im Juni 1998 einen Hexenschuss beim Raustragen des Mülls, und Bielefelds Dirk van der Ven brach sich beim Anlassen des Rasenmähers die Hand. (Pech? Nein, Glück! Charlie George von Arsenal London bekam den Mäher problemlos an – senste sich dann aber damit eine Zehe ab.)

Wenn es daheim also überall riskant ist, geht der Profi dahin, wo er sich am besten auskennt – ins Stadion. Das Problem ist nur, dass er da erst mal irgendwie hinkommen muss. Wolfsburgs Charles Akonnor fiel vier Wochen aus, weil er sich die Autoantenne in die Nase gerammt hatte. Alan Wright von Aston Villa schaffte es immerhin bis in den Wagen, holte sich dann aber eine Sehnenreizung beim Treten des Gaspedals.

Ist man endlich, heil an Geist und Körper, im angeblich sicheren Schoß des heimischen Stadions angelangt, lässt tückischerweise offenbar die Aufmerksamkeit schlagartig nach. Vidar Riseth von 1860 München brach Anfang 2001 mit der Massageliege zusammen und verletzte sich an der Achillessehne. Elf Jahre zuvor hatte der englische Nationalspieler Chris Woods sich die Hand zerschnitten, weil er in der Kabine das Schnürband seiner Trainingshose nicht öffnen konnte und es kurzerhand mit einem Taschenmesser durchtrennen wollte. So kam übrigens David Seaman zu seinem dritten Länderspiel, denn Woods war Torwart. Womit wir wieder beim Anfang wären.

0 3 9

Andres Escobar wird traurigerweise der berühmteste Eigentorschütze der Fußballgeschichte bleiben. Am 2. Juli 1994 wurde er vor einer Bar im kolumbianischen Bogota von zwölf Kugeln niedergestreckt – zehn Tage nachdem sein Selbsttor gegen die USA bei der Weltmeisterschaft die 1:2-Niederlage seines Teams eingeleitet hatte. Angeblich sprach der Mörder Escobar vor der Tat auf diesen Treffer an.

Verbrechen sind gar nicht so selten im Zusammenhang mit Eigentoren, und man muss auch nicht nach Südamerika schauen, um sie zu entdecken. Ein Blick nach Nürnberg reicht. Am 16. März 1991 verlor der „Club" daheim gegen den VfB Stuttgart, durch ein Eigentor von Vlado Kasolo aus der 75. Minute. Das nahm man dem kroatischen Libero noch nicht krumm, denn solche Missgeschicke können passieren. Aber eine Woche später, am 23. März, unterlag Nürnberg in Karlsruhe mit 0:2 – und wieder hatte Kasalo ins eigene Netz getroffen (in der 60. Minute zum zweiten Gegentor). Nun meldeten sich Zeugen, die behaupteten, der Spieler habe beim Gang in die Kabine gelacht; andere wiesen darauf hin, dass zumindest das zweite Eigentor aus einem Kopfball resultierte, den kein gegnerischer Stürmer besser hinbekommen hätte. Sechs Tage später, am Karfreitag, wurde Kasalo vom 1. FCN entlassen, nachdem auch noch Gerüchte aufkamen, er hätte bei der Mafia Spielschulden und habe sie möglicherweise durch die Manipulation von Spielergebnissen abtragen wollen. Der Fall wurde nie restlos geklärt.

Auch der bayerische Rivale der Nürnberger, der große FC Bayern München, kennt sich mit legendären Eigentoren gut aus. Damit sind noch nicht einmal die Orientierungsprobleme gemeint, die Franz Beckenbauer des Öfteren befielen. (Der überwand ja sogar in seinem Abschiedsspiel am 1. Juli 1982 prompt noch den eigenen Torwart!) Nein, da ist zuerst einmal der fantastische Hammer aus 35 Metern, den Bayerns Helmut Winklhofer am ersten Spieltag der Saison 1985/86 in die Maschen setzte. Leider in die seines Teamkollegen Jean-Marie Pfaff. Es war der einzige Treffer des Spiels in Uerdingen und ein so schöner, dass er zum „Tor des Monats" gewählt wurde. Winklhofer verzichtete allerdings auf die Medaille der „Sportschau".

Sechs Jahre später schossen sich die Bayern mit einem berühmten Doppel-Eigentor aus dem Europapokal. Im Halbfinale des Wettbewerbs der Landesmeister hatte man das Hinspiel gegen Roter Stern Belgrad daheim mit 1:2 verloren, führte aber im Rückspiel mit eben diesem Ergebnis – bis Klaus Augenthaler in der 90. Minute den Ball so unglücklich traf, dass er sich aufs eigene Tor senkte. In dem Raimond Aumann stand, der dann eine Windmühle imitierte und so dafür sorgte, dass das Leder auch wirklich ins Netz fiel.

Aber die wirklich großen Eigentor-Helden sind andere. Alfredo Murca vom FC Porto traf im November 1977 beim Spiel gegen Manchester United gleich zweimal auf der falschen Seite. (Zwei Jahre zuvor hatte er mit einem Eigentor dem HSV den Weg ins Viertelfinale des UEFA-Cups geebnet.) Auch der Engländer Michael Proctor überwand seinen eigenen Torwart gleich zweimal – und das innerhalb von nur drei Minuten! Das geschah am 1. Februar 2003 in der Partie zwischen Proctors FC Sunderland und Charlton Athletic. Die Gäste siegten mit 1:3, weil fünf Minuten vor Proctors erstem Lapsus Charltons

Mark Fish schon das 0:1 markiert hatte. Na ja, vielleicht war es auch gar nicht Fish. Dessen Schuss wurde nämlich von gleich zwei Spielern aus Sunderland abgefälscht, müsste also ebenfalls als Eigentor gewertet werden. (Dass Fish überhaupt zum Schuss kam, lag übrigens an einem verunglückten Kopfball von – Michael Proctor. Es gibt solche Tage.)

Der Brasilianer Jorge Nino schoss 1982 bei der 1:5-Niederlage seines Klubs Democrata gegen Atletico Mineiro sogar drei Selbsttore. Und dann ist da noch der unvergleichliche Frank Sinclair, ein Verteidiger von Leicester City, den kein Fan dieses Klubs je vergessen wird. Am 7. August 1999, dem ersten Spieltag der neuen Saison in England, stand es zwischen Leicester und Arsenal nach 90 Minuten 1:1. In der Nachspielzeit wollte Sinclair per Kopf den Ball aus der Gefahrenzone vor dem eigenen Tor befördern und fand in der Tat den sichersten aller Plätze für das Leder – das Netz. Sieben Tage später, am 14. August, feierte Leicester dann die Heimpremiere gegen Chelsea. In der 90. Minute erzielte City per Elfmeter das 2:1, aber das Spiel war damit noch nicht gewonnen, denn es gab ja noch Sinclair … In der Nachspielzeit flankte Chelseas Bjarne Goldbaek in den Strafraum von Leicester City, sein Kollege Gustavo Poyet verlängerte per Kopf in die Richtung von Chelseas Kapitän Dennis Wise, der dem Ball entgegenging, um den Ausgleich zu erzielen. Da sprang Frank Sinclair dazwischen und nahm Wise die Arbeit ab. In diesem Fall war keine Mafia involviert, sondern nur Pech und Unvermögen. Wer aber denkt, Sinclair wäre damit zufrieden gewesen, eine englische Ausgabe von Vlado Kasalo zu sein, der irrt. Denn im März 2002 legte er auch noch einen echten Helmut Winklhofer hin! Nach vier Minuten des Abstiegsduells zwischen seinem Klub Leicester und dem FC

Middlesbrough spielte Sinclair aus fast 40 Metern den Ball zu seinem Torwart zurück. Üblerweise stand der nicht dort, wo Sinclair ihn erwartete. Das Leder rollte ins Tor, Leicester verlor 0:1. Und stieg ab.

040

Seit dem August 1999 tapert der Bär Herthinho die Tartanbahn entlang, wenn Hertha BSC Berlin spielt. Seit September 2000 drängt sich das Krokodil Fritzle ins Bild, sobald Spieler des VfB Stuttgart interviewt werden. Ja, die Maskottchen-Manie hat die Bundesliga erfasst. Jünter, das Fohlen, tut in Gladbach Dienst, der König der Tiere Brian the Lion begleitet die Profis von Bayer Leverkusen aufs Feld, und den hässlichen „Bazi" des FC Bayern München hasste man auch außerhalb des Freistaates, bis er 2004 von Berni ersetzt wurde. Der, warum auch immer, ein Artgenosse von Herthinho ist. Aber was diese mal lustigen, meistens blöden Figuren auch tun – sie werden es schwer haben, an den Erfolg des Affen H'Angus the Monkey heranzureichen. Im Mai 2002 wurde das Maskottchen von Hartlepool United nämlich zum Bürgermeister dieser Stadt gewählt.

Die Geschichte hat ihre Anfänge in den napoleonischen Kriegen (zwischen 1799 und 1815). Als nämlich eines Tages ein Affe an den Strand von Hartlepool geschwemmt wurde, hielten ihn die Bürger der Legende nach für einen französischen Spion und lynchten das arme Tier. Seit dieser Zeit verspottet man die Bewohner Hartlepools als „Affen-Aufhänger", was wiederum dazu führte, dass man die Spieler des 1908 gegründeten Klubs Hartlepool United „Affen“ nannte – woraufhin der Verein später dieses Tier als Maskottchen wählte und es H’Angus nannte (wegen „to hang“ – aufhängen).

In den neunziger Jahren übernahm ein junger Mann namens Stuart Drummond den Job, im Kostüm des Affen für Unterhaltung zu sorgen. Manchmal übertrieb er dabei allerdings etwas … Bei einem Spiel in Scunthorpe wurde er im Jahre 2000 des Innenraumes verwiesen, nachdem er eine Ordnerin unsittlich belästigt hatte. In der nächsten Saison warf man ihn in Blackpool aus dem Stadion, weil er sich an einer aufblasbaren Puppe verging. Im Frühjahr 2002 erklärte Drummond trotz dieser Skandale, dass er sich als H’Angus zur Bürgermeisterwahl stellen werde. „Die anderen Kandidaten könnten auf einer politischen Bananenschale ausrutschen“, kommentierte ein Agenturtext, „denn sie kämpfen gegen einen Mann in einem Affenkostüm.“

Hartlepool United bezahlte die 500 Pfund, die Drummond hinterlegen musste, um auf die Wahlliste zu kommen, und H’Angus zog mit dem Slogan „Kostenlose Bananen für alle Schulkinder!“ in den Wahlkampf. Anfang Mai setzte sich H’Angus gegen seinen härtesten Konkurrenten, den Kandidaten der Labour Party, mit 7.395 zu 6.792 Stimmen durch und gewann somit die Wahl zum Bürgermeister. Drummond gab seinen Job als Maskottchen auf, um sich auf die Lokalpolitik zu konzentrieren. Möglicherweise verstand er diesen Begriff aber falsch: Fünf Monate später sorgte er für den nächsten Skandal, als man ihn in einem Strip-Lokal erwischte.

041

Am 22. Dezember 1993 lief Bayern Münchens Bixente Lizarazu, damals in Diensten von Girondins Bordeaux, in der Stadt Donostia zu einem Länderspiel auf. Der Gegner hieß Bolivien, Lizarazus Mannschaft gewann mit 3:1. Wenn man nun aber in der Länderspielstatistik Frankreichs nachsieht, wird sich dort für 1993 keine Partie gegen Bolivien finden lassen. Und die besagte Begegnung kurz vor Weihnachten taucht auch nicht in der Liste von Lizarazus Länderspieleinsätzen auf. Das liegt daran, dass der Franzose an diesem Tag für eine Nationalelf aktiv war, die von der FIFA nicht offiziell anerkannt ist, die nur etwa einmal pro Jahr eine Partie bestreitet, die aber dennoch gut genug ist, um Jugoslawien mit 3:1 zu schlagen (1997) oder Uruguay mit 5:0 vom Platz zu fegen (1998). Die Rede ist von der Nationalmannschaft des Baskenlandes.

„Euskadi" nennt sich dieses Team auf Baskisch, und die meisten Spieler kommen aus dem Land, das Nicht-Basken als „Spanien" bezeichnen, obwohl es auch ein französisches Baskenland gibt. In dem liegt etwa die Stadt St. Jean de Luz, in der eben Bixente Lizarazu geboren wurde. Seine Familie kämpfte lange darum, den Sohn auch tatsächlich so nennen zu können, aber die französischen Behörden weigerten sich, die baskische Version des Namens „Vincent" zu akzeptieren. Erst 1995 wurde (gegen eine Gebühr von 3.000 Francs) aus Vincent auch offiziell Bixente. Drei Tage später wurde Lizarazus Tochter geboren. Sie heißt Tximista, was natürlich auch Baskisch ist und „Blitz" bedeutet.

Die bekanntesten Klubs des spanischen Baskenlandes sind Athletic Bilbao, Real Sociedad San Sebastian, Deportivo Alavés und Osasuna Pamplona. Stolz ist man bei allen diesen Klubs

– als Alavés 2001 zum UEFA-Cup-Finale gegen Liverpool nach Dortmund reiste, trugen viele ihrer Fans Aufkleber, auf denen stand: „Ich bin kein Spanier, ich bin Baske!" –, aber nur Bilbao und San Sebastian haben diesen Stolz auch zur Vereinspolitik erhoben. Bilbao verpflichtet ausschließlich Spieler, die Basken sind oder wenigstens baskische Vorfahren haben. Manchmal gibt sich der Klub auch schon damit zufrieden, wenn ein Akteur im Baskenland geboren wurde, trotzdem bedeutet diese Regel, dass Athletic nur aus einem Pool von etwa 2,3 Millionen Menschen Spieler rekrutieren kann. (Das spanische Baskenland hat etwas über zwei Millionen Einwohner, im französischen leben knapp 230.000 Menschen.) Wenn man jetzt noch bedenkt, dass der Klub sogar so weit geht, auf Trikotwerbung zu verzichten, um das edle baskische Trikot nicht zu beschmutzen, dann grenzt es schon an ein Wunder, dass der Verein noch niemals aus der ersten Liga abgestiegen ist und noch 1983 und 1984 sogar die Meisterschaft gewann.

In San Sebastian hat man schon seit langem Probleme mit dieser Haltung von Athletic. Auch dort versteht man sich als baskischer Klub, bei dem nach Möglichkeit nur Basken spielen sollten, aber da eben das große Athletic die meisten talentierten Basken anzieht, hat Real Sociedad traditionell Probleme, seinen Kader zu verstärken. Der Klub wurde 1981 und 1982 Meister, aber danach ging es bergab. (Nebenbei bemerkt: Bilbaos und San Sebastians Triumphe in diesen Jahren bedeuten nach dem Selbstverständnis der beiden Vereine, dass zwischen 1981 und 1984 kein spanischer Verein die spanische Meisterschaft holte!) Seit 1989 verfolgte Real Sociedad deshalb eine etwas andere Politik. In diesem Jahr kaufte der Verein John Aldridge vom FC Liverpool. Der war nun alles andere als ein

Baske, aber Real Sociedad erklärte das damit, dass man seinen baskischen Spielern sehr wohl zumuten könne, mit einem Ausländer zusammenzuspielen – solange er kein Spanier sei. In den Jahren danach spielten dann mehrere Ausländer für San Sebastian, aber tatsächlich kein nicht-baskischer Spanier. Doch im August 2002 waren Real Sociedads Probleme dann so groß, dass der Verein Sergio Boris von Real Oviedo verpflichtete. Obwohl viele Presseberichte ihn als „den ersten nicht-baskischen Spanier seit 35 Jahren“ bezeichneten, enthüllten sie leider nicht, wer denn vor Sergio Boris der letzte gewesen sein soll. Bis die Zeitungen das nachholen, kann man ihn also getrost als den ersten richtigen Spanier bei San Sebastian überhaupt betrachten.

Zurück zu Bixente Lizarazu. Der lief nach 1993 nicht mehr für „Euskadi“ auf, konnte sich dem politischen Wirrwarr aber trotzdem nicht entziehen. Im Winter 2000/2001 wurde er von der Terrorgruppe ETA aufgefordert, eine sogenannte „Revolutionssteuer“ zu entrichten, die alle Basken zahlen sollten, um die ETA dabei zu unterstützen, für die Unabhängigkeit der Region zu kämpfen. Lizarazu weigerte sich und engagierte Leibwächter. Dann reiste er ins Trainingslager der Bayern. Nach Spanien.

042

Viele Torhüter bereiten sich auf Spiele auch und gerade mental vor, denn auf dieser Position ist Konzentrationsfähigkeit von allergrößter Bedeutung. „Was könnte passieren und wie würde ich reagieren?“ – mit solchen Fragen stimmen sich die

Schlussmänner auf Begegnungen ein. Wer nun das Pech hat, gegen englische Mannschaften und insbesondere den FC Liverpool antreten zu müssen, der hat sich auch mit folgender Frage zu beschäftigen: Was tue ich, wenn ein nackter Mann auf mich zugelaufen kommt, um mir die Hand zu geben, Liegestütze zu machen oder ein Tor zu erzielen?

Aus Liverpool stammt nämlich Mark Roberts, einer der bekanntesten „Streaker" der Welt. Streaker heißen in Deutschland auch manchmal „Flitzer", weil sie unbekleidet durch die Sportarenen flitzen. Deutschlands bekanntester Streaker ist Ernie Wittig aus Bielefeld, der schon so manche Bundesligapartie unterbrochen hat. Aber Mark Roberts ist, kaum jemand bestreitet das, der Größte. Seine Karriere begann er im Jahre 1994 während des Derbys zwischen Everton und Liverpool. Der Trainer Brian Clough hatte sich kurz zuvor negativ über Liverpooler Fans geäußert, und so jagte Roberts während des Spiels nackt auf das Feld, um eine Botschaft zu zeigen, die er sich auf den Rücken hatte pinseln lassen. „Brian Clough ist ein…" stand dort, und ein Pfeil wies auf Marks Hinterteil. Unterwegs schüttelte Roberts kurz noch dem Torwart von Everton, Neville Southall, die Hand. Eine Woche später bekam er ein Autogramm von Southall mit der Widmung: „Für Mark – Lass Dein Trikot an!"

Kurz darauf saß Roberts mit Freunden in einem Pub und schaute sich im Fernsehen die Pokalpaarung Liverpool gegen Arsenal an. „Was für ein langweiliges Spiel", meinte er. „Das müssen wir ändern!" Seine Kumpels schrieben „NIL" über Marks Hintern und versahen auch diese Mitteilung mit einem Pfeil. (Zur Erläuterung: Der Hintern heißt „arse", und in Verbindung mit „nil", also null, ergibt es „arse-nil", Arsenal.)

Dann setzte sich Roberts – bekleidet – in ein Taxi, fuhr ins Stadion und rannte dort – unbekleidet – übers Feld. Weil es an diesem Abend recht kalt war, ging er dazu über, sich aufzuwärmen, indem er neben Arsenals Tormann David Seaman einige Liegestütze vollführte.

Für seine Mühen bekam Roberts 250 Pfund Strafe aufgebrummt und durfte ein Jahr lang kein Stadion mehr betreten. Während dieser Verbannung fing er damit an, Tennis- oder Golfveranstaltungen zu beehren. Doch 1999 kehrte er zu seinen Wurzeln zurück – dem Fußball. Bei der Partie Manchester United gegen Charlton Athletic lief er, wie Gott ihn schuf, auf Manchesters Torhüter Peter Schmeichel zu, und es brauchte schon sieben oder acht Ordner, um seinen Bewegungsdrang zu bändigen. Kurz danach versuchte Roberts, zum zweiten Mal das Liverpooler Derby zu bereichern, aber diesmal geriet er an die Polizei, bevor er aufs Feld gelangen konnte. Doch eine Woche später klappte es: Sekunden vor dem Anpfiff der Begegnung Liverpool gegen Chelsea rannte Roberts nackt über den Rasen. Chelseas Gianfranco Zola, der gerade den Anstoß ausführen wollte, sah den Streaker auf sich zukommen und – spielte ihm den Ball zu! Roberts nahm den Pass auf, lief durch die Chelsea-Elf und hatte schließlich nur noch Torhüter Ed de Goey vor sich. Den überwand er mit einem feinen Schuss in den Winkel.

Ein Jahr später hatte Roberts Pech, als er versuchte, der Star des FA-Cup-Finals zwischen Arsenal und Liverpool zu werden. Er wollte mit Beginn der zweiten Häfte zusammen mit den Spielern auf den Platz laufen, rannte aber zu früh los. Sicherheitsbeamte warfen ihn zu Boden, wobei sich Roberts zwei Rippen brach. Diesmal sperrte man ihn für drei Jahre von allen englischen Plätzen. Wohlgemerkt: englischen. Und deshalb lernte schließlich auch Jörg Butt den Wunderflitzer Mark Roberts kennen. Denn im Sommer 2002 sauste er kurz vor Anpfiff der zweiten Hälfte des Champions-League-Finales im schottischen Glasgow zwischen Bayer Leverkusen und Real Madrid auf den Platz. Er schnappte sich im Mittelkreis den Ball, umkurvte einige Leverkusener und schob das Leder an Butt vorbei ins Tor. Dann fiel er jubelnd auf die Knie. Es war der zweite Treffer seiner Karriere.

043

Die meisten Fußballer sind jung, haben viel Geld und noch mehr Freizeit. Deshalb lieben sie auch schnelle Autos, was an sich noch kein Problem darstellt. Knifflig wird es erst, wenn sie diese Autos auch fahren, denn mit der Bezähmung leistungsstarker Motoren sind sie oft überfordert. Sonst wären sie ja auch Rennfahrer geworden und keine Fußballer.

Die schweren Autounfälle der Nationalspieler Richard Hofmann (1930) und Robert Schlienz (1948) sind an anderer Stelle bereits erwähnt worden. Etwas unsicher am Steuer war auch der große Helmut Rahn: 1957 steuerte er seinen Opel Rekord direkt in eine Kiesgrube und zeigte sich sehr verärgert, als die hinzueilenden Polizeibeamten andeuteten, der Unfall könne seine Schuld gewesen sein. Sechs Jahre später war Rahn in Diensten des holländischen Klubs Twente Enschede, sich aber offenbar nicht darüber im Klaren, dass auch jenseits der Grenze Verkehrsregeln herrschen. Eine Baustelle war jedenfalls kein

Grund für ihn, das Tempo zu drosseln, was weder der Baustelle gut tat noch Rahns Auto. Ihm selbst übrigens auch nicht, denn die humorlose holländische Polizei steckte ihn ins Gefängnis.

Die Liste der Spieler, die lieber auf öffentliche Verkehrsmittel umsteigen sollten, ließe sich nahezu endlos erweitern. Im Mai 1976 verunglückte Klaus Toppmöller so schwer mit seinem Fahrzeug, dass er unter Schock stehend durch die Wälder irrte und erst am nächsten Tag gefunden wurde. Der Unfall geschah keine zwei Wochen nach Toppmöllers erstem Länderspiel und kostete ihn die Teilnahme an der Europameisterschaft. Sepp Maier fuhr schon 1963 sein erstes Auto zu Schrott, einen Ford Taunus 12M, der den Wagen des anderen Beteiligten so gründlich zerlegte, dass jener mit Schneidbrennern aus dem Inneren geholt werden musste. Am 14. Juli 1979 kam Maier dann auf regennasser Fahrbahn von einem Autobahnzubringer ab und wurde beim Aufprall so schwer verletzt, dass er seine Karriere beenden musste.

Sein Torwartkollege Eike Immel, der bei Borussia Dortmund schon in allzu jungen Jahren zum Star wurde, wickelte in seiner Freizeit gerne Porsches um Baumstämme und war bei allen Reparaturwerkstätten in Westfalen ein gern gesehener Gast. Wenn man aber ein richtig großer Star ist, wie zum Beispiel David Beckham, dann lässt man Autos vermutlich gar nicht reparieren, sondern kauft sie gleich neu. Im Oktober 2000 jedenfalls fuhr Beckham mit seinem 70.000 Euro teuren Lincoln Navigator auf einen Range Rover auf, und man kann sich nur schwer vorstellen, dass er das Auto danach in eine KFZ-Werkstatt steuerte und einen ölverschmierten Mechaniker bat, die Sache zu regeln. Der Range Rover gehörte übrigens Beckhams Kollegen Andy Cole.

Eines der Probleme von Fußballern scheint zu sein, dass sie glauben, ihre Flitzer im Schlaf zu beherrschen. Schalkes Emile Mpenza hielt jedenfalls im September 2000 ein kleines Nickerchen, während er seinen Ferrari über die Autobahn bei Lüttich fliegen ließ. Als er erwachte, parkte das Auto in den Leitplanken. Glücklicherweise trug der Spieler nur eine Prellung des Augapfels davon. Vielleicht war Mpenzas Problem aber gar nicht so sehr die Müdigkeit, sondern seine Vereinszugehörigkeit. Ehemalige oder zukünftige Schalker haben nämlich offenbar des Öfteren kleinere motorische Aussetzer: Gerald Asamoah sorgte in Hannover in kaum 30 Monaten für fünf Karambolagen, was er mit dem Satz erklärte: „Mit dem Einparken hapert es ein wenig bei mir.“ Marco van Hoogdalem kam im Juli 2002 in Holland mit dem Auto von der Straße ab und erlitt ein Schleudertrauma. Zwei Monate später zerlegte Thorsten Legat seinen PKW und fand sich auf der Intensivstation wieder, von der man ihn aber bald entlassen konnte.

Doch nicht immer enden Unfälle von Profis so glimpflich. Laurie Cunningham, sechsmaliger englischer Nationalspieler und Ex-Profi von Real Madrid und Manchester United, starb im Juli 1989 bei einem Crash nahe Madrid. Der talentierte Kölner Stümer Maurice Banach verlor sein Leben, nachdem er im November 1991 auf der A1 gegen einen Brückenpfeiler gerast war. Und im September 1995 verursachte Patrick Kluivert von Ajax Amsterdam wegen überhöhter Geschwindigkeit einen Unfall, an dessen Folgen ein bekannter Theaterdirektor starb. Andererseits sind es nicht immer PS-starke Sportwagen, die an Unglücken schuld sind …: Im Mai 2001 verunglückte Georgios Amanatidis von Olympiakos Piräus so schwer, dass es an ein Wunder grenzte, ihn überhaupt noch lebend aus den Trümmern zu bergen, die einmal ein Auto gewesen waren. In diesem Fall ein Smart.

Einen Fußballer jedoch gibt es, auf den die Unfähigkeit, Kraftfahrzeuge zu beherrschen, geradezu inspirierend gewirkt haben muss. Im Oktober 1993 verlor Karlsruhes Edgar Schmitt auf der Autobahn bei einem Tempo von 160 Stundenkilometern die Gewalt über sein Auto und überschlug sich mehrfach. Sechs Tage später schoss er vier Tore beim legendären 7:0-Sieg des KSC über den FC Valencia. Trotzdem loben wir lieber Bielefelds Mamadou Diabang, der im Winter 2002/03 noch immer nicht die theoretische Führerscheinprüfung bestanden hatte. „Drei- oder viermal bin ich durchgefallen", sagte er, „das weiß ich gar mehr so genau." Alle anderen Profis sollten sich an Scott Duncan erinnern. Der war bis 1955 Trainer von Ipswich Town und verbot seinen Spielern den Besitz von Automobilen, weil „sie einfach viel zu gefährlich sind".

044

Eine der berühmtesten WM-Anekdoten, die auch vor dem Turnier 2006 in Deutschland wieder in einer offiziellen FIFA-Publikation auftauchte, geht auf das Standardwerk des Engländers Brian Glanville zurück, „The History of the World Cup". Beim Halbfinale des ersten Turniers (1930) zwischen Argentinien und den USA, schrieb Glanville, wäre der amerikanische Teamarzt auf das Feld gerannt und hätte vor Ärger „seinen Medizinkoffer auf den Boden geschleudert. Der Koffer sprang auf und mehrere Flaschen gingen zu Bruch, darunter eine, die voll mit Chloroform war. Die Dämpfe übermannten den Amerikaner, und er musste vom Feld getragen werden.“

Woher Glanville – Jahrgang 1931 – diese Information hat, wissen wir leider nicht. Warum der Arzt der Amerikaner in seinem Koffer eine Flasche mit Chloroform verstaut gehabt soll, wissen wir auch nicht. (Es lässt sich wohl kaum eine Situation während eines Fußballspiels denken, in der es hilfreich wäre, so etwas griffbereit zu haben.) Was wir allerdings wissen, ist dies: Chloroform ist extrem flüchtig, verteilt sich also äußerst rasch in der Luft. Das gilt, zusammen mit den gefährlichen Nebenwirkungen, als einer der Gründe, weshalb es nicht mehr als Narkosemittel eingesetzt wird – zu viele behandelnde Chirurgen klagten über Kopfschmerzen. Nur über Kopfschmerzen, sollte man hier hinzufügen, denn sie fielen nicht etwa in Ohnmacht, weil in ihrer Nähe Chloroform eingesetzt wurde. Der Teamarzt der USA müsste 1930 also schon mit dem Gesicht in die zerborstene Flasche gestürzt sein, um tatsächlich auf dem Rasen das Bewusstsein verloren zu haben. Und in diesem Fall wäre eine Ohnmacht noch sein geringstes Problem gewesen.

Und überhaupt: Ein bisschen klingt diese Geschichte von Glanville nach einer typisch englischen, leicht hämischen Anekdote über trottelige Amerikaner, die von Fußball keine Ahnung haben und auch sonst etwas peinlich sind. Gerade über die WM 1930 liest man oft, dass die USA eigentlich mehr durch Zufall an dem Turnier teilnahmen, nur mit Glück ins Halbfinale kamen (wo es dann eine 1:6-Packung setzte) und ohnehin eine Elf stellten, die aus angeworbenen Profis aus Schottland bestand. Nichts davon ist wahr.

Die USA waren der FIFA schon 1914 beigetreten, als einer der ersten nicht-europäischen Verbände überhaupt und fast ein Jahrzehnt vor Ländern wie Brasilien und Uruguay. Schon seit 1921 gab es in den USA sogar eine Profiliga – die American Soccer League (ASL), die an der Ostküste operierte und von großen Firmen finanziert wurde. Hier spielten die meisten der Kicker, die 1930 die USA bei der ersten WM in Uruguay vertraten. Einige von ihnen waren in der Tat naturalisierte Briten, aber sie stellten nur eine Minderheit im Kader der Amerikaner. Torwart James Douglas war in New Jersey geboren worden, ebenso wie sein Kapitän Thomas Florie. Mittelfeldmann Raphael Tracey kam aus Illinois. Einer der besten Spieler, Stürmer Billy Gonsalves, hatte das Licht der Welt in Massachusetts erblickt, und zwar in derselben Stadt wie Bertram Patenaude – der bei der WM alle Tore zum 3:0 gegen Paraguay schoss. Das tat er übrigens vier Tage, nachdem Bart McGhee beim 3:0 über Belgien die Treffer eins und zwei markiert hatte. McGhee war als Kind in die USA gekommen und in Philadelphia aufgewachsen. Es gibt Leute, die behaupten, dass sein Führungstor gegen Belgien der erste Treffer in der Geschichte der Fußball-WMs war und dass diese Ehre nur deshalb Lucien Laurent zugeschrieben wird, weil der ein Franzose war …

An jenen zwei 3:0-Siegen sieht man schon, dass die US-Mannschaft nicht ganz schlecht gewesen sein kann. Ja, daheim hielt man sie sogar für einen der Favoriten auf den Titel. Warum wurde sie dann von Argentinien mit 6:1 vom Platz gefegt? Nun, vielleicht deshalb: Schon nach zehn Minuten verletzte sich Torwart Douglas am Knöchel und konnte von da an bloß humpeln. Und noch in der ersten Hälfte verdrehte sich Tracey das Knie und musste zur Pause in der Kabine bleiben. Auswechslungen waren damals noch nicht erlaubt, aber selbst in Unterzahl hielten die USA die Sache lange offen (bis zur 61. Minute stand es nur 1:0). Als aber ein weiterer Spieler – durch einen Tritt gegen den Kiefer – verletzt wurde, war nichts mehr zu machen. Rechtsaußen James Brown schimpfte noch kurz vor seinem Tode im Jahre 1994: „Die Argentinier haben nur nach uns getreten. Am Ende hatten wir bloß noch sechs fitte Spieler. Die hatten es wirklich auf uns abgesehen." Das zumindest gibt auch Glanville zu, denn laut seiner Anekdote schleuderte der Arzt den Koffer aus Ärger über den zu nachsichtigen Schiedsrichter zu Boden.

045

Die berühmteste Cola-Dose der Fußballgeschichte ging am 20. Oktober 1971 um 20.28 Uhr auf die Reise. Sie verließ die Tribüne des Gladbacher Bökelbergstadions, segelte durch die Luft und landete schließlich am Kopf oder Rücken des Spielers Roberto Boninsegna von Inter Mailand. Der Rest ist bekannt: Boninsegna wurde vom Platz getragen, Inter protestierte gegen die Wertung des Spiels und Borussia Mönchengladbach wurde der großartige 7:1-Sieg am grünen Tisch aberkannt. Weniger bekannt ist, dass der wahrhaft Leidtragende dieser ganzen Affäre ein Gabelstaplerfahrer aus Brüggen-Bracht am Niederrhein war.

Doch der Reihe nach. Bis heute ist nicht geklärt, ob besagte Büchse Boninsegna wirklich so schwer traf, dass er bewusstlos wurde und ausgewechselt werden musste. Die Italiener sprachen von einer 400 Gramm schweren, gefüllten Dose Cola, aber die Polizei erklärte, sie sei leer gewesen und habe somit läppische 55 Gramm gewogen. Die Italiener behaupteten weiter, der UEFA-Beobachter Matt Busby aus England habe sich davon überzeugt, dass Boninsegna ohnmächtig gewesen sei, aber das Rote Kreuz sagte, man habe keine Wunde am Körper des Spielers finden können.

Fast alle Beobachter waren sich einig, dass Boninsegna geschauspielert hat, um eine Spielwiederholung zu erzwingen. Allerdings sind die meisten von ihnen Deutsche und daher nicht ganz unvoreingenommen. Zum Zeitpunkt des Vorfalls hatte Inter nämlich (durch Boninsegna!) schon ein kostbares Auswärtstor erzielt, und es stand nur 2:1 für Gladbach. (Dies war die erste Saison, in der Treffer in gegnerischen Stadien bei Gleichstand über das Weiterkommen entschieden. Siehe den Beitrag Nr. 024 zum Elfmeterschießen zwischen Glasgow und Lissabon.) Eine Vereinshistorie der Borussia versteigt sich zu der kühnen These, Boninsegna habe gewusst, „was auf ihn und seine Kameraden in den verbleibenden 60 Minuten noch zukommen sollte", aber das hieße ja, dass der Mann nicht nur schauspielerische, sondern auch noch hellseherische Fähigkeiten besessen haben muss.

Hätte Manfred Kirstein in die Zukunft sehen können, wäre er an diesem Abend daheim geblieben. Als nämlich die Polizei zum Tatort eilte, um den Büchsenwerfer ausfindig zu machen, zeigten vermutlich italienische Fans auf den damals 29-jährigen Lagerarbeiter. Auch Inters Kapitän Sandro Mazzola wies in die ungefähre Richtung Kirsteins. Eingerahmt von zwei Polizisten wurde Kirstein abgeführt – an der Seitenlinie entlang und vor aller Augen. Man hatte ihm sogar die Cola-Dose in die rechte Hand gedrückt. Am nächsten Tag gab die ermittelnde Behörde bekannt, Kirstein sei nicht länger verdächtig, aber da war es zu spät: Das Foto von Kirsteins Verhaftung wurde zum Symbol des vermeintlichen Betruges am Verein, Kirstein zum Schuldigen am Skandal. Seine Familie wurde belästigt und bedroht, er selbst handelte sich ein Magengeschwür ein. Noch 25 Jahre später bat er die „Bild"-Zeitung, seinen Namen nicht zu drucken (obwohl der 1971 wochenlang durch die deutsche Presse gegangen war) und weigerte sich fast immer, mit Reportern über jene Wochen und Monate zu sprechen. Seine Ehefrau sagte dem Journalisten Holger Jenrich: „Er war ein so großer Fußballfan, aber danach ist er nie mehr ins Stadion gegangen."

046

Am 31. Dezember 2002 erschien die „Sport-Bild" wieder einmal mit einer neuen Ausgabe des Quiz, bei dem man zum „Fußball-Professor" ernannt wurde, wenn man die maximale Punktausbeute erreichte. Die Überschrift lautete diesmal: „Wann schlich Uns Uwe so vom Platz?" Diese Frage bezog sich auf das Bild der Agentur Sven Simon, das in Deutschland zum „Sportfoto des Jahrhunderts" gekürt worden ist: Mit hängendem Kopf verlässt Uwe Seeler am Tag des WM-Finals 1966 den Rasen des Wembley-Stadions, hinter ihm marschiert eine Blaskapelle auf, zu seiner Linken schreitet ein ernster Helmut Schön daher. Was die „Sport-Bild" nun wissen wollte, war aber: Wurde dieses Foto vor dem Anpfiff, in der Halbzeit oder nach dem Spiel gemacht? Freundlicherweise druckte das Magazin in der gleichen Ausgabe auch noch die vermeintliche Antwort ab: „Auch wenn der gesenkte Kopf die Enttäuschung (…) auszudrücken scheint, wurde das Foto in der Halbzeit beim Stande von 1:1 aufgenommen. Beweis: Die Kapelle spielte nur in der Pause."

Das alles war natürlich kompletter Unfug, der auch dadurch nicht besser wurde, dass die „Welt am Sonntag" die Auffassung der „Sport-Bild" zwei Wochen später wiederkäute. Am 22. Januar schließlich musste die Zeitschrift ihren Irrtum eingestehen und druckte eine Erklärung des Medienwissenschaftlers Broder-Jürgen Trede ab, die jener übrigens in ähnlicher Form schon im Herbst 2001 im Berliner „Tagesspiegel" veröffentlicht hatte. Tredes Erklärung, warum das berühmte Foto tatsächlich nach Spielende entstanden sein muss, umfasst fünf Punkte, die alle auf umfassenden Recherchen fußen: vom Vergleich mit anderen Bildern bis zum „offiziellen Timetable der FIFA". (Damit ist der Ablaufplan des Endspieltages gemeint.) Weit über ein Jahr zuvor hatten Trede und seine Mitarbeiter sogar Fernsehaufnahmen der BBC erbeten, als sie sich anlässlich einer Uwe-Seeler-Ausstellung mit dem Mysterium um das besagte Foto beschäftigten.

Wenn aber diese ganze leidige Geschichte inzwischen geklärt ist, warum taucht sie dann hier erneut als Skurrilität auf? Nun, weil sie wieder einmal beweist, dass in Deutschland – und auch im deutschen Fußball – nichts auf die einfache Art geregelt wird, wenn es auch kompliziert und akademisch abgewickelt werden kann. Um zu erkennen, dass das Seeler-Foto nach dem Abpfiff gemacht worden ist, bedurfte es nämlich von Anfang an bloß zweier halbwegs funktionsfähiger Augen – und ganz sicher keiner mühsamen medienwissenschaftlichen Nachforschungen!

Doch der Reihe nach. Mehr als 31 Jahre lang galt das Foto von Uwe Seeler als Symbol der bitteren deutschen Niederlage im WM-Finale. Dann kam Ende 1997 das Fußball-Magazin „Hattrick“ mit einer Ausgabe heraus, in der die Frage aufgeworfen wurde: „Was hat ein Bläser am Ende eines Spiels zu suchen? Oder eine ganz Kapelle?“ Seeler selbst, dem die Frage gestellt wurde, sagte den Journalisten: „Ich war so aufgeregt, dass ich nicht weiß, wann das Foto gemacht wurde.“ Und damit galt plötzlich als neue Wahrheit, dass das Bild in den Minuten nach dem Abpfiff der ersten Spielhälfte entstanden ist. Deshalb heißt es auch in Christian Eichlers Buch „Lexikon der Fußball-Mythen“ auf Seite 366 der ersten Auflage (März 2000): „In Wirklichkeit stammt die Szene aus der Pause nach der ersten Halbzeit, denn nur da kam die Kapelle auf den Platz.“ Außerdem nannte Eichler den „Mythos“, dass Seeler „als gebrochener Mann“ vom Feld gegangen sei, einen „Irrglauben“.

Wer hier aber irrte und einen Mythos verbreitete, das war Eichler selbst. Um die Frage der „Hattrick“-Reporter zu beantworten: Eine Kapelle sucht nichts am Ende eines Spiels, sie spielt. Und zwar Musik. Schon 2001 erklärte Rudi Michel (auf den Hörbuch-CDs „Geschichten zur Fußballgeschichte“): „Die Queen war da. Und wenn die Queen da ist, ist nach Schluss einer Vorstellung noch einmal ‚God Save The Queen‘ gespielt worden. Deshalb steht da die Kapelle.“ Damit hat er natürlich völlig Recht. Man braucht sich nur den offiziellen FIFA-WM-Film von 1966 anzusehen („Goal!“). Während die siegreiche englische Elf mit dem Pokal eine Ehrenrunde läuft, steht da die Kapelle in Reih und Glied auf dem Platz und musiziert. Dieser

Film ist nun wirklich weit verbreitet, und man muss ganz sicher nicht die BBC anschreiben, um einen Blick darauf werfen zu dürfen.

Aber, wie gesagt, all dieses Gerede und Nachforschen war eigentlich völlig unnötig – Kapelle hin oder Kapelle her, Queen da oder Queen weg. Das WM-Finale 1966 wurde am 30. Juli um 15.00 Uhr Ortszeit angepfiffen. Auf dem besagten Foto werfen alle Personen lange Schatten, der von Helmut Schön reicht sogar fast über die gesamte Breite des Bildes. Das wäre um 15.45 Uhr völlig unmöglich gewesen, und dazu muss man noch nicht einmal wissen, dass es während der ersten Halbzeit stark bewölkt gewesen war. Schon die 1966 erschienene Foto-Dokumentation „Das Tor des Jahrhunderts" schreibt zu diesem Bild: „Die Abendsonne wirft schon lange Schatten." Sie haben auch die „Sport-Bild" endlich erreicht.

047

Im spanischen Fußball ist Politik immer Teil des Spiels, wie sich schon dem Text über das Baskenland entnehmen ließ. Manchmal wird man sogar das Opfer solcher Streitigkeiten, obwohl man sich weitab des Landes aufhält: Im August 1963 wurde der große Alfredo di Stéfano entführt, während sich sein Klub Real Madrid zur Saisonvorbereitung in Venezuela befand. Eine Terroristengruppe namens „Nationale Befreiungsfront" hielt den Spieler kurze Zeit gefangen, um auf ihr Anliegen weltweit aufmerksam zu machen.

Schlimmer aber traf es Enrique Castro, bekannt als „Quini“. Der Mann, den sie auch „den Hexer“ nannten, wurde allein fünfmal Torschützenkönig der ersten spanischen Liga. Von 1969 bis 1980 spielte er für Sporting Gijon, dann wechselte er zum FC Barcelona, dem Vorzeigeklub Kataloniens und für nicht wenige Katalanen ein Symbol des Widerstandes gegen die zentralistische Politik Madrids, sogar ein Symbol der Unabhängigkeit von Spanien. Barcelona hatte ein gutes Team, als Quini zur Elf stieß – unter anderem liefen Hans Krankl und Bernd Schuster für „Barça“ auf –, war aber trotzdem seit sechs Jahren nicht mehr Meister gewesen. Auch die Saison 1980/81 begann schlecht: Der Klub verlor fünf der ersten acht Partien. Dann aber nahm Quini Fahrt auf. Am 10. Spieltag markierte er zwei Tore beim 4:2 Sieg über Atlético Madrid und ließ in den nächsten fünf Begegnungen sechs weitere Treffer folgen, von denen zwei zum Sieg über Real Madrid führten. Neun Spieltage vor Saisonende war Barcelona in einer guten Ausgangsposition, um den Titel zu holen. Seit sechs Spielen hatte man nicht verloren, und Quini war mittlerweile bei 17 Saisontoren angelangt.

Am 1. März 1981 schien sich zunächst wenig an diesen Serien zu ändern: Barcelona traf auf den Klub Hercules (aus Alicante) und siegte mit 6:0. Quini steuerte wiederum zwei Treffer bei. Nach dieser Partie fuhr er heim, um schnell seine Sachen abzuladen, bevor er dann zum Flughafen wollte, wo seine Frau ihn erwartete. Doch schon daheim wurde Quini erwartet – von zwei bewaffneten und maskierten Männern. Sie fesselten den Fußballer und brachten ihn in einem Lastwagen an einen geheimen Ort. Eine Stunde später benachrichtigten die Entführer die Presse, gaben sich als „Bataillon Spanisches Katalonien“

zu erkennen und ließen wissen, ein „Separatistenklub" wie der FC Barcelona dürfe nicht die spanische Meisterschaft gewinnen. Was zunächst wie ein dummer Scherz klang, stellte sich rasch als gefährlicher Ernst heraus. Nachdem Quini drei Tage lang festgehalten worden war, erklärten seine Teamkollegen vom FC Barcelona, sie würden für das Leben ihres Kameraden auf den Titel verzichten. Doch die Entführer reagierten nicht, sondern warteten offenbar die nächsten Partien ab. Drei Tage später verlor Barcelona das Rückspiel gegen Atlético Madrid. Am 15. März unterlag man in Salamanca. Am 22. März reichte es nur zu einem 0:0 gegen Saragossa. Da endlich ließen die Kidnapper Quini frei. Kurz darauf kam der FC Barcelona, noch ohne Quini, bei Real Madrid unter die Räder, und der Titel war praktisch verloren. Barcelona beendete die Saison vier Punkte hinter dem Meister aus San Sebastian. Quini wurde mit 21 Treffern Torschützenkönig. Am 18. Juni holte sich sein Klub aber doch noch einen Titel. Im Pokalfinale traf er auf Quinis alten Klub, Sporting Gijon, und gewann 3:1. Ein Tor schoss Bernd Schuster. Die anderen beiden erzielte – na, wer wohl?

048

Im September 1999 schockierte ein Foto von einer Geburtstagsparty Brasiliens Fußballfans. Auf dem Bild war zu sehen, wie der Vater des Geburtstagskindes einem Gast der Feier Bier einflößte. Das erste Problem war nun, dass es sich bei besagtem Vater um den Nationalspieler Edmundo handelte, und wo immer der auftaucht, ist ein Skandal nicht weit. Das zweite – und entscheidende – Problem war, dass am anderen Ende der Flasche ein Schimpanse hing.

Brasiliens staatliche Umweltschutzorganisation, die sich auch um Tierschutzfragen kümmert, schritt sogleich ein und drohte Edmundo mit einem Verfahren. Das focht den Spieler jedoch nicht besonders an. Zum einen war Edmundos Spitzname bekanntermaßen „Das Tier", was ihn wohl zu der Annahme verleitete, er habe mit dem Affen praktisch Bruderschaft getrunken. Zum anderen hätte Edmundo von Rechts wegen schon seit Jahren im Gefängnis sitzen sollen, und aus dieser Strafe war auch nie etwas geworden. Im Jahre 1995 hatte der Spieler nämlich bei überhöhtem Tempo die Kontrolle über seinen Jeep verloren, was seine beiden Mitfahrerinnen und einen Fußgänger das Leben kostete. Der Prozess zog sich so lange hin, dass es mehr als drei Jahre dauerte, bis ein Gericht Edmundo endlich zu viereinhalb Jahren Zuchthaus verurteilte – doch nach nur einer Nacht hinter Gittern kam er wieder frei, weil seine Anwälte Berufung einlegten.

Zum Zeitpunkt dieser Verurteilung spielte Edmundo übrigens für den AC Florenz in Italien und hatte daher sogar der einen Nacht im Gefängnis entgehen können, wenn er denn in Italien geblieben wäre. Das aber fiel ihm schon vor dem Urteil sehr schwer. Bereits neun Monate, nachdem er sich Ende 1997 Florenz angeschlossen hatte, erklärte er zum ersten Mal seinen Abschied und verschwand aus der Stadt. Offenbar hatte es den Brasilianer verärgert, dass Trainer Alberto Malesani ihn von Zeit zu Zeit auf der Bank sitzen ließ. Mit einfühlsamen Worten und viel Überredungskunst kriegte Florenz Edmundo so weit, dass er zurückkehrte. Aber nicht für lange: Ein Jahr nach seiner ersten Flucht reiste er nach Rio de Janeiro zum Karneval ab. Unglücklicherweise hatte er vergessen, seinen Klub davon zu informieren, der gerade um die Meisterschaft kämpfte und Edmundos Sturmpartner Gabriel Batistuta durch Verletzung verloren hatte. Der Trainer hieß inzwischen Giovanni Trapattoni, und der befahl Edmundo nach dessen Rückkehr: „Hör auf, herumzuspinnen!" Das verletzte den sensiblen Spieler so sehr, dass er nur vier Wochen später seinen endgültigen Abschied bekannt gab. Florenz wurde nur Dritter.

Leider kam Edmundo auch daheim in Brasilien nicht gut zurecht, und das hatte noch nicht einmal so sehr mit der Schimpansen-Affäre zu tun. In seinem Geburtsland hing ihm nämlich der Ruf an, ein rechter Hitzkopf zu sein. Was wohl hauptsächlich aus der Saison 1993 herrührte, in der Edmundo insgesamt fünfmal vom Platz gestellt wurde. (In einem dieser Fälle griff er auch gleich noch den Schiedsrichter an, was eine Sperre von 40 Tagen nach sich zog.) Danach wechselte er von Vasco da Gama zu Palmeiras, wo man ihn 1995 entließ, nachdem er behauptet hatte, der Rasen des Stadions würde nicht richtig gemäht. Von Palmeiras ging es zu Flamengo, dann zu Corinthians. Bei letzterem Verein kam es im Sommer 1996 zu einem klassischen Edmundo-Zwischenfall, als er wieder einmal des Feldes verwiesen wurde: Bei der anschließenden Verhandlung vor dem Sportgericht wollte ein Offizieller von Corinthians mit Hilfe eines Videos beweisen, dass die Rote Karte nicht gerechtfertigt gewesen war. Als der gute Mann das Videogerät endlich ans Laufen bekommen hatte, sahen die verblüfften Richter – eine Folge der Zeichentrickserie „Scooby-Doo". Edmundos Rechtsbeistand hatte aus Versehen eine Kassette seines Sohnes mitgenommen.

Ein Jahr später war Edmundo wieder bei Vasco da Gama, weil er nach einem Streit auf dem Trainingsgelände von Corinthians verschwunden und nicht wieder aufgetaucht war. Im Trikot von Vasco stellte er gleich einen neuen Rekord auf: In der Saison 1997 schoss er sein Team mit 29 Toren zum Titel – flog aber vor allem beeindruckende sieben Mal vom Platz. Die folgenreichste Tätlichkeit zog allerdings keine Karte nach sich: Edmundo schlug hinter dem Rücken des Schiedsrichters einem Gegner den Ellenbogen ins Gesicht. Am Fernsehen sah Nationaltrainer Mário Zagallo die Szene und war so empört, dass er Edmundo mit Verbannung aus dem Nationalteam drohte. Was wiederum dazu führte, dass der Spieler beleidigt nach Italien zum schon erwähnten AC Florenz wechselte. (Offiziell aus Brasiliens Elf verbannt wurde Edmundo aber erst ein Jahr später nach der WM in Frankreich. Die Verschwörungstheorie, die besagt, dass die Firma Nike für Ronaldos Aufstellung im Finale sorgte, kommt nämlich von niemand anderem als dem verlässlichen Ehrenmann Edmundo! Nachdem Ronaldo im Hotel kollabierte, nahm Zagallo Edmundo für ihn ins Team. Als sich dann herausstellte, dass Ronaldo doch auflaufen würde, bekam Edmundo einen Wutanfall und erklärte Journalisten, er wäre das Opfer einer Nike-Intrige.)

Wir kennen ja bereits die Eckdaten von Edmundos turbulenter Zeit in Florenz und können also wieder ins Jahr 1999 springen, in dem er nach Brasilien zurückkehrte. Eine Zeitlang blieb es fast ruhig um den Spieler – abgesehen von der Schimpansen-Geschichte –, deshalb begnadigte Zagallo ihn im Sommer 2000. Zum WM-Qualifikationsspiel gegen Peru stand Edmundo wieder im brasilianischen Nationalteam. Allerdings nur 89 Minuten lang. Dann sprang er mit beiden Beinen voraus einen Gegner an und sah die Rote Karte. Nun hatten alle die Nase voll: die Fans, Zagallo und sogar Vasco da Gama. Im Januar 2001 lieh ihn der Verein an den SSC Neapel aus. Dort verlangte Edmundo die Trikotnummer 10, konnte sie aber nicht bekommen, weil Neapel Maradonas alte Nummer nicht mehr benutzt. Da die „9“ und die „7“, seine beiden anderen Lieblingsnummern bereits vergeben waren, spielte „Das Tier“ aus Trotz eben mit der „97“ auf dem Rücken. Nach einigen Wochen kam es auch in Neapel zu einem Edmundo-typischen Streit zwischen ihm und praktisch dem gesamten Team. Und wieder packte der Brasilianer seine Koffer und reiste heim, wo er bei Cruzeiro Belo Horizonte Unterschlupf fand. Neapel stieg in der Zwischenzeit ab.

Ein naiver Leser mag nun denken, selbst einer professionellen Skandalnudel wie Edmundo hätte nun nichts Neues mehr einfallen können, um für Aufregung zu sorgen. Schlägereien, Unfälle, Platzverweise, Beschimpfungen – all das kannte man bei Cruzeiro von Edmundo und war offenbar bereit, es zu tolerieren. Also ließ sich der Spieler etwas selbst für seine Verhältnisse Unerhörtes einfallen… Am 2. Oktober 2001 reiste Edmundo mit Cruzeiro zu seinem alten Klub Vasco da Gama. Edmundos Intimfeind Romario (der die Toilette seines Restaurants mal mit einer unschmeichelhaften Karikatur von Edmundo versehen hatte) schoss alle Tore bei Vascos 3:0-Sieg, aber das schien Edmundo nicht zu stören. Im Gegenteil: Er war offenbar hocherfreut, dass seine Elf verlor, verbeugte sich wiederholt vor den Zuschauern, und als Cruzeiro in der Schlussphase einen Elfmeter bekam, schnappte sich Edmundo den Ball – und verschoss den Strafstoß mit voller Absicht. „Vasco da Gama stellt schließlich 22 Jahre meines

Lebens für mich dar!", verteidigte er sich nach Spielende, aber bei Cruzeiro hatte man wenig Verständnis für diese Art von sentimentalen Gefühlen. Edmundo wurde gefeuert und ging ins japanische Exil, wo er den Tokioer Klub Verdy vor dem Abstieg rettete.

049

Am 1. Dezember 2001 begann in Manchester ein bizarres Gerücht die Runde zu machen. United hatte gerade daheim mit 0:3 gegen Chelsea verloren, und da das bereits die fünfte Niederlage der noch recht jungen Saison darstellte, glaubten einige Fans, die langjährige Erfolgsserie ihres Klubs wäre endgültig vorüber. Und wer sollte schuld an allem sein? Laurent Blanc. Oder besser: sein Name.

Das Problem war eben nicht, dass der französische Verteidiger schlecht spielte. Das tat er zwar auch, aber seine Form war für die Verschwörungstheoretiker erst in zweiter Linie interessant. Entscheidend waren ihnen folgende Fakten: Am 30. August 2001 unterschrieb Blanc beim bis dahin fast unschlagbaren Seriensieger Manchester United. Am 15. September unterlag der Klub dann mit 3:4 in Newcastle. Am 20. Oktober verlor er sensationellerweise daheim gegen Bolton 1:2. Am 4. November musste er sich mit 1:3 beim FC Liverpool geschlagen geben. Am 25. November kam man bei Arsenal unter die Räder. Und dann folgte die bereits erwähnte Pleite gegen Chelsea. Was nun hatte Blanc damit zu tun? Ganz einfach: Newcastle, Bolton, Liverpool, Arsenal, Chelsea. Sortiert man die Anfangsbuchstaben dieser Vereine etwas um, so erhält man B-L-A-N-C. Es schien kein Zweifel möglich: Der Franzose hatte Manchester mit einem Fluch belegt. Zu seinem Glück blamierte sich United schon am 8. Dezember erneut – 0:1 zu Hause gegen West Ham. Ein „W" kann man nun beim besten Willen nicht in „Laurent Blanc" entdecken, und damit galt die Fluch-Theorie als widerlegt.

Absolut unwiderlegbar ist allerdings eine andere These. Sie besagt, dass der Gewinner des Europapokals der Pokalsieger alljährlich mit einem Fluch belegt wurde, der es ihm unmöglich machte, seinen Titel zu verteidigen. Da dieser Wettbewerb seit 1999 nicht mehr ausgespielt wird, hat kein Klub die Möglichkeit, diese Theorie zu entkräften, und man kann sich ungestört den Fakten widmen. Zwischen 1961 und 1999 wurde der Europacup der Pokalsieger 39-mal ausgetragen. Kein Verein hat es geschafft, ihn zweimal in Folge zu gewinnen. Es gab 32 verschiedene Sieger aus 12 Ländern. Diese Statistik mutet schon ein wenig seltsam an, wenn man bedenkt, dass nicht weniger als achtmal ein Titelverteidiger bis ins Finale vordrang, wo er ja dann eine fünfzigprozentige Siegchance hatte – die aber nie genutzt wurde. Unter den Verlierern waren so starke Vereine wie der Ajax Amsterdam, der AC Parma oder Arsenal London. Zum Vergleich: Im öfter ausgespielten Messe- oder UEFA-Cup standen nur siebenmal Titelverteidiger in den Endspielen, aber vier von ihnen kamen durch und behielten so den Pokal. (Hier bahnt sich eine neue Verschwörungstheorie an: Die vier erfolgreichen Titelverteidiger kommen alle aus demselben Land: Barcelona, Valencia, Real Madrid und Sevilla. Italiener oder Engländer, die den Messe-

oder UEFA-Cup bis heute 20-mal gewonnen haben, viel öfter also als spanische Mannschaften, konnten ihn hingegen nie verteidigen.)

Die Sache mit dem Pokalsiegercup war von Anfang an sehr mysteriös. Gleich der erste Gewinner, der AC Florenz, stand im darauffolgenden Jahr, 1962, wieder im Endspiel. Es sollte nur ein Finale geben, aber nach 120 Minuten hieß es am 10. Mai zwischen Florenz und Atletico Madrid 1:1. Es wurde also ein Wiederholungsspiel nötig, das aber wegen Terminproblemen erst vier Monate (!) später ausgetragen wurde, am 5. September 1962. Atletico gewann 3:0. Zur selben Zeit fanden in Glasgow und Belgrad bereits Partien der 1. Runde des neuen Wettbewerbs statt…

Damit hörten die Ungereimtheiten aber natürlich nicht auf. So gewann die DDR nur einen einzigen Europacup – und zwar 1974, als der 1. FC Magdeburg den turmhohen Favoriten AC Mailand besiegte. Kann es Zufall sein, dass das im Europacup der Pokalsieger passierte – und dass Mailand der Titelverteidiger war? Oder was ist mit dem RSC Anderlecht? Der stand zwischen 1976 und 1978 gleich in drei Endspielen in Folge und siegte auch tatsächlich zweimal. Leider ging das aus historischen Gründen so wichtige mittlere Finale verloren – 1977 gegen den HSV. Und dann war da natürlich noch Arsenal London, das 1994 den Pokal gewann und am 10. Mai 1995 wieder im Finale stand. Das gewann dann aber Real Saragossa mit 2:1. Der Siegtreffer für die Spanier fiel in der 120. Minute. Es war ein Heber aus 40 Metern Torentfernung.

0 5 0

Wer glaubt, dass niemand so gut Strafstöße schießen kann wie die Deutschen, der war am 28. November 1996 nicht in Ankara. Fast genau fünf Monate, nachdem die deutsche Nationalelf im Halbfinale der EM wieder mal ein Elfmeterschießen gegen England gewonnen hatte, trafen im Achtelfinale des türkischen Pokals Genclerbirligi (eben in Ankara beheimatet) und Galatasaray Istanbul aufeinander. In Reihen der Istanbuler stand auch der ehemalige Stuttgarter und Karlsruher Profi Adrian Knup, der zusammen mit Hakan Sukür das Sturmduo der Gäste bildete. Allerdings wurde Knup zur Pause beim Stand von 1:0 für Genclerbirligi ausgewechselt. Da konnte er noch nicht ahnen, dass sich der Nachmittag noch lange hinziehen würde – und dass er eben wegen der Auswechslung zu einem von nur zwei Galatasaray-Spielern werden sollte, die an diesem Tag kein Tor erzielten …

Sieben Minuten nach der Pause schoss Hakan Unsal das 1:1, und so stand es auch nach 90 Minuten. In der Verlängerung machte Ergun für den jungen Ümit Davala Platz und erlitt somit dasselbe Schicksal wie Knup. Denn am Ende der Verlängerung war noch immer keine Entscheidung gefallen, woraufhin die Spieler beider Teams begannen, den zwei armen Torhütern die Bälle vom Elfmeterpunkt nur so um die Ohren zu pfeffern.

Nachdem jeweils fünf Spieler beider Klubs geschossen hatten, stand es 5:5. Nun hätte jeder Fehlschuss die Partie entscheiden können, aber für einen technisch gut ausgebildeten türkischen Profi ist es selbstredend kein Problem, aus elf Metern Entfernung ein Tor zu treffen. Das gilt offenbar sogar für die Torhüter, denn beim Stand von 10:10 mussten auch die zwei Keeper, Hayrettin (Galatasaray) und Kubilay (Genclerbirligi), ihr fußballerisches Können unter Beweis stellen. Wenige Augenblicke später lautete das neue Zwischenergebnis 11:11, und das Ganze ging wieder von vorne los, indem Hakan Sukür zu seinem zweiten Elfmeter des Tages antrat. (Und natürlich traf.) Als die fußballhistorisch Interessierten unter den 16.000 Zuschauern sich schon erkundigten, wie viele Elfmeter es doch gleich im November 1988 gebraucht hatte, um ein argentinisches Ligamatch zu entscheiden, trat Istanbuls Ilyas zu seinem zweiten Strafstoß an.

(Falls die Zeit für einen kleinen Einschub reicht: In Argentinien wurde 1988/89 nach Unentschieden ein Extra-Punkt für den Sieger eines Elfmeterschießens vergeben. Am 20. November 1988 gewannen die Argentinos Juniors gegen den Racing Club ein solches Elfmeterschießen mit 20:19. Die Spieler brauchten 44 Strafstöße, um auf dieses Ergebnis zu kommen. Wie man gleich fünf Elfmeter vergeben kann, wird den Profis von Galatasary und Genclerbirligi wohl auf ewig ein Rätsel bleiben.)

Nach 32 verwandelten Elfmetern in Folge hatte Ilyas nun endlich ein Einsehen mit den Zuschauern. Er vergab, und Osman setzte den nächsten Schuss für Genclerbirligi zum Endstand von 17:16 (18:17, falls man die Tore aus den regulären 90 Minuten hinzuzählt) in die Maschen. In der nächsten Runde flog der Klub gegen Trabzonspor aus dem Wettbewerb.

0 5 1

Im Mai 1972 landeten The Hollies einen großen Hit in Amerika mit „Long Cool Woman", aber die berühmte Pop-Band fand sich auch vor Probleme gestellt: Sänger Allan Clarke hatte beschlossen, es mit einer Solo-Karriere zu versuchen. (Schon 1973 kehrte Allan Clarke allerdings zu den Hollies zurück.) Auch andere große Gruppen der sechziger Jahre sahen harte Zeiten auf sich zukommen. Tommy James hatte als Einzelkünstler nicht den Erfolg, den er von seiner Band Tommy James and the Shondells gewohnt war, deren Sound maßgeblich von Lead-Gitarrist Eddie Gray geprägt gewesen war. 1967 und 1968 hatten die Shondells mit Stücken wie „Crimson and Clover", „I Think We're Alone Now" oder „Mony Mony" Hits in Serie gelandet. Als James die Shondells auflöste, verlor Eddie Gray seinen einträglichen Job. Abwärts ging es auch mit den Them. Seitdem Sänger Van Morrison die Band verlassen hatte, war ihr Stern im Sinken begriffen – und das galt eigentlich schon 1968, als David Harvey als Schlagzeuger einstieg. Immerhin durfte David Harvey noch auf zwei Them-LPs trommeln. Ja, 1972 war eher ein Jahr des Wechsels: Der ehemalige Gitarrist von Love Sculpture, Dave Edmunds, veröffentlichte eine LP mit dem Titel „Rockpile". Etwas später gründete er dann eine Band dieses Namens (in der auch der zukünftige Schlagzeuger der Dire Straits war) und holte sich den Studiomusiker Billy Bremner als zweiten Gitarristen für Tourneen. Billy Bremner bearbeitete dann auch auf dem Album „Seconds Of Pleasure" die Saiten. Ebenfalls eine Solo-LP brachte 1972 Joe Cockers Gitarrist Leon Russell heraus. Die Platte hieß „Carney" und hielt sich lange auf Platz 2 der US-

Charts. Noch heute ist Russell ein großer Star in Amerika. Seit einem halben Jahrzehnt gehört zu seiner Band der Songwriter John Giles. John Giles hat schon mit Gott und der Welt auf Bühnen gestanden, so zum Beispiel mit Lou Gramm, dem Ex-Sänger von Foreigner. Ein anderes Mitglied von Foreigner hieß übrigens Mick Jones. Genauso also wie der aufstrebende junge Musiker, der im Jahre 1972 als Roadie arbeitete, während er darauf wartete, die Kunsthochschule besuchen zu können. Noch wusste es niemand, aber bald sollte dieser andere Mick Jones als Gründer von The Clash von sich reden machen. Schließlich kam 1972 David Bowies legendäre „Ziggy Stardust" LP in die Läden. Auch drei Jahrzehnte später bleibt Bowie noch immer der Erfolg treu, vermutlich weil er sehr wandelbar ist. So hat er etwa mit dem Produzenten und Remix-König Peter Lorimer zusammengearbeitet, um modernere Dance-Sounds zu schaffen. Peter Lorimer produzierte auch Stücke für Yello, Danzig oder Celine Dion und war Mitglied der Band Pure Sugar, die 1998 gleich drei Singles in den Top Ten der Dance-Charts hatte.

Zurück zum Jahr 1972. Am 6. Mai gewann Leeds United das Endspiel um den FA Cup mit 1:0 gegen Arsenal London. Paul Reaney, Paul Madeley, Jack Charlton und Norman Hunter waren vier der elf Leeds-Spieler an diesem Tag. Den siegbringenden Treffer aber erzielte Allan Clarke. Auf dem Flügel wirbelte Eddie Gray. Im Tor stand David Harvey. Im Mittelfeld räumte Billy Bremner auf. Neben ihm kämpfte John Giles. Der Mittelstürmer hieß Mick Jones. Sein Kollege im Angriff war Peter Lorimer.

(P. S.: Am ersten Spieltag dieser Saison, die mit dem Pokalsieg endete, war Leeds United übrigens auf Manchester City getroffen. In deren Aufgebot stand an jenem Tag noch immer der Stürmer, dessen 1:0 im Finale des Europapokals der Pokalsieger 1970 für die Vorentscheidung zugunsten Citys gesorgt hatte. Sein Name war Neil Young.)

0 5 2

Der Fußball hat seine eigene Sprache. Damit sind nun nicht Ausdrücke wie „Abseitsfalle" oder „Eckball" gemeint, sondern all jene Lehn- und Fremdwörter, die seltsamerweise Fußballreportern leichter von den Lippen gehen als allen anderen Leuten. Ausdrücke wie „monieren", „laborieren" oder „fulminant" hört und liest man selbst in gebildeten Kreisen extrem selten – es sei denn, ein Spieler moniert die Entscheidung des Schiedsrichters, laboriert an einer Verletzung oder lässt einen fulminanten Schuss los.

Der Nachteil bei diesen angeberischen Formulierungen ist nun nicht einmal der, dass sie lächerlich gestelzt klingen – sondern dass sie meistens schlicht falsch sind. „Monieren" kann man noch durchgehen lassen, obwohl das Wort von seinem lateinischen Ursprung her eher „erinnern" oder „ermahnen" bedeutet, nicht so sehr „beklagen" oder „beschweren". „Laborieren" hingegen ist meistens unpassend. Zwar heißt es tatsächlich „sich mit etwas abmühen" oder „alles tun, um eine Krankheit loszuwerden", aber gerade deshalb kann man kaum an Zerrungen oder Blutergüssen laborieren. Die heilen schließlich ohne jedes Abmühen von selbst.

„Fulminant“ schließlich wird ausnahmslos missverstanden. Eigentlich müsste es auch „fulminante Torwartparaden“, „fulminante Einwechselungen“ oder „fulminante Hackentricks“ geben, aber unsere Reporter benutzen den Ausdruck nur, um harte Torschüsse zu beschreiben. Ein „Fulminat“ ist zwar ein hochexplosives Salz, und im Englischen steht das Adjektiv „fulminant“ immerhin auch für „heftig“, aber im Deutschen ist das anders. „Fulminant“ meint „großartig“ oder „ausgezeichnet“.

Nicht falsch, immerhin aber geschwätzig ist die „numerische Überlegenheit“. Man könnte auch einfach „Überzahl“ sagen, aber das ist wohl zu simpel. Manche Reporter tappen dann prompt in ihre eigene Falle und sprechen sogar von einer „numerischen Überzahl“. (In diesem Zusammenhang sei noch kurz auf den WDR-Mann Wilfried Luchtenberg hingewiesen, der einst aus „Zeitspiel“ und „Spielverzögerung“ den wunderbaren Begriff „Zeitverzögerung“ formte, der so manches physikalische Gesetz außer Kraft setzt.)

Wirklich interessant sind hingegen jene Bezeichnungen, die wir den Vätern (und Müttern) des Spiels abgeschaut haben – aber anders anwenden. Das Wort „Hattrick“ kommt vom Kricket, denn ein Bowler (Werfer) erhielt früher von seinen Kollegen eine Mütze, wenn er es schaffte, drei Schlagmänner in Folge mit jeweils einem Wurf auszumachen. Der Begriff ging dann auf andere Sportarten über, und im Fußball wird er auf drei Tore eines Spielers in einer Partie angewendet. Dabei ist es unerheblich, wer, wann und wo sonst noch trifft. Ein Stürmer, der in der 3. Minute das 1:0 schießt und in der zweiten Halbzeit das 4:1 und 6:2 folgen lässt, hat einen Hattrick geschafft. Nur in Deutschland muss man in einer Halbzeit drei Tore hintereinander schießen. Das ist dann ein sogenannter „lupenreiner Hattrick“. Was darauf schließen lässt, dass es auch einen „verschmutzten Hattrick“ gibt, aber von dem hört man nie etwas.

Schließlich kennen wir den höchst interessanten Ausdruck „Kantersieg“. Er fällt unweigerlich, wenn ein Team 5:0 oder 6:0 oder höher gewinnt. Warum er nicht auf ein problemloses 2:0 gemünzt wird, ist nicht ersichtlich. Das nämlich wäre korrekt. Im Mittelalter ritten englische Pilger nach Canterbury, wo die Gebeine des Märtyrers Thomas Becket aufbewahrt wurden. Wie von Geoffrey Chaucer in seinen „Canterbury Tales“ beschrieben, ritten die Pilger in einem lockeren Galopp, der als „Canterbury trot“ bekannt wurde. Daraus wurde der „Canter trot“ und schließlich der „canter“. So nennen die Besucher von Galopprennen den eleganten Trab der Pferde, wenn sie den Wettern vorgestellt werden. Was dazu führte, dass jene Wetter sagten, ihr Pferd habe „at a canter“ gewonnen, wenn es locker als Sieger ins Ziel kam. „Manchester United won at a canter“ bedeutet noch heute, dass Manchester ein Spiel ohne große Mühe gewonnen hat – und sei das Resultat auch nur ein 2:0.

053

Am 26. November 2000, einem Sonntag, schaffte es das vermutlich hitzigste Derby der Fußball-Welt wieder einmal in die Schlagzeilen auch der europäischen Presse. An diesem Tag trennten sich die Spieler von Peñarol und Nacional aus Montevideo (Uruguay) 1:1, aber vielleicht sollte man eher sagen, sie wurden getrennt. Und zwar von der Bereitschaftspolizei, die mit gezückten Schlagstöcken in den Mittelkreis des Spielfeldes stürmte, um die Massenschlägerei zu beenden, die sich die Spieler und diverse Offizielle dort lieferten. Sechs Spieler von Peñarol (darunter der spätere Schalker Dario Rodriguez), Peñarols Trainer Julio Ribas und drei Profis von Nacional mussten sich am nächsten Tag vor einem Richter verantworten, der alle zehn kurzerhand in Untersuchungshaft steckte. Acht Tage blieben die Profis im Gefängnis, bis sie versprachen, gemeinnützige Arbeit zu leisten. Keine zwei Wochen später trafen Peñarol und Nacional schon wieder aufeinander. Diesmal blieb praktisch alles ruhig. Es gab lediglich zwei Platzverweise.

Ja, wenn Peñarol Montevideo ein Spiel hat, kann man immer davon ausgehen, dass etwas Ungewöhnliches passiert. Mitte 1996 wurde mal eine Partie gegen Danubio abgebrochen, weil ein Linienrichter bewusstlos wurde, nachdem ihn ein Motorradhelm am Kopf getroffen hatte. Immerhin konnte der Unparteiische von Glück reden, dass keine anderen Waffen zum Einsatz kamen: Einen Monat zuvor, am 8. Mai, hatten Fans von San Lorenzo versucht, ein Gewehr ins Stadion von Peñarol zu schmuggeln. (Sie wurden erwischt, konnten also nicht mehr sehen, wie ihr Team 5:1 gewann.)

So richtig rund geht es aber immer dann, wenn Peñarols Lokalrivale Nacional sich blicken lässt. Seitdem Ururguays Fußball in den dreißiger Jahren professionell wurde, wuchs sich die Feindschaft beider Klubs zu einer regelrechten Besessenheit aus. Noch im selben Jahrzehnt, am 24. Mai 1933, kam es zu einer legendären Partie, die durch „El Gol de la Valija o de la Maleta“ entschieden wurde – das Aktentaschen- oder Koffertor! In der 63. Minute, beim Stand von 0:0, flankte Peñarols Brasilianer Bahia den Ball in den Strafraum, aber das Leder flog an Freund und Feind vorbei ins Toraus. Dort prallte es an einen Koffer (oder eben eine Aktentasche, man ist sich da nicht ganz sicher) und rollte zurück ins Feld. Der einzige Spieler, der reagierte, trug den Namen Anselmo, und er rief seinem Kollegen Braulio Castro zu: „Métela, pibe!" (So viel wie: Mach ihn rein, Junge!) Das tat Castro, woraufhin der Referee Telesforo Rodriguez zur Mitte zeigte. Nun kam es zu einem Getümmel, denn die aufgebrachten Nacional-Spieler witterten Betrug. Senor Rodriguez stellte Nasazzi und Labraga vom Platz, aber ihre Mannschaftskollegen gaben trotzdem erst Ruhe, als der Schiedsrichter ins Krankenhaus abtransportiert werden musste. Unter der Leitung des Linienrichters setzte man das Match tatsächlich fort, aber es war nun so spät geworden, dass die Partie schließlich wegen Dunkelheit abgebrochen wurde. Wer noch mehr über die heitere Welt der Klubs aus Montevideo erfahren möchte, der gedulde sich eine Weile, denn: Fortsetzung folgt (in Beitrag Nr. 064).

054

Es ist heute sehr in Mode gekommen, dass Fußballer an ihren Handgelenken bunte Bändchen tragen. Meistens verweisen diese auf sehr noble Projekte, etwa Aktionen gegen Rassismus oder gegen Gewalt in den Stadien. Vor etwas mehr als zwanzig Jahren war es hingegen schick, Schweißbänder zu tragen, wie man sie vom Tennis kennt. (Allerdings verschwanden diese

Accessoires verdächtig schnell wieder. Vielleicht hörten die Profis einfach auf zu schwitzen?) Ansonsten war diese Art von Körperschmuck im Fußball nie sonderlich verbreitet.

Und doch gibt es eine interessante Ausnahme, die möglicherweise Hintergründe hat, die noch der endgültigen Klärung harren. Sieht man sich nämlich die zahllosen Fotos vom WM-Finale von 1998 etwas genauer an, stellt man fest, dass viele der französischen Spieler dünne Stoffbändchen um ihre Handgelenke trugen. Regeln schien es dafür keine gegeben zu haben: Kapitän Didier Deschamps trug ein rotes am rechten Arm, Marcel Desailly ein blaues am linken. Liliam Thuram hatte sogar einen schmalen Reif, der in mehreren Farben leuchtete. Den Vogel schoss in dieser Hinsicht Zinedine Zidane ab: Er hatte gleich beide Handgelenke geschmückt – links ein rotes, rechts ein gelbes Bändchen.

Man kann nicht gerade sagen, dass diese Bändchen große Schlagzeilen machten. Dafür waren sie wohl zu unscheinbar und ganz offensichtlich von der billigen Marke Eigenbau. Niemand fragte nach, woher sie kamen oder was sie sollten. Und die Leute, die es wussten, hüllten sich in Schweigen. Erst vier Jahre später äußerte sich einer von ihnen, hatte aber das Glück, dass sein Gesprächspartner nicht aufpasste.

Zur Vorgeschichte muss man wissen, dass es beim Afrika-Pokal 2002 zu einem bizarren Zwischenfall kam, und zwar vor der Partie zwischen Kamerun, trainiert vom Deutschen Winfried Schäfer, und Mali. Kurz vor dem Anpfiff warf Schäfers Co-Trainer Thomas Nkono etwas auf den Platz. Für die anwesenden Polizisten bestand kein Zweifel daran, dass es sich um ein „Gri-Gri" handelte, einen Talisman, der das Team von Mali mit einem schwarzmagischen Fluch belegen sollte. Gleich sieben Uniformierte stürzten sich auf Nkono und führten ihn in Handschellen ab.

Anlässlich dieser Posse druckte das englische Fußball-Magazin „Four Four Two“ ein Interview mit Adama Kone ab, dem bekanntesten Medizinmann und Zauberer aus Mali. (Nur damit kein falscher Eindruck entsteht: Der Mann lehrt Kunst am nationalen Museum und trägt teure Anzüge.) In dem Gespräch ließ sich Kone zunächst über Nkono aus: „Er ist kein Hexenmeister. Ein echter Hexenmeister muss nicht beim Spiel anwesend sein, um seine Magie auszuüben. Außerdem hat ihn der Verband gesperrt. Man kann einen Hexenmeister nicht sperren!“

Dann bat der Interviewer Kone um einige Voraussagen zur kommenden WM in Japan und Südkorea. Der Mann aus Mali erklärte, Frankreich habe keine Chance, seinen Titel zu verteidigen. Und zwar, weil der Mann, der ihnen 1998 zum Sieg verholfen habe, nicht mehr beim Team sei. Damit meinte der Zauberer Kone aber nun nicht etwa den zurückgetretenen französischen Erfolgstrainer Aimé Jacquet – sondern einen Landsmann und Berufsgenossen von sich, einen gewissen Aguib Sosso!

Sosso, führte Kone aus, habe sechs Monate vor Beginn der WM 1998 intensiv mit den französischen Spielern gearbeitet und für Zidane sogar ein Spezialbad zubereitet, das ihm zusätzliche Kraft verlieh. „Sosso hat mir gesagt, dass er auch einen brasilianischen Spieler für das Finale mit einem Fluch belegt hat“, erklärte Kone. Damit bezog er sich auf Ronaldo, der am Tag des Endspiels einen mysteriösen Anfall erlitt, dessen Ursache nie geklärt werden konnte.

Natürlich ist all dies barer Unsinn und Aberglaube. Auch der englische Reporter betrachtete seinen Gesprächspartner vor allem mit einer Mischung aus Amüsement und Neugier, und er zweifelte ganz offensichtlich daran, dass besagter Sosso jemals wirklich mit den französischen Spielern in Kontakt gekommen wäre, ganz zu schweigen davon, dass er Hexenwerk mit ihnen veranstaltet hätte. Diese Skepsis war wohl auch der Grund, weshalb der Reporter nicht nachhakte, als Kone diesen unscheinbaren Satz ins Mikrofon sprach: „Sosso hat den französischen Spielern auch kleine Armbändchen gemacht, die böse Geister abwehren."

055

Was von WM-Endspielen in Erinnerung bleibt, neben den Toren natürlich, sind die Bilder der jubelnden Sieger mit dem Pokal. Die Fotos von Fritz Walter im Berner Regen mit der Jules-Rimet-Trophäe, von Franz Beckenbauer auf der Ehrentribüne des Münchener Olympiastadions und von Lothar Matthäus, der im Blitzlichtgewitter den Cup in Empfang nimmt, sind in der deutschen Presselandschaft allgegenwärtig.

In England sieht die Sache etwas dürrer aus. Da die Nation nur einmal eine Weltmeisterschaft gewinnen konnte, ist die Anzahl der legendären Siegerfotos kleiner. Das mit großem Abstand beliebteste dieser Bilder zeigt Kapitän Bobby Moore auf den Schultern zweier Kollegen, wie er den Pokal fröhlich für die Fotografen in die Höhe reckt. Vielleicht ist es das berühmteste Bild der gesamten englischen Fußballgeschichte. Aber mit dem Foto stimmt etwas nicht. Denn das Ding, das Moore da stolz präsentiert, ist gar nicht der echte Pokal. Bis Mitte der neunziger Jahre wusste nur eine Handvoll Menschen von diesem Betrug, und die Hintergründe der Aktion blieben sogar bis 2001 im Dunkeln, als das nationale englische Fußball-Museum in Preston begann, Nachforschungen anzustellen. Dabei trat eine klassisch britische – soll heißen: verschrobene – Geschichte zutage, in der ein Hund ebenso eine Rolle spielt wie ein Mann, der Bird hieß.

Kurz vor Beginn der WM 1966 wurde der Jules-Rimet-Pokal, der echte, aus dem Schaufenster eines Juweliergeschäfts gestohlen. Dass sich das so wertvolle Stück überhaupt an einem derart öffentlichen Ort befand, brachte den Veranstaltern böse Kritik ein, nachdem der Cup verschwunden war. Während eine groß angelegte Suchaktion startete, sprach der zerknirschte englische Verband bei der FIFA vor und sicherte zu, für Ersatz zu sorgen, denn schließlich sah es zu diesem Zeitpunkt so aus, als wäre das Original verloren. Ein Goldschmied namens George Bird wurde damit beauftragt, eine originalgetreue Kopie des Pokals herzustellen, natürlich aus Gold.

Aber als Bird sich gerade an die Arbeit machen wollte, fand der Mischlingshund Pickles den echten Cup in einem Gebüsch. Nun waren alle glücklich und zufrieden, mit einem blauen Auge davongekommen zu sein. Der englische Verband teilte der FIFA mit, dass sich die Sache mit der Kopie erledigt habe. Das war aber nur die halbe Wahrheit. Weil die Engländer nämlich kein zweites Mal in eine solch peinliche Situation kommen wollten, baten sie Bird, unter dem Mantel der Verschwiegenheit trotzdem eine Replik herzustellen – eine etwas billigere, aus Bronze … und nur für alle Fälle.

Das „für alle Fälle“ betraf in erster Linie das Finale. Irgendjemand würde schließlich nach dem Abpfiff den Cup in Empfang nehmen und dann auf eine Ehrenrunde gehen. Wer konnte schon wissen, was für ein Trubel dann herrschen und wer nicht alles seine Finger an den Pokal bekommen würde? Und so befanden sich beim Schlusspfiff drei Polizisten in der Nähe des (echten) Jules-Rimet-Pokals. Aber ihr Auftrag lautete nicht etwa, das Original zu bewachen – sondern es möglichst rasch in Sicherheit zu bringen!

Mark Bushell, der Sprecher des nationalen Fußball-Museums, sagt über die folgenden Minuten dieses Tages: „Es war wie in einem Slapstick-Film. Einer der Polizisten hatte die Kopie unter seinem Mantel, luchste Nobby Stiles den echten Pokal ab und reichte die Replik an den nächsten Spieler weiter. Von da an machte nur die Fälschung die Runde. Jedes Foto, das gemacht wurde, zeigt nur den falschen Cup. Der echte blieb bis zur nächsten WM in einem Banksafe."

Erst als die Gefahr vorüber war, als die 1970er WM in Mexiko bereits begonnen hatte, bekam George Bird sein Kunstwerk zurück. Fast drei Jahrzehnte lang bewahrte er es unter seinem Bett auf und hielt sein Versprechen, niemandem etwas davon zu sagen. Alles kam erst ans Licht, als Bird starb und seine Frau den Pokal versteigern lassen wollte. Das Fußball-Museum in Preston erwarb den mit ein wenig Gold überzogenen Bronze-Cup im Jahre 2000. Für 250.000 Pfund. Der echte Pokal ist übrigens seit 1983 verschollen (und wahrscheinlich eingeschmolzen worden), nachdem er aus dem Hauptquartier des brasilianischen Fußball-Verbandes gestohlen wurde.

An anderer Stelle ist bereits auf den Fluch hingewiesen worden, der über dem Europapokal der Pokalsieger lag. Aber auch der Cup der Meister hatte mehr als drei Jahrzehnte lang eine Besonderheit zu bieten. Es ginge möglicherweise zu weit, sie als Fluch zu bezeichnen, aber eigenartig war sie immerhin doch.

Am 6. Mai 1970 gewann Feyenoord Rotterdam den Europapokal der Landesmeister durch ein 2:1 über Celtic Glasgow. Verteidiger Tommy Gemmell hatte Celtic in Führung geschossen, aber Feyenoords Kapitän Rinus Israel und sein schwedischer Teamkollege Ove Kindvall drehten die Partie noch. Das war alles so ungewöhnlich nicht. Dieses 1970er Finale war das 15. Endspiel um den Meisterpokal, und zum schon neunten Mal hatte nun das Team, das 0:1 in Rückstand geriet, den Cup am Ende doch noch gewonnen. Aber nach jenem Kraftakt der Rotterdamer sollte dieses Szenario zum absoluten Ausnahmefall werden: Von den nächsten 34 (!) Finals gingen lediglich vier an Teams, die im Spielverlauf zurückgelegen hatten.

Nun, auch das ist zunächst nicht notwendigerweise bemerkenswert. Im Europacup der Pokalsieger fanden sich zwischen 1970 und 1999 (als der Wettbewerb eingestellt wurde) sogar nur drei Sieger, die nach einem 0:1 die Sache noch gedreht hatten. Offenbar führte die zunehmende Professionalisierung des Spiels dazu, dass in wirklich großen Partien tatsächlich ein einziger Fehler den Unterschied zwischen den Kontrahenten ausmachte.

Um das Mysteriöse an den Finals im Wettbewerb der Landesmeister zu entdecken, muss man sich die vier Fälle zwischen 1970 und 2005 ansehen, in denen eine 1:0-Führung nicht zum Pokalsieg langte. Da wäre zunächst einmal 1974, als eine überlegene Mannschaft von Atlético Madrid in der Verlängerung endlich für etwas Bewegung auf der Anzeigentafel sorgte. Doch in der Schlussminute glich Georg Schwarzenbeck noch für den FC Bayern aus – der dann das Wiederholungsspiel gewann. In der Folge dauerte es dreizehn lange Jahre, bis das 1987er Endspiel Ähnliches zu bieten hatte. Ludwig Kögl (ein ebenso unwahrscheinlicher Torschütze wie Schwarzenbeck, wenn man bedenkt, dass er per Kopfball erfolgreich war) brachte den FC Bayern gegen Porto in Front, doch Rabah Madjers berühmter Hackentrick sorgte für das 1:1, bevor der Brasilianer Juary seine portugiesische Elf zum Sieg schoss. Zwölf Jahre zogen ins Land, dann trafen am 26. Mai 1999 Manchester United und Bayern München in Barcelona aufeinander. Mario Baslers früher Freistoßtreffer wurde, man erinnert sich, in der Nachspielzeit erst ausgeglichen, dann überboten. Aber schon 2001 bekamen die Münchner ihre Revanche: Gaizka Mendieta schoss das 1:0 für den FC Valencia, aber am Ende reckte Oliver Kahn die Trophäe in die Höhe.

Und da haben wir also das statistisch gesehen nahezu unglaubliche Ergebnis: Nur vier Finals in sage und schreibe 34 Jahren, in denen ein 0:1 gedreht wurde – und jedes Mal war der FC Bayern München beteiligt gewesen! Zweifellos bedarf es einer großangelegten Untersuchung, um herauszufinden, was dahintersteckte. Wer für seine eigenen Nachforschungen noch einen Hinweis bräuchte, bitte sehr: In allen vier Fällen war ein iberischer Einfluss nicht zu leugnen. In den Jahren 1974 und 2001 stellte Spanien den Gegner, 1999 den Austragungsort. Und 1987? Nun, da musste der FC Bayern das Endspiel ohne seinen erfahrenen Abwehrchef Klaus Augenthaler bestreiten. Der hatte im Halbfinalrückspiel die Rote Karte erhalten. Gegen Real Madrid.

Ach ja: Liverpool und der AC Mailand durchbrachen 2005 schließlich diese Serie die Bayern. Die Engländer gewannen das Finale gegen die Italiener, nachdem sie in Rückstand gelegen hatten. Und zwar mit 0:3.

0 5 7

Stellen wir uns eine Unterhaltung zwischen zwei Trainern vor, die einfach mal Tommy und Lars genannt sein sollen. Die beiden stehen am Spielfeldrand und beobachten eine Partie ihrer Mannschaft. Plötzlich sagt Tommy: „Wen deckt Andreas eigentlich?" Lars denkt über die Frage ein wenig nach, ist sich aber nicht völlig schlüssig. „Er deckt … äh …", beginnt er, beendet den Satz aber nicht. „Er hat die Nummer sechs, Samuel", schlägt Tommy vor. „Nein, wir haben uns doch entschieden, dass er Chamot nimmt", gibt Lars zu bedenken. „Haben wir ihm das auch gesagt?", fragt Tommy.

Ja, solche Szenen spielen sich vermutlich an jedem Sonntag in diversen Amateurligen dutzendfach ab. Hinter Tommy und Lars steht vermutlich ein Rentner mit seinem Hund, während vor ihnen übergewichtige Männer einen Aschenplatz malträtieren. Aber nein. Als diese Unterhaltung stattfand, füllten fast 46.000 Menschen das Stadion im japanischen Miyagi und beobachteten Tommy und Lars bei ihrer Arbeit.

Der oben erwähnte „Andreas" war der schwedische Nationalinnenverteidiger Andreas Jakobssen, mit „Nummer sechs" war der argentinische Abwehrspieler Walter Samuel gemeint, und hinter „Chamot“ verbarg sich ein anderer Star der Argentinier, José Chamot. Tommy heißt mit Nachnamen Söderberg, Lars heißt Lagerbäck – und die zwei waren Schwedens Nationaltrainer bei der WM 2002. Ihre Diskussion über die Aufgaben von Andreas Jakobsson ging übrigens noch weiter. „Er hat doch die Anweisungen zu den Standardsituation gelesen, oder?“, wollte Lars wissen, woraufhin Tommy seinen Ordner mit Unterlagen durchblätterte und schließlich zerknirscht sagte: „Ja, aber hier steht nichts weiter dazu.“

Lagerbäck und Söderberg, Schwedens in der Qualifikation außerordentlich erfolgreiche Trainer, hatten vor der Weltmeisterschaft zugestimmt, Mikrofone zu tragen, damit das schwedische Fernsehen eine interessante Dokumentation erstellen konnte. Und interessant waren die Ausschnitte tatsächlich, die der Sender Ende 2002 in seinem Sportjahresrückblick ausstrahlte. In der Halbzeit der Partie gegen den Senegal, beim Stand von 1:1, diskutierten die beiden zum Beispiel ausführlich das Für und Wider einer Auswechslung des Stürmers Marcus Allbäck. Leider hatte ihre berufliche Unterredung wenig mit fußballerischen Erwägungen zu tun. „Ich denke, es würde ihn kaputtmachen, wenn wir ihn rausnähmen“, meinte Tommy. „Ich glaube, er sollte erst in zehn Minuten gehen.“ „Okay, so machen wir's dann“, sagte Lars. Kurz darauf legte Tommy die Hand auf sein Herz und enthüllte seinem Trainerkollegen: „Manchmal werde ich so traurig, weil er wirklich gerade eine harte Zeit durchmacht.“ Daraufhin tätschelte Lars zärtlich Tommys Schulter.

Ein großes schwedisches Boulevardblatt schrieb nach Ansicht der Dokumentation: „Die zwei wären sehr gute Jugendtrainer. (…) Aber sie sind sich überhaupt nicht bewusst, wie wichtig

Ergebnisse im Leistungssport sind." Zur Erinnerung: Das Spiel gegen den Sengal war das Achtelfinale einer Fußball-WM. Allbäck ging tatsächlich vom Feld, aber erst nach 65 Minuten. Die Afrikaner gewannen 2:1.

058

Exeter ist ein hübsches Städtchen im südwestlichen Zipfel Englands. Hierher kommen hauptsächlich Rentner, die trotz müder Knochen gerne flanieren möchten oder die in der berühmten Kathedrale um göttlichen Beistand bitten müssen. Junge Leute gibt es natürlich auch, aber sie sind in der Regel alle Studenten der Universität – also Menschen, die nur auf der Durchreise sind und sich besser mit Theorie als mit Praxis auskennen.

Böse Zungen sagen, all dies gelte seit jeher auch für die Spieler des lokalen Fußballklubs Exeter City. Der war in der Tat lange so verschlafen wie Exeter selbst: City spielte den größten Teil des 20. Jahrhunderts entweder in der alleruntersten Profiliga – oder in der darüber. Erst in der Saison 1999/2000 gelangte der Klub einmal kurz in die Schlagzeilen ... und zwar, weil die Elf da zum ersten Mal seit einem Jahrzehnt ihre Heimpremiere gewonnen hatte.

Doch im Juni 2002 kam jemand nach Exeter, der sich zwar ebenso ruckartig bewegt wie viele geriatrische Rentner, sich aber trotzdem für den Peter Pan der Popmusik hält: Unter einem Regenschirm, der ihn vor der nicht vorhandenen südenglischen

Sonne schützen sollte, hielt kein anderer als Michael Jackson eine kurze Rede über die Rolle der Kinder in der modernen Gesellschaft. Ein paar Schritte neben Jackson stand ein Mann namens David Blaine, der sich schon mal eine Woche lang lebendig begraben lässt oder drei Tage in einem Eisblock verbringt. Blaine ist nämlich ein Magier, der es sich zur Aufgabe gestellt hat, David Copperfield wie einen Zauberkünstler aussehen zu lassen, den man höchstens zu Kindergartenjahresfesten bestellt.

Was taten nun Blaine und Jackson an diesem bewölkten Sommertag in Exeter? So bizarr es klingt, sie stellten sich als neue Vorstandsmitglieder von Exeter City vor – und der Mann, der all dies eingefädelt hatte, ist, man mag es glauben oder nicht, noch weit seltsamer als seine beiden Kollegen, die in Eisblöcken und Sauerstoffzelten hausen …

Der in Israel geboren Uri Geller wurde dadurch berühmt, dass er in den siebziger Jahren in Fernsehshows auftrat und allein durch Gedankenkraft Essbesteck verbog. (Deshalb fährt er auch einen Cadillac, der mit insgesamt 5.000 deformierten Löffeln dekoriert ist.) Er lebt seit langem im englischen Reading und ist ein so großer Fan des dortigen Klubs, dass er zu Fuß von Reading nach London marschierte, als der Verein das Playoff-Spiel um den Aufstieg im Wembley-Stadion erreichte. (Geller brauchte knapp drei Tage für die Strecke.) Im Jahre 1994 eröffnete Gellers Sohn Daniel seinem Vater, dass auch er nun einen Lieblingsklub habe. Seltsamerweise war das nicht etwa Liverpool oder Manchester, nicht einmal Reading – sondern Exeter City. „Er muss in einem früheren Leben in Exeter gelebt haben, vielleicht vor hundert oder zweihundert Jahren“, sagt Uri Geller. „Als wir das erste Mal in die Stadt fuhren, kannte er jede Straße und brachte mich sogar an den Ort, an dem die ersten Hexen in England gehängt wurden." Im Mai 2002 kaufte Geller Senior darum die Mehrheitsanteile an dem Verein und holte auch seine beiden Freunde David Blaine und Michael Jackson ins Boot.

Allerdings übernahmen die beiden entgegen der Ankündigung keinen Posten im Vorstand. Und auch Geller hielt sich von allen offiziellen Ämtern fern. Im Januar 2003, nach einem 2:5 daheim gegen Kidderminster, stürzte Exeter auf den letzten Platz der Third Division, der vierten und untersten Profiliga. Zum Verdruss der Fans weigerte sich Geller sogar, seine paranormalen Fähigkeiten einzusetzen, um für Punkte zu sorgen. „Posten und Ämter bedeuten bei Exeter City nichts", beruhigte der zweite Vorsitzende John Russell kurz danach die Öffentlichkeit. „Uri Geller hängt ganz immens an diesem Klub. Alles kommt in Ordnung. Im Sommer wird Geller dem Vorstand beitreten." Aber das Einzige, was im Sommer passierte, war, dass Exter in den Amateurfußball abstieg.

Hätte Geller das verhindern könne? Wer weiß. Immerhin behauptet er von sich, bei der EM 1996 veranlasst zu haben, dass Schottland einen Elfmeter gegen England vergab. „Wir schwebten in einem Hubschrauber über dem Stadion, als McAllister zum Strafstoß antrat", erklärt er. „Ich sagte: ‚Eins, zwei, drei, bewege dich!' und der Ball bewegte sich. Die Leute lachen darüber, aber man kann das anhand der Fernsehaufzeichnung überprüfen." Nein, niemand lacht. McAllisters Elfmeter wurde vom notorischen Pannen-Keeper David Seaman gehalten. Es kann also nicht mit rechten Dingen zugegangen sein.

059

Eines der größten Rätsel der WM-Geschichte, zumindest für europäische Fußball-Fans, tauchte zum ersten Mal 1986 auf, während des Turniers in Mexiko. Damals nahmen es allerdings nur aufmerksame Zuschauer wahr, die trotz der manchmal ungünstigen Anstoßzeiten kaum ein Spiel am Fernsehgerät verpassten. Vier Jahre später, zum Zeitpunkt der WM 1990 in Italien, war es hingegen kaum noch zu übersehen.

Als zum Beispiel der Kameruner Omam Biyik im Eröffnungsspiel das 1:0 erzielte, das den amtierenden Titelträger Argentinien besiegte, da prangte direkt hinter dem Tor ein ungefähr 3,50 Meter breites Banner mit der Aufschrift „John 3:16". In den nächsten Wochen sollten die Fans dieses und ähnliche Plakate mit jenem kryptischen Text bei praktisch jeder Partie des Turniers sehen – und in der Folgezeit auch bei anderen Sportveranstaltungen. Wer war „John"? Meinte „3:16" ein Ergebnis, eine Uhrzeit? Vor allem Zuschauer in nicht-englischsprachigen Ländern zerbrachen sich den Kopf.

Dass viele Fans so heiß über das mysteriöse Banner debattierten, sagt einerseits einiges über die Qualität der zeitgleich stattfindenden Fußballspiele dieser Weltmeisterschaft aus, lässt aber zudem vermuten, dass nicht viele Bibelforscher unter ihnen waren. „John 3:16" läse sich auf Deutsch „Johannes 3,16", anders gesagt: Johannes-Evangelium, Kapitel 3, Vers 16. Dort findet sich eine der berühmtesten Stellen des Neuen Testaments, nämlich: „Denn also hat Gott die Welt geliebt, dass er seinen eingeborenen Sohn dahingab, damit alle, die an ihn glauben, nicht verloren werden, sondern das ewige Leben haben."

Wäre das also geklärt. Bliebe noch die Frage, was das mit Fußball zu tun hat und wer diese Banner in die Stadien brachte. Die Antworten: nichts und der Amerikaner Rollen Stewart.

Zum Zeitpunkt der WM 1986, und erst recht vier Jahre darauf, war Stewart schon eine berüchtigte Berühmtheit in den USA. Es mag überraschen, dass dieser Mann der religiösen Botschaft zu Beginn seiner seltsamen Karriere nichts mehr liebte als schnelle Autos, Frauen und Drogen. „Mein Ziel war es, in einem Wasserbett um die Welt zu segeln", sagte er später über diese Zeit. Für solche Hobbys braucht man Geld oder muss prominent sein. Stewart verfiel auf einen Plan, wie zumindest Letzteres zu erreichen war: Er zog sich exzentrisch an, besuchte eine Sportveranstaltung und drängte sich vor die Sucher der Kameras. Wieder und wieder. Das klappte Mitte der Siebziger so gut, dass Stewart von der Bierfirma Budweiser für einen Werbespot engagiert wurde, in mehreren TV-Shows auftrat und sogar in einem „Peanuts"-Comic verewigt wurde. Dann, im Januar 1980, sah Stewart in seinem Hotelzimmer eine christliche Fernsehsendung – und wurde bekehrt.

Von nun an machte sich Stewart vor den Kameras nicht mehr zum Kasper, sondern ließ seine Banner sprechen – überall. Mit einer riesigen regenbogenfarbenen Perücke auf dem Kopf und einem untrüglichen Instinkt für den richtigen Platz auf der Tribüne rückte er Johannes 3,16 in das Zentrum der öffentlichen Wahrnehmung. Bald folgten Nachahmer, und einige Jahre lang war „John 3:16" überall, wohin der Sportfreund blickte.

Warum ist die biblische Mission heute aus den Stadien verschwunden? Nun, Rollen Stewart war, wie der Leser vielleicht schon bemerkt hat, ein seltsamer Mensch. Bei einem großen Golf-Turnier störte er 1991 die Spieler durch eine per Fernsteuerung betätigte Sirene. Im selben Jahr startete er eine Stinkbomben-Attacke auf mehrere Gebäude, darunter eine Kirche. Im Herbst 1992 nahm er in einem Hotel eine Putzfrau als Geisel und feuerte auf einige Flugzeuge, die von einem nahegelegenen Flugplatz starteten. Er forderte eine dreistündige Pressekonferenz, um die Menschen davon in Kenntnis zu setzen, dass die Welt in sechs Tagen untergehen würde. Seither sitzt Rollen Stewart im Gefängnis. Im Jahre 1997 erschien ein Dokumentarfilm über sein Leben („The Rainbow Man/John 3:16"), aber auch der brachte die Banner nicht zurück in die Fußballstadien.

060

Wie sich schon am Beitrag über den großen Humanisten Edmundo ersehen ließ, haben die Schiedsrichter in Brasilien oft einen heiklen Job. Kein Wunder also, dass aus diesem Land auch der kartenfreudigste aller Referees kommt: Am 6. März 2002 zeigte der Unparteiische mit dem klangvollen Namen Edmilson Timoteo da Silva nämlich einem Akteur gleich drei Gelbe und zwei Rote Karten – in einem Spiel!

Das Ganze trug sich während der Meisterschaft der Liga von Piaui zu, einem von 27 regionalen Wettbewerben, die in Brasilien den Unterbau des nationalen Fußballs bilden. An besagtem Tag trafen in Teresina der heimische River Atlético Club und der AC Oeiras aus der Stadt gleichen Namens aufeinander. Im Verlauf der Partie beging der Gästespieler Paulo Araujo ein Foul, das Herr da Silva ohne zu zögern mit einer Verwarnung bestrafte. Wenige Augenblicke später hatte Araujo sich erneut nicht unter Kontrolle, und der Schiedsrichter zückte erneut die Gelbe Karte, der er den Regeln entsprechend die Rote folgen ließ. Araujo schlich erschüttert davon, woraufhin da Silva die Begegnung fortsetzen ließ. Allerdings war ihm entgangen, dass sich Araujo zwar vom Tatort entfernt hatte – nicht aber vom Spielfeld. Edson Rezende, der Schiedsrichterwart des brasilianischen Fußballverbandes, entschuldigte dies später damit, dass „viele Spieler sich ähneln“. Das allerdings ist einer der Gründe, aus denen Fußballer Rückennummern tragen. Deshalb hätte es dem Gespann in Schwarz durchaus auffallen können, dass Araujo sich nach einigen Minuten des Herumlungerns munter weiter am Spiel beteiligte. Bis …

Ja, bis der sich offenbar nun unbestrafbar fühlende Araujo den nächsten Gegner umsenste. Pflichtschuldig eilte Señor da Silva heran und fuchtelte dem Übeltäter mit der Gelben Karte vor der Nase herum. Der kannte das nun schon und zeigte sich nur milde beeindruckt – als dem Referee plötzlich auffiel, dass sein Notizbuch ihm etwas mitzuteilen hatte. Anstatt Araujo nun einfach vom Feld zu winken, wusste er sich nicht anders zu helfen, als sein Versehen dadurch wettzumachen, dass er nach der mittlerweile dritten Gelben Karte für Araujo prompt noch einmal die Rote hervorkramte. So ganz regelkonform war das in diesem Moment vielleicht nicht, aber Araujo sah offenbar ein, dass er sein Glück überstrapazieren würde, wenn er sich auf eine Diskussion mit da Silva einließ. So ging er also – endlich.

Da Silva wurde vom Verband gesperrt, denn obwohl sein Chef Rezende Verständnis für das Verwechseln von Spielern geäußert hatte, zeigte er sich doch erbost, „dass auch die Assistenten des Referees nichts bemerkt haben“. Noch seltsamer war allerdings, dass selbst die Spieler des River AC nicht mitbekamen, dass ihr Gegner mit elf Mann weiterspielte. Immerhin befand sich im Team der Gastgeber ein gewisser Alcimar, der im Jahr zuvor noch für Oeiras gespielt hatte und Araujo daher gut gekannt haben muss. Offenbar wollte er aus alter Verbundenheit seinen ehemaligen Kumpel nicht verpfeifen. Und es ging ja auch alles gut aus: Am Ende holte sich River AC zum vierten Mal in Folge den Titel. Obwohl die skurrile Partie gegen Oeiras am Ende mit 1:2 verloren wurde.

0 6 1

Der Fußball-Journalist Frank Taylor kann von sich behaupten, zu den wenigen Menschen zu gehören, die ihren eigenen Nachruf in einer Zeitung lesen konnten. Taylor war an Bord des Flugzeugs, das am 6. Februar 1958 in München verunglückte, was 23 Personen das Leben kostete – unter ihnen acht Spieler von Manchester United. Der Pressemann selbst wurde so schwer verletzt, dass übereifrige Kollegen seinen Tod vermeldeten.

Etwas noch Morbideres passierte jedoch Brian Fear, der in den neunziger Jahren Präsident des Fußballverbandes von Wales war. Am 22. Januar 2002, einem Dienstag, erlitt der 65-jährige Fear einen leichten Herzanfall. Eiligst brachte man ihn von seiner Heimatstadt Abercwmboi, deren Klub Aberaman FC er schon seit 45 Jahren führte, in das auf Kardiologie spezialisierte Prince Charles Hospital von Merthyr Tydfil, nahe Cardiff. Schon einige Tage später konnte Fear das Krankenhaus wieder verlassen, zeigte sich aber sehr überrascht, als er bei der Rückkehr in seine Wohnung eine an seine Hinterbliebenen gerichtete Beileidskarte im Briefkasten fand.

Wie populär er in Wales ist (oder „war“?), erfuhr Fear dann am Samstag nach seinem Herzinfarkt. Vor dem Spiel gegen Penywaun hielten die Abernant Rovers eine Schweigeminute zu seinen Ehren ab. Selbst die Zuschauer erhoben sich und senkten betroffen die Köpfe. Auch an anderen Spielorten in Süd-Wales gedachte man dem ehemaligen Verbandschef – der zur selben Zeit daheim saß und der BBC erklärte, er habe auch schon von seinem Ableben gehört. „Das Begräbnis ist am Donnerstag“, sagte er. „Ich glaube, ich werde mal hingehen.“

062

Kommen wir noch mal zurück auf die Versehrtenelf, die in Beitrag Nr. 017 ansatzweise aufgestellt worden ist. In der Liste der Spieler, die trotz eines Handicaps zu Ruhm und Ehre kamen, findet sich zwar ein Torwart, Tim Howard, aber der leidet nicht an einem physischen Problem. Deshalb mag der eine oder andere Leser geglaubt haben, Schlussmänner mit Gebrechen wären nun das Letzte, was ein Fußballteam sich erlauben könnte. Nicht weit gefehlt, aber gefehlt.

Im Oktober 2001 hatte Ebbe Skovdahl, der dänische Trainer des schottischen Erstligisten FC Aberdeen, Probleme mit der Torhüterposition. Die bisherige Nummer eins, Ryan Esson, war beim Training von einem Ball im Gesicht getroffen worden, und obwohl das gerade einem Keeper nichts ausmachen sollte, hatte sich Esson eine Gehirnerschütterung zugezogen, die sein Mitwirken verhinderte. Sein Vorgänger David Preece war ebenfalls nicht spielfähig, weil er sich bei einem Unfall im Haushalt den Fuß gebrochen hatte. Da erinnerte sich Skovdahl an seinen 36-jährigen Landsmann Peter Kjaer, den Reservetormann der dänischen Nationalelf und WM-Teilnehmer 1998. Kjaer war vor kurzem von Silkeborg zu Besiktas Istanbul gewechselt, kam aber in der Türkei nicht zurecht. Mit Freuden nahm er daher das Angebot von Aberdeen an, und unterschrieb am 26. Oktober 2001 bei den Schotten.

Kjaer bestritt in jener Saison noch 25 Spiele und bekam gute Kritiken, für Aufsehen jedoch sorgte er in erster Linie mit einem Interview Ende Januar 2002. In diesem Gespräch erwähnte er nämlich, dass er farbenblind ist. „Die größten Probleme habe ich mit Braun", sagte er, „aber zum Glück spielt hier in Schottland niemand in dieser Farbe." Dann fügte er an, dass auch Grün für ihn nicht immer eindeutig erkennbar wäre – aber die Hemden der Spieler von zum Beispiel Celtic Glasgow seien ja gestreift. (Die Profis von Hibernian Edinburgh hingegen spielen ganz in Grün und hatten kurz zuvor gegen Aberdeen zwar verloren, aber Kjear immerhin dreimal bezwungen.) Kjaer zeigte sich etwas irritiert darüber, dass diese Enthüllung für Befremdnis bei seinem Gesprächspartner sorgte. „In Dänemark sind viele Leute farbenblind!", meinte er, und als er merkte, dass auch dieser Hinweis nicht gänzlich überzeugen konnte, erzählte er zu allem Unglück noch eine Geschichte aus seiner Jugend. Er habe eine Lehre als Elektriker gemacht, berichtete Kjaer, und dabei eigentlich nur mit den braunen Kabeln manchmal Schwierigkeiten bekommen – mit den stromführenden, also.

Zwei Tage später reiste Aberdeen zu St. Johnstone, und nicht wenige Anhänger der Gäste fühlten sich unwohl, als Kjaer seinen Platz im Tor einnahm. Doch Aberdeen gewann 1:0. Auch deshalb, weil der dänische Torwart in der ersten Halbzeit eine gute Fußabwehr gegen den gegnerischen Stürmer Peter MacDonald zeigte. Aber es konnte ja auch nichts schief gehen: Dankbarerweise spielt St. Johnstone in Königsblau und Weiß. (Peter Kjaer fuhr übrigens knapp fünf Monate später mit der Nationalmannschaft Dänemarks zur WM in Japan und Südkorea, kam aber nicht zum Einsatz. Ihm zu Ehren werden wir etwas später in diesem Buch noch eine All-Star-Elf aufstellen.)

063

Anfang Mai 2007 absolvierte der Nigerianer Onyekachi Okonkwo, genannt „Tico", ein Probetraining beim 1. FC Köln. Nigerias Nationaltrainer, ein im Rheinland nicht ganz unbekannter Mann namens Hans-Hubert Vogts, sagte einer Kölner Zeitung: „Tico ist ein sehr guter Sechser: laufstark, passgenau und schon ziemlich weit für seine 19 Jahre." Trotzdem zogen sich die Verhandlungen über einen Transfer des Afrikaners in die Länge. Was genau die Sache so kompliziert machte, blieb unklar. Allerdings steht zu vermuten, dass die Verantwortlichen des 1. FC Köln darüber irritiert gewesen sein werden, dass nahezu alle Datenbanken den 13. Mai 1982 als Geburtstag des Spielers angaben. Was das Lob seines Nationaltrainers relativierte, da Tico demnach wirklich „schon ziemlich weit war" – und zwar ziemlich genau 25 Jahre.

Wie auch immer, die Fans des Kölner Klubs verfolgten mit großem Interesse, was aus der Gerüchteküche nach draußen drang. Bis zum 24. Juni. An diesem Tag machte in Fankreisen die Nachricht die Runde, dass Tico in der Tat verpflichtet worden war und die Saisonvorbereitung mit dem Verein bestreiten würde. Allerdings wusste das zu diesem Zeitpunkt noch kein Journalist und kein professioneller Beobachter der Szene. Auch der Verein hatte noch keine Erklärung abgegeben, geschweige denn eine Pressemitteilung verschickt. Und es war auch nicht so, als hätte der Berater des Spielers sich verplappert. Woher wussten die Fans also Bescheid?

Des Rätsels Lösung fand sich auf der Internet-Plattform monster.de. Es handelt sich hierbei um ein virtuelles Schwarzes Brett zur Arbeitsvermittlung. (Die US-Version gehört zu den 20 am meisten besuchten Internet-Plattformen der Welt.) Wer einen Job anzubieten hat oder einen sucht, kann hier eine Anzeige aufgeben. Und das tat am 24. Juni die Firma „FOKUS Sprachen u. Seminare“ aus Köln, die ihren Aufgabenbereich wie folgt beschrieb: „Sprachschule mit Schwerpunkt auf firmeninternem Unterricht in Kleingruppen“.

FOKUS suchte einen „freiberuflich tätigen Sprachtrainer“, der in der Lage war, einen Sprachunterricht mit „stark fußballerisch geprägtem Hintergrund“ abzuhalten. Und zwar für „einen Fußballverein, der vom 2.7. bis zum 10.7. in Bitburg im Trainingslager ist“. Der Leser brauchte an dieser Stelle nur geringe detektivische Grundkenntnisse, um herauszufinden, dass es sich bei dem Klub um den 1. FC Köln handelte. Interessant fiel nun die Auflistung der Kenntnisse des gesuchten Lehrers aus, die „ideal, aber nicht Voraussetzung“ waren: „Türkisch, Portugiesisch (Brasilien), Englisch, Spanisch (Kolumbien), Nigerianisch“.

„Türkisch“ verwies auf den vier Wochen zuvor unter Vertrag genommenen Ümit Özat, „Portugiesisch (Brasilien)“ auf den seit Januar in Köln kickenden Mittelfeldspieler André Ceará, „Englisch“ auf den im Monat zuvor verpflichteten Kevin McKenna aus Kanada, „Spanisch (Kolumbien)“ auf den Anfang Juni geholten Torwart Faryd Mondragon. Aber was war mit „Nigerianisch“? Keine Frage für die Fans: Der Tico-Transfer musste in trockenen Tüchern sein.

Da die Sache nun an die Öffentlichkeit geraten war, gab man beim 1. FC Köln zwei Tage später, am 26. Juni, die Verpflichtung des „25-jährigen nigerianischen Nationalspielers“ offiziell bekannt. (Offenbar verließ man sich nicht mehr auf die Angaben von Vogts.) Kölns Manager Michael Meier sagte: „Tico hat einen sehr guten Eindruck hinterlassen. Wir sind froh, dass wir nach schwierigen Verhandlungen Einigkeit über den Transfer erzielen konnten. Er ist genau der Spieler, der fußballerisch in unser Anforderungsprofil passt.“

Ähnlich begeistert äußerte sich an dem Tag, an dem der von FOKUS gesuchte Sprachlehrer seine Tätigkeit in Bitburg hätte aufnehmen sollen, ein anderer Verantwortlicher: „Tico ist ein intelligenter Fußballer, der im Mittelfeld die Lücken schließen kann, aber auch in der Offensive einiges drauf hat. Er ist laufstark und ich bin überzeugt, dass er sich schnell im Team zurechtfindet“, sagte Sportdirektor Alfred „Fredy“ Bickel. Der ist nun nicht beim 1. FC Köln in Lohn und Brot, sondern beim FC Zürich in der Schweiz. Denn dort hatte Tico am 2. Juli einen zweiten Vertrag unterschrieben! Unter diesen Umständen verzichtete man am Rhein dankend auf die Dienste des Spielers: „Wir gehen nun davon aus, dass es keinen Sinn macht, einen Spieler zu verpflichten, der charakterlich nicht einwandfrei ist, und wollen unser gut zusammengestelltes Team so nicht belasten“, brummelte Meier.

Vielleicht war das auch gut so. Denn beim 1. FC Köln hätte man sehr lange nach einem Lehrer suchen müssen, der sich auf Nigerianisch verständigen kann. Diese Sprache gibt es nämlich nicht. In den Schulen lernen die meisten Nigerianer Hausa, jeder fünfte Einwohner spricht zudem Yoruba, im Süden des Landes ist Igbo verbreitet.

064

So, nun ist es wieder an der Zeit, einen Abstecher zum Derby zwischen Peñarol und Nacional Montevideo zu machen. Als wir die zwei Klubs das letzte Mal trafen (Nr. 053), spielten sie gerade ein Match, in dem eine Aktentasche die Vorlage zum Siegtor lieferte, der Schiedsrichter im Hospital landete und die Partie schließlich abgebrochen wurde. Nun war die Geschichte um diese glorreiche Begegnung aus dem Jahr 1933 damit allerdings noch nicht zu Ende. Es handelte sich nämlich nicht um ein normales Ligaspiel, sondern um ein Playoff um den Titel. Die beiden Klubs hatten die reguläre Saison punktgleich beendet, und das Torverhältnis entschied nicht über die Meisterschaft.

Wie sich denken lässt, stand der uruguayische Verband vor einem großen Dilemma: Peñarols Tor war ganz offenbar irregulär gewesen, also konnte man kaum reinen Gewissens die Partie werten. Andererseits blieb bei einer Wiederholung die Frage nach den beiden Nacional-Spielern, die aufgrund der

Tumulte vom Platz gestellt worden waren. Wenn man nämlich das gesamte Spiel einfach annullierte, so würden womöglich die zwei Übeltäter ungestraft davonkommen. Die Lösung war simpel: Peñarol und Nacional spielten einfach an einem anderen Tag ab der 63. Minute, in der das ominöse Tor gefallen war, beim Stand von 0:0 weiter – aber ohne Nasazzi und Labraga.

Nun, ganz so simpel war es auch wieder nicht, denn das Spiel fand volle zwei Monate nach dem ersten Versuch statt, am 25. August, und es wurde vor leeren Rängen ausgetragen. In den verbleibenden 27 Minuten fiel kein Treffer, in der Verlängerung auch nicht. Also gab es ein Wiederholungsspiel des nun sowieso schon in zwei Akten über die Bühne gegangenen ersten Spiels. Es wird niemanden verwundern, dass diese Partie ebenfalls torlos endete. Erst mit dem dritten Spiel endete das Drama: Nacional gewann 3:2 und den Titel. Nun aber fühlten sich die Fans von Peñarol durch den Verband betrogen. Ein Tor ist ein Tor, wenn der Schiedsrichter es anerkennt, so argumentierten sie.

Es sollte jedoch 58 Jahre dauern, bis sie diesen vermeintlichen Diebstahl durch einen anderen rächen konnten. Oder zumindest bis jemand den befremdlichen Versuch dazu unternahm. Das geschah am 26. Mai 1991. Peñarols Verteidiger Carlos Sánchez (genannt „El Tio“ – der Onkel) war an diesem Tag damit beauftragt, Nacionals Stürmer Julio Cesar „Dely“ Valdez zu decken. In Erwartung einer Ecke kamen die beiden sich handgreiflich etwas näher, und Sánchez nutzte die Gelegenheit, um Valdez eine Goldkette vom Hals zu reißen. Er versteckte das Diebesgut in seinem Stutzen und schien tatsächlich der Strafe entgehen zu können, weil Valdez zwar das Fehlen der Kette bemerkte, sich den Hergang jedoch nicht erklären konnte. Allerdings hatten die Fernsehkameras das Geschehen gut sichtbar eingefangen – und die Polizei wartete bereits auf Sánchez, als er das Spielfeld verließ. Was übrigens vorzeitig geschah. Schiedsrichter Julio Matto hatte Sánchez gerade vom Platz gestellt.

0 6 5

Kein Fußballspieler wird wohl jenen Tag vergessen, an dem er zum ersten Mal von Beginn an für die Nationalmannschaft seines Landes spielen durfte. Für die beiden Profis Jackie McNamara und Billy Dodds jedoch war ihr erstes Auftauchen in der Startformation Schottlands noch erheblich denkwürdiger als für alle anderen Debütanten der Geschichte. Besonders für Dodds. Der hatte nämlich im Gegensatz zu McNamara und acht anderen seiner Teamkameraden sogar eine Ballberührung in dieser Partie …

Am Mittwoch, dem 9. Oktober 1996, stand in Estlands Hauptstadt Tallin das WM-Qualifikationsspiel zwischen den Gastgebern und Schottland an. Die Anstoßzeit war auf 18.45 Uhr Ortszeit festgelegt worden, und damit begannen die Probleme. Am Nachmittag vorher inspizierte die schottische Delegation den Austragungsort, das Kadriorg-Stadion. Mit Schrecken stellten die Briten fest, dass das Flutlicht offenbar so funzelig war, dass die Esten zusätzliche Behelfsscheinwerfer aufgebaut hatten. Und einige von denen wiederum, so vermutete der schottische Trainer Craig Brown, waren so platziert, dass ihr Licht direkt auf eines der Tore scheinen musste, was den Schlussmännern größte Schwierigkeiten bereitet hätte. Brown informierte einen FIFA-Sekretär mit dem schönen Namen Jean-Marie Gantenbein, und um 20 Uhr an diesem Tag testete Gantenbein die Anlage. Der Funktionär gab zu, dass das Licht nicht gerade höchsten Standards entsprach, erklärte aber, dass die Partie zur festgesetzten Stunde stattfinden sollte.

Nun berieten die Schotten bis tief in die Nacht. Um 2.30 Uhr morgens hatten sie schließlich ein Fax an die FIFA aufgesetzt, in dem es hieß, Schottland würde nur unter Protest antreten. Eine Kopie des Schreibens wurde Gantenbein unter der Tür hindurch in sein Hotelzimmer geschoben. Am nächsten Morgen – präzise: um 9 Uhr – erhielt Jim Farry, Geschäftsführer des schottischen Verbandes, die Antwort der FIFA. Das Qualifikationsspiel sollte vorverlegt und um 15 Uhr angepfiffen werden, damit ein eventuell unzureichendes Flutlicht gar nicht erst eingeschaltet werden müsste.

Kurz darauf trafen sich alle Beteiligten im Stadion, um die Entscheidung der FIFA nun auch den Esten mitzuteilen. Diese waren wenig begeistert. Ihre Spieler wären alle Halbamateure, sagten sie, und befänden sich an ihren Arbeitsplätzen. Daher lehnten die Gastgeber eine Verlegung der Partie kategorisch ab. (Wie sich zeigen sollte, befanden sich die Nationalspieler Estlands in Wahrheit zu diesem Zeitpunkt in ihrem Trainingscamp, etwa 100 Kilometer von Tallinn entfernt.)

Um 13 Uhr traf die schottische Mannschaft am Stadion ein. Die Spieler schlenderten über den Rasen, dann gingen sie in die Kabine und zogen sich um. Danach führten sie ihr reguläres Aufwärmprogramm durch, bis Trainer Brown sie vom Feld rief, um die letzten taktischen Finessen noch einmal durchzugehen.

Außer den schottischen Spielern war noch das Schiedsrichtergespann unter Leitung des Jugoslawen Miroslav Radoman im Stadion, außerdem einige hundert schottische Fans. Sie sangen: „Ein Team in Tallinn! Es gibt nur ein Team in Tallinn!“

Kurz vor 15 Uhr stellte sich die Elf Schottlands in ihrer Hälfte auf. Jackie McNamara in der Viererabwehrkette, Billy Dodds am Mittelkreis, den Fuß auf dem Ball. Beide Spieler waren am Samstag zuvor gegen Lettland eingewechselt worden, aber an diesem Tag sollten sie ihr erstes Länderspiel von Beginn an bestreiten. Radoman pfiff die Partie pünktlich an. Dodds stupste den Ball zu John Collins. Radoman pfiff ab. Verteidiger Tosh McKinlay riss jubelnd die Arme in die Höhe und grüßte die Fankurve.

Eine Stunde später verließ das Aufgebot Estlands sein Traingslager in Kethna. Als das Team um 17.15 Uhr am Kadriorg-Stadion zu Tallinn eintraf, war kein einziger Schotte mehr zu sehen, aber auf der Anzeigentafel stand „Eesti vs Sotimaa – Kick off: 18.45“, und das Flutlicht brannte. Einen Monat später entschied die FIFA, dass das Match wiederholt werden müsse. Am 4. Februar 1997 trennten sich Estland und Schottland 0:0. McNamara spielte, Dodds nicht.

066

Bleiben wir einen Moment bei Schotten und im Jahre 1996. Fast allen der etwas älteren Fußball-Fans wird Graeme Souness noch ein Begriff sein. Er gehörte zur großen Liverpooler Elf, die

1978 im Halbfinale des Europacups der Landesmeister Borussia Mönchengladbach aus dem Wettbewerb warf und dann auch den Pokal holte. Souness gewann 1981 und 1984 diesen Wettbewerb erneut, dann wechselte er ins Trainerfach über. Die erste Station des Schotten waren die Glasgow Rangers, bei denen er 1989 für große Aufregung sorgte, als er einen Profi namens Mo Johnston verpflichtete. Der war nämlich der erste prominente Katholik, den die durch und durch protestantischen Rangers unter Vertrag nahmen – und das auch noch zwei Tage, nachdem Johnston erklärt hatte, er würde zu Celtic Glasgow wechseln. Man hätte da schon ahnen können, dass Souness bei seinen Transfers ein wenig, hm, ungewöhnlich vorgeht.

Im November des Jahres 1996 war Souness inzwischen beim FC Southampton angelangt. Am 23. des Monats, einem Samstag, stand das Heimspiel seiner Elf gegen Leeds United an. Für diese Partie nominierte Souness die 15 Spieler für den Kader, die man dort erwarten konnte – und einen Überraschungsgast. In einer Nacht- und Nebelaktion hatte der Trainer nämlich keine zehn Tage zuvor einen Senegalesen namens Ali Dia verpflichtet, ohne ihn je spielen gesehen zu haben. Und gegen Leeds saß Dia nun tatsächlich auf der Bank des FC Southampton. Zu dem Transfer war es gekommen, als Souness Mitte November einen Anruf des Liberianers George Weah erhalten hatte – zu jener Zeit der amtierende Weltfußballer des Jahres und Star beim AC Mailand. Aus alter Verbundenheit wollte Weah Souness einen Verwandten ans Herz legen, der für kleines Geld zu haben war, seinen Cousin Ali Dia. Dia, sagte Weah, studiere zurzeit in England und könne dem FC Southampton sicher weiterhelfen. Weah und der 13-malige senegalesische Nationalspieler hatten bei Paris St. Germain zusammengespielt, danach war Dia zum

AC Bologna gewechselt. Im Moment, so Weah, stehe der Spieler zwar am Ende seiner Karriere, sei aber immer noch gut genug für die Premier League.

Souness wusste zwar nicht genau, worin seine „alte Verbundenheit“ mit Weah bestehen sollte, bot Dia aber einen Vertrag an, zunächst auf einen Monat begrenzt. Am 20. November wollte er den neuen Mann in einem Match der Reserveteams von Southampton und Arsenal testen, aber diese Partie fiel aus. Und so hockte Dia drei Tage später gegen Leeds auf der Ersatzbank. Die offizielle Website der englischen Premier League meldete: „Der 30-jährige Dia, der in Senegals letztem Länderspiel zwei Tore erzielte, erwartet begierig die Gelegenheit, Souness die volle Bandbreite seines Könnens zu zeigen.“ Nach 32 Minuten des Spiels zwischen Southampton und Leeds war diese Gelegenheit gekommen: Der Star der Gastgeber, Mittelfeldspieler Matt Le Tissier, musste verletzt vom Feld, und Souness beorderte Ali Dia auf den Platz. Es stand in diesem Moment noch 0:0, und in den nächsten 50 Spielminuten fiel auch kein Tor – trotzdem wurden sie zur mit weitem Abstand schlimmsten Zeit, die der große Graeme Souness jemals auf einem Fußballplatz zugebracht hat.

In den bis zur Pause verbleibenden Minuten glaubte Souness vermutlich noch, Dia sei entweder sehr nervös oder habe möglicherweise einfach einen schlechten Tag. Aber als der Senegalese sich auch nach dem Seitenwechsel von allem fern hielt, was nach Fußball aussah, und ständig in die abenteuerlichsten Positionen lief, dämmerte Souness langsam, dass er mit viel Wohlwollen einen Amateurkicker verpflichtet hatte, ganz sicher aber keinen Profi und schon gar keinen afrikanischen Nationalspieler. Doch was konnte er tun, ohne jetzt sein Gesicht zu verlieren? Erstaunlich lange ertrug es Souness, sein Team praktisch mit zehn Mann spielen zu sehen. Dann, in der 82. Minute, erzielte Leeds endlich das überfällige 0:1. Nun hatte der Trainer keine Wahl mehr: Wenige Augenblicke danach holte er Dia wieder vom Feld und brachte für den falschen Stürmer einen richtigen.

Dias Auftritt war so fürchterlich gewesen, dass die Hintergründe der Geschichte nun unweigerlich von den Presseleuten ans Licht gezerrt werden mussten. Und so konnte Souness bald in den Zeitungen lesen, dass seine Neuverpflichtung niemals für den Senegal gespielt hatte, ganz zu schweigen von Paris St. Germain oder dem AC Bologna. Er war auch mitnichten der Cousin von George Weah, der wiederum Souness niemals angerufen hatte. Das hatte ein Freund von Dia getan, der als Spielervermittler tätig war. „Seine Stimme klang wie die von Weah", verteidigte sich Souness. Southampton löste den Vertrag mit Dia augenblicklich auf. Kein Klub aus den oberen vier Ligen hatte an dem Spieler Interesse, aber der Amateurverein Gateshead bot Dia im Dezember an, in der sogenannten Vauxhall Conference zu spielen. Im Februar 1997 ließ Gateshead Dia wieder gehen. Er war einfach nicht gut genug.

0 6 7

Der ehemalige Polizist Michael Schulz bestritt 243 Bundesligaspiele für Kaiserslautern, Dortmund und Bremen. Er brachte es auch auf sieben Länderspiele und holte 1988 mit der Olympia-

Auswahl des DFB die Bronzemedaille bei den Spielen in Seoul. Das ist so weit erst mal eine ganz ansehnliche Profi-Karriere, möchte man meinen. Betrachtet man diese Laufbahn jedoch etwas genauer, so enthüllt sich ein erstaunliches Muster. Schulz, so scheint es, hatte ein gutes Gespür für den richtigen Ort, aber ein miserables Gefühl für die richtige Zeit. Das Beste, was ein Klub tun konnte, war, ihn zu verpflichten – und dann so schnell wie möglich wieder loszuwerden …

Im Sommer 1987 ging Schulz vom Oberligisten VfB Oldenburg zum 1. FC Kaiserslautern. Das war natürlich ein ausgezeichneter Wechsel: Die Norddeutschen hatten gerade den Aufstieg in die 2. Bundesliga um fünf Punkte verpasst (damals waren die Oberligen die dritthöchsten Spielklassen), während der 1. FCK nur durch eine Heimpleite am letzten Spieltag an den Europapokal-Rängen vorbeigeschrammt war. (Wodurch übrigens Bayer Leverkusen in den UEFA-Cup rutschte – den der Verein dann gewann.) Kaum war Schulz aber auf dem Betzenberg eingetroffen, ging es mit den Roten Teufeln abwärts. Am 3. Spieltag der Saison 1987/88 gab der defensive Mittelfeldmann sein Debüt beim enttäuschenden 0:0 daheim gegen Bremen; eine Woche später setzte es ein 0:5 auswärts gegen den FC Schalke. Bis 30 Minuten vor Ende der Saison war der Verein in allergrößter Abstiegsnot, dann erzielte Kay Friedmann das 3:2 gegen Gladbach, und der 1. FC Kaiserslautern kam mit dem Schrecken und dem 14. Tabellenplatz davon.

Die nächste Saison lief etwas besser, aber trotzdem entschied sich Schulz, zu einem Team mit mehr Perspektive zu wechseln. Für zwei Millionen DM ließ er sich von Borussia Dortmund kaufen, dem amtierenden Pokalsieger. (Eine frühe Auflage des BVB-Buches „Und du stehst immer wieder auf …“ behauptete zwar, dass Schulz „mit den Borussen DFB-Pokalsieger 1989" war, aber das stimmt nicht. Natürlich besiegten die Dortmunder Werder Bremen im Endspiel, als Schulz noch in Kaiserslautern war. Warum „natürlich"? Nun, man wird sehen.) Der Schlaks mit der Siebziger-Jahre-Frisur hatte sich kaum so richtig in Dortmund eingelebt, da drückte jemand den falschen Fahrstuhlknopf. Seine erste Spielzeit mit dem BVB endete noch ordentlich, aber 1990/91 schnupperte der Verein bis zum 32. Spieltag an der 2. Bundesliga. Kaiserslautern ging es zu dieser Zeit erheblich besser: Die Pfälzer holten im ersten Jahr ohne Schulz den Pokal, im zweiten gar die Meisterschaft!

In der Folgezeit hatte Schulz mit einer aufstrebenden Dortmunder Elf blödes Pech. Bis vier Minuten vor Ende der Saison 1991/92 war man Meister, dann zog Stuttgart noch vorbei. Und im Jahr darauf kamen die Schwarz-Gelben in die UEFA-Cup-Endspiele, unterlagen aber Juventus Turin. Schulz war ganz offenbar frustriert: Er trat nach einem spektakulären Platzverweis in Karlsruhe einen Wassereimer durch die Gegend (drei Monate später, gegen Nürnberg, flog er wieder vom Feld) und zertrümmerte auch mal die Tür zur Schiedsrichterkabine. Im Sommer 1994 hatte er die Nase vom Misserfolg voll und wechselte zu einem Team mit mehr Perspektive, dem amtierenden Pokalsieger (und Meister von 1993) Werder Bremen. Wieder verlief sein Einstand ganz brauchbar, denn bis zum letzten Spieltag stand Werder auf dem ersten Platz der Tabelle. Dann unterlag man beim FC Bayern, und Meister wurden – Schulzens alte Kollegen von Borussia Dortmund. Im zweiten Jahr ohne Schulz holte der Klub aus Westfalen den Titel dann gleich noch einmal. (In dieser Saison stieg übrigens der VfB Oldenburg in die 2. Bundesliga auf.)

Drei Jahre mühte sich Schulz in Bremen ab, um endlich Edelmetall zu stemmen. Nach der Fast-Meisterschaft 1995 stürzte der Klub jedoch ab, wurde in der Liga Neunter und dann Achter. Auch im Pokal war für die einstigen Cup-Experten aus Bremen früh Schluss, kaum dass sich Schulz dem Klub angeschlossen hatte: 1994/95 flog man sogar als Titelverteidiger gleich in der ersten Runde aus dem Wettbewerb. So beendete Schulz im Sommer 1997 seine Laufbahn, kurz nachdem sein Ex-Klub Borussia Dortmund die Champions League gewonnen hatte. Die Sportredaktion von Sat.1 übernahm ihn als Volontär, und gleich in seinem ersten Ausbildungsjahr ging der Meistertitel an seinen ehemaligen Verein Kaiserslautern. (Der Reporter Johannes Nitschmann schrieb dazu: „Während der Meisterschaftsgala der Kaiserslauterer Kicker versuchte er in alter Manndecker-Manier einen ZDF-Kameramann auszuschalten, weil er fälschlicherweise allein sich im Besitz der Exclusivrechte wähnte.“) Im zweiten Jahr, nachdem Schulz die Schuhe an den Nagel gehängt hatte, holte Werder Bremen dann den DFB-Pokal.

Falls noch nicht ganz deutlich geworden sein sollte, welches statistische Wunder sich hier abgespielt hat, fassen wir das Ganze noch einmal zusammen – und vernachlässigen dabei sogar die Jahre 1998 und 1999, in denen Kaiserslautern die Meisterschaft, Dortmund den Weltpokal und Bremen den DFB-Pokal gewann: Die erwähnten drei Vereine holten zwischen 1967 und 1987 (dem Jahr, in dem Schulz Profi wurde) nicht einen einzigen Titel. Zwischen 1987 und 1997 (dem Jahr, in dem Schulz aufhörte) sammelten sie dann aber sage und schreibe elf Trophäen. Doch Schulz, der doch in diesen zehn Jahren für alle drei Klubs spielte, hatte immer zu früh oder zu spät gewechselt.

068

Bei der Weltmeisterschaft 1954 wurde eine seltsame Regel angewendet, die komischerweise selten erwähnt wird, wenn von diesem Turnier die Rede ist: Stand es in den Gruppenspielen nach 90 Minuten unentschieden, dann wurde verlängert. Erst wenn auch die zusätzlichen 30 Minuten keinen Sieger brachten, durften sich die Teams die Punkte teilen.

Dieser Fall trat schon am zweiten Turniertag ein, dem 17. Juni. Der hohe Favorit England verspielte eine 3:1-Führung gegen Belgien und musste nachsitzen. In der Verlängerung fielen zwei weitere Treffer, einer auf jeder Seite, und so endete die Partie nach 120 Minuten mit 4:4. Vermutlich denkt der Leser jetzt: „Das mag ja alles leidlich amüsant sein, es kann aber doch kaum Stoff für einen ganzen Text liefern?“ Nun, versuchen wir es mal, indem wir uns den Mann betrachten, der in der 76. Minute den belgischen Ausgleich zum 3:3 erzielte.

Sein Name war Hendrik „Rik“ Coppens – und schon hier wird die Sache interessant, denn die ansonsten so penible offizielle Website der FIFA will uns etwas anderes glauben machen. Dort wird angegeben, ein gewisser Henri Coppens habe an jenem Tag gespielt. Das ist nun nicht etwa, wie man meinen könnte, ein Tippfehler. Es gab nämlich in der Tat auch noch einen belgischen Nationalspieler, der Henri Coppens hieß. Er war weder verwandt noch verschwägert mit Rik und wird in sehr vielen Datenbanken und Nachschlagewerken mit ihm verwechselt.

Halten wir also fest: Henri Coppens vom KV Mechelen lief zwischen 1945 und 1949 19-mal im belgischen Nationaltrikot auf. Der andere Coppens, Rik, ist aber der wesentlich berühmtere. Er wurde am 29. April 1930 geboren, durfte schon sechs Wochen vor seinem 19. Geburtstag zum ersten Mal für Belgien spielen und bestritt dann bis 1959 noch 46 weitere Länderspiele. Sein Klub war Royal Beerschot AC aus Antwerpen, für den Coppens 1953 und 1955 jeweils 35 Treffer erzielte – womit er in diesen beiden Jahren zu Europas Toptorjäger wurde, was ihm Angebote vom FC Barcelona und Inter Mailand bescherte.

Coppens war bekannt dafür, den Ball abzuschirmen, indem er sein Gesäß so weit ausfuhr, wie es ihm nur möglich war. Diese Technik, die später nur noch Gerd Müller derart perfekt ausführte, brachte ihm den Spitznamen „Dicker Hintern" ein. Wir dürfen vermuten, dass ihn dieser Ausdruck nicht gestört hat, denn Coppens liebte es, die Dinge direkt und offen anzugehen. Wie etwa an dem Tag, als er den Politiker Paul van den Boeynants auf der Ehrentribüne erblickte. Zu jener Zeit war van den Boeynants mal wieder in eine Affäre verstrickt: Es hieß, er würde seine eigene Fleischfabrik mit Steuergeldern subventionieren. Coppens, ein begnadeter Dribbler, fummelte sich in die Nähe der Tribüne – und feuerte den Ball direkt auf den Volksvertreter. Zur Erklärung sagte er hinterher: „Ich wollte ihm den Unterschied zwischen einem Fleischbällchen und einem Fußbällchen zeigen."

Liebhaber von Fußball-Kuriositäten verehren Coppens allerdings nicht wegen seines Tores gegen England 1954, auch nicht wegen des Anschlages auf van den Boeynants. Ihnen ist ein WM-Qualifikationsspiel im Juni 1957 gegen Island ungleich wichtiger. Kurz vor der Halbzeitpause dieses Spiels in Brüssel, das beim Stand von 6:1 für Belgien schon fast entschieden war, pfiff Schiedsrichter Blitgen aus Luxemburg einen Elfmeter für die Gastgeber. Coppens lief an – und schoss eben nicht.

Stattdessen spielte er das Leder steil in den Lauf seines Kollegen André „Popeye" Piters, der in den Strafraum gestartet war. Piters nahm den Ball an und legte ihn dann quer zurück in die Mitte, wo Coppens aus kurzer Entfernung das 7:1 markierte. Die Aktion war völlig regelkonform, aber es scheint so, als wäre sie an diesem Tag zum ersten Mal in einem halbwegs bedeutenden Spiel ausgeführt worden, immerhin gilt Coppens heute vielen Quellen als Erfinder des „Zwei-Mann-Elfmeters".

Ein Vierteljahrhundert später führten Johan Cruyff und Jesper Olsen den Trick bei der Partie Ajax Amsterdam gegen Helmond Sport vor. Erfolgreich, muss man hinzufügen, denn der Kniff hat offenbar mehr Tücken, als man zu denken geneigt ist. Im Oktober 2005 blamierten sich jedenfalls Robert Pires und Thierry Henry von Arsenal London bei dem Versuch, Coppens zu imitieren. Pires berührte den Ball so hauchzart mit der Sohle, dass er sich kaum von der Stelle bewegte – und Henry am Spielgerät vorbeirannte.

0 6 9

Manche Defensivspieler haben etwas Furchteinflößendes, das gehört vermutlich zum Berufsbild. Da war etwa Manchester Uniteds Nobby Stiles, der in den sechziger Jahren ganze Mittelfelder entvölkerte und auf den der von Dieter Hildebrandt eingeführte Begriff „Schienbein-Guillotine" gut gepasst hätte. Stiles, der Sohn eines Totengräbers, nahm vor jeder Partie seine falschen Schneidezähne aus dem Mund und bot deshalb einen

Anblick, der seine Gegenspieler dazu brachte, jede Ballannahme zu fürchten. Hätten diese Gegner auch noch gewusst, dass Stiles Probleme mit der Sehkraft hatte, wären sie vielleicht gar nicht erst aufgelaufen.

Aber niemals stand ein Fußballer unangenehmeren Abwehrspielern gegenüber als Aharon Kalderon im Jahre 1969 – denn die Männer, die versuchten, ihm den Weg zum Tor zu verbauen, trugen keine Trikots, sondern Uniformen. Und Maschinengewehre.

Am letzten Spieltag in der Saison 1968/69 der sogenannten „Liga Leumit", der höchsten israelischen Spielklasse, trafen Hapoel Tel Aviv und Beitar Jerusalem aufeinander. Auch unter normalen Umständen wäre dies keine normale Partie gewesen. In vielen Ländern gibt es Unterscheidungen in „linke" und „rechte" Fußballteams, aber im Falle von Hapoel und Beitar trifft diese Verkürzung wenigstens ansatzweise tatsächlich zu. Beitar Jerusalem ist ein stark konservativer Klub, der den radikalen und nationalistischen Parteien nahesteht. Hapoel Tel Aviv hingegen kommt nicht nur aus einer moderneren, weltoffeneren Stadt, es ist auch der Verein der Arbeiterbewegung. („Hapoel" bedeutet eben „Arbeiter".) Im Jahre 1969 unterschieden sich die Ausgangslagen der beiden Klubs auch in sportlicher Hinsicht drastisch: Hapoel Tel Aviv hätte bei einem Sieg die Meisterschaft gewonnen; Aufsteiger Beitar Jerusalem war hingegen in Abstiegsnot und musste fürchten, dass man im Falle einer Niederlage sowohl von Maccabi Shearaim als auch von Hapoel Beer-Sehva noch überholt werden würde.

Die Partie fand im Bloomfield Stadion zu Tel Aviv statt, aber es waren viele tausend Anhänger von Beitar anwesend, zu denen sich auch ein Großteil der Soldaten zählte, die für Ordnung sorgen sollten. In der 6. Minute fiel das 1:0 für den Gastgeber. Zwei Minuten nach der Pause verweigerte der Schiedsrichter den Gästen einen Elfmeter, woraufhin hunderte Beitar-Fans das Spielfeld stürmten. Es dauerte fast eine Dreiviertelstunde, bis das Match fortgesetzt werden konnte – und nur zehn Minuten nach dieser Unterbrechung erzielte Hapoel Tel Aviv das 2:0. Damit schien die Begegnung gelaufen, aber schon in der 60. Minute kam Jerusalem zum Anschlusstor.

Nun schöpften die Anhänger des Abstiegskandidaten neue Hoffnung, was dazu geführt haben muss, dass einigen von ihnen die Nerven durchgingen, als in der 65. Minute das 3:1 fiel. Kurz danach bekam nämlich Aharon Kalderon, besser bekannt als „Roni", den Ball zugespielt. Er war zu diesem Zeitpunkt erst 17 Jahre alt, aber ein so hochbegabter Spieler, dass er bald zum kommenden Europacupsieger Ajax Amsterdam wechseln würde. Kalderon hatte jetzt keine großen Probleme, zwei Verteidiger auszuspielen und auch noch am Torwart von Beitar vorbeizugehen. Nein, die Probleme fingen erst an, als er dann den Kopf hochnahm, um den Ball ins leere Tor zu schieben. Denn das war nicht mehr leer. Vor Kalderon standen plötzlich zwei uniformierte Soldaten, von denen sich einer gleich auf der Torlinie postiert hatte. Ein normaler Spieler hätte nun wohl innegehalten, aber Kalderon war kein normaler Spieler (weshalb wir ihm in diesem Buch noch einmal begegnen werden). Seelenruhig tunnelte er den ersten der Soldaten, umkurvte ihn und nahm den Ball wieder auf. In diesem Augenblick erhob der zweite Uniformierte seine Uzi und richtete sie auf Kalderons Kopf. Nun zögerte Kalderon doch für einen Augenblick, dann versenkte er das Leder im Netz und rannte buchstäblich um sein Leben. Der Soldat schoss nicht, dafür brannten nach dem Abpfiff jene Teile der Tribüne, auf denen sich die Beitar-Fans aufgehalten hatten. Dabei war all die Aufregung umsonst: Hapoel gewann den Titel, aber Beitar hielt auch die Klasse. Für den furchtlosen Kalderon jedoch markierte dieses Spiel den Beginn einer einzigartigen Fußballerkarriere. Traurigerweise war sie einzigartig seltsam. Aber dazu später mehr, genauer gesagt in Geschichte Nr. 072.

070

Im November 2003 veröffentlichte die englische Sonntagszeitung „Oberserver" eine Rangliste der zehn besten Schwalben der Fußballgeschichte. Aus deutscher Sicht durfte man bemängeln, dass weder Bernd Hölzenbein (WM 1974) noch Rudi Völler (WM 1990) oder Andreas Möller (Bundesliga 1995) vor den Augen der Briten Gnade fanden. Allein Jürgen Klinsmann schaffte es in diese Top Ten, und zwar für seinen Flug mit anschließendem mehrfachen Überschlag aus dem Endspiel der WM 1990, der dem Argentinier Pedro Monzon die Rote Karte einbrachte. Eine durchaus zweifelhafte Wahl, denn immerhin lag hier tatsächlich der Ansatz eines Foulspiels vor.

Komplett unstrittig ist, war und bleibt aber die Spitzenposition der „Observer"-Liste. Auf ihr findet sich nämlich der Chilene Roberto Antonio Rojas Saavedra. In seiner Heimat wurde er wegen seines majestätischen Gleitens durch den Strafraum „der Kondor" genannt, was aber nichts mit dem Schinden von Elfmetern zu tun hat, sondern mit seiner Position. Rojas war nämlich Torwart, und eben das kam ihm sehr zugute, als er seinen berühmten Betrugsversuch ansetzte. Ein Schlussmann hat es schließlich leichter als ein Feldspieler, in seiner Ausrüstung eine Rasierklinge zu verbergen …

Doch das geht schon zu sehr ins Detail, beginnen wir zunächst mit der Ausgangssituation. In der Qualifikation zur WM 1990 standen in der Südamerika-Gruppe 10 drei Mannschaften, von denen sich nur eine direkt für das Turnier in Italien qualifizieren konnte: Brasilien, Chile und Venezuela. Die bedauernswerten Venezuelaner waren von Anfang an chancenlos (und kassierten in ihren vier Spielen 18 Gegentore), also kam es auf die beiden direkten Vergleiche zwischen Brasilien und Chile an. In Santiago de Chile trennten sich die Mannschaften 1:1, und schon bei dieser Partie kam es zu so vielen Zwischenfällen – zwei Rote Karten, ein Eigentor, mindestens ein völlig mysteriöser Freistoßpfiff und ein Gästetrainer, der von der Polizei abgeführt wurde –, dass Brasilien gar Protest gegen die Wertung einlegte.

Am 3. September 1989 fand das Rückspiel in Rio vor 160.000 Zuschauern statt – und vor 1.600 Polizisten, die Ausschreitungen verhindern sollten. Wegen seines besseren Torverhältnisses brauchte Brasilien nur ein Unentschieden, aber nach 50 Minuten ging die Elf durch Careca sogar in Führung. Es konnte demnach nichts mehr schiefgehen. Eigentlich. Denn in der 69. Minute feuerte eine 24-jährige Brasilianerin eine Rakete auf das Spielfeld, die im Strafraum der Chilenen explodierte. Der arme Rojas brach augenblicklich zusammen, und als der Qualm sich verzog, sahen die chilenischen Ärzte voller Entsetzen, dass ihr Torwart bewegungslos und blutüberströmt am Boden lag. Sie eilten aufs Feld und taten ihr Bestes, so darf man vermuten, um dem unschuldigen Opfer das Leben zu retten. Warum es im Stadion 1.600 Polizisten, aber keine einzige Trage gab, gehört zu den weiteren Merkwürdigkeiten des Tages, jedenfalls mussten die chilenischen Spieler ihren Keeper wie einen nassen Mehlsack vom Platz hieven. Sie blieben gleich mit in der Kabine und forderten noch an Ort und Stelle, zum Sieger des Spiels erklärt zu werden oder es wenigstens wiederholen zu lassen.

Da hatten aber die misstrauischen Brasilianer schon gleich vier Amtsärzte in die chilenische Kabine geschickt – die an Rojas' Körper zwar Schnittwunden entdeckten, jedoch keinerlei Brandverletzungen. Zudem gab der Linienrichter an, Rojas habe sich geradezu in die Rakete geworfen, als die auf dem Boden gelandet sei – und Fernsehbilder bestätigten das. Warum der Keeper diesen Hechtsprung vollführte, wurde auch rasch klar: Er brauchte den Schutz des Qualmes, um aus seinem Handschuh eine Rasierklinge zu ziehen, mit der er sich dann die blutenden Verletzungen zufügte.

Sieben Tage nach dem Spiel sperrte die FIFA Rojas auf Lebenszeit und verbannte die Chilenen aus der Qualifikation für die WM 1990 – und aus der für 1994 gleich mit. Zu den weiteren Pointen der Episode zählt, dass Rojas zu jener Zeit für einen brasilianischen Klub spielte, für São Paulo. Der muss ihm später verziehen haben, denn nachdem die FIFA Rojas 2001 begnadigte, wurde er Trainer dieses Vereins. Ach ja, die 24-jährige Hobby-Feuerwerkerin schaffte es übrigens auf die Seiten des brasilianischen „Playboy".

0 7 1

Eine der beliebtesten Regelfragen ist die folgende: Mannschaft A erhält einen direkten Freistoß zugesprochen und spielt ihn zum eigenen Torwart zurück; jener verpasst jedoch den Ball, und das Leder rollt ins Netz – auf was entscheidet der Schiedsrichter? Die Antwort lautet nicht etwa Eigentor, sondern: Eckball für Mannschaft B.

Die Begründung für diesen etwas überraschenden Fortgang des Spiels findet sich in der Tatsache, dass Mannschaft A aus einem indirekten Freistoß kein Eigentor hätte erzielen können – eben weil kein zweiter Spieler den Ball berührt hat. Das ist nun bei einem direkten Freistoß zwar nicht nötig, aber den hat es ja überhaupt nur deshalb gegeben, weil Mannschaft B ein so schwerwiegendes Vergehen begangen hat, dass dem Schiedsrichter ein indirekter Freistoß nicht ausreichend erschien. Die Regelkommission hielt es deshalb für sehr ungerecht, dass sich eine harte Strafe für Mannschaft B in einen größeren Nachteil für Mannschaft A verwandeln könnte, als das bei einer geringen Strafe für Mannschaft B der Fall wäre. Was sich kompliziert liest, heißt ganz simpel: Aus einem indirekten oder direkten Freistoß kann man kein Eigentor erzielen.

Ja, mag sich der milde interessierte Leser denken, das ist ein nettes Rätsel für Theoretiker, hat aber in der Praxis keine Auswirkungen. Oh doch. Und damit nun zum berühmten Spiel zwischen Wimbledon und Millwall am 27. Dezember 1983, das schon mehrmals hätte erwähnt werden können (etwa in den Beiträgen über Eigentore oder verwirrte Schiedsrichter), das aber einen ganz eigenen Platz in der Ruhmeshalle der Skurrilitäten verdient. An diesem traditionellen Weihnachtsspieltag der englischen Ligen lag der gastgebende FC Wimbledon in der Nachspielzeit mit 4:2 in Front, als ein übereifriger Millwall-Spieler ein Foul an der Grenze des gegnerischen Strafraumes beging. Schiedsrichter John E. Martin entschied auf direkten Freistoß für Wimbledon, und Wally Downes schritt zur Ausführung.

„Wally“ ist übrigens ein englischer Slang-Ausdruck für „Idiot“, aber Downes hatte diesen Spitznamen nicht etwa bekommen, weil seine intellektuellen Fähigkeiten zu wünschen übrig ließen. Er besaß einfach ein Faible für abseitige Späße. So rief er einmal in einer englischen Fernsehsendung an, als sein Torwart Dave Beasant dort zu Gast war, gab sich als Vereinsvertreter des FC Liverpool aus und versuchte Beasant zu überreden, den hoffnungslosen FC Wimbledon zu verlassen und an die Anfield Road zu wechseln.

Am 27. Dezember 1983 drehte sich Downes nun für alle überraschend um und schlenzte den Ball aufs eigene Tor. Der verblüffte Beasant konnte dem Leder nur nachblicken, die erstaunten Millwall-Fans hinter dem Gehäuse trauten ihren Augen nicht, als der Ball genau in den Winkel des Tores flog, und Referee Martin war so perplex, dass er – zur Mitte wies.

Der Schiedsrichter muss sich in den nächsten Augenblicken Gedanken über dieses Tor gemacht haben. Vielleicht ging ihm sogar noch auf, dass er den Regeln gemäß auf Eckball für Millwall hätte entscheiden müssen. Wie auch immer, jedenfalls vergass er nun zu allem Überfluss auch noch, das Spiel zu beenden. Ganze fünf Minuten ließ Martin nach jenem einzigartigen Tor, das weit jenseits der 90. Minute gefallen war, die Partie weiterlaufen, dann hatte Wimbledon endlich 4:3 gewonnen. Und das war ein Glück für Mister Martin, für Wimbledon und natürlich auch für Downes. Am Ende der Saison stieg Wimbledon in die 2. Liga auf. Hätte Millwall nun an diesem Dezembertag noch den Ausgleich geschossen, wäre es wegen des Regelverstoßes des Referees zu einer Wiederholung des Spiels gekommen – mit ungewissem Ausgang.

Warum Downes den Freistoß zurückspielte, ist nicht ganz klar. Damals waren Rückpässe erlaubt, daher wollte er das Leder vielleicht Beasant in die Arme lupfen und zielte eben etwas zu genau. Möglich ist aber auch, dass Downes sich wieder einmal einen Spaß erlaubte. Noch während er vom Feld ging, informierte er die Reporter, dass der Schiedsrichter einen Fehler gemacht hatte, indem er das Eigentor anerkannte. Downes waren also die Regeln bekannt, und vielleicht wollte er für einen ungewöhnlichen Eckball sorgen. Immerhin nannte man die damalige Truppe des FC Wimbledon die „Crazy Gang“.

0 7 2

Roni Kalderon – der junge Spieler, den nicht einmal eine Maschinenpistole am Torschuss hinderte (siehe Geschichte Nr. 069) – wurde am 5. Februar 1952 als Aharon Kalderon in einem Vorort von Tel Aviv geboren. Sein Vater war Markthändler, aber erhoffte sich für seinen Sohn eine bessere Zukunft und einen einträglicheren Job. Daher schickte er Roni auf eine französische Schule, die eigentlich Kindern der oberen Mittelschicht zugedacht war. Hier wurde Roni zum Star, aber nicht etwa wegen seiner schulischen Leistungen. Hausaufgaben und Ähnliches ließ er nämlich von ihm ergebenen Mitschülern erledigen, die ihn auch mit Geld aushielten. Nein, zum Star wurde Roni, weil er ein begnadetes Fußballtalent war. Vermutlich das größte, das Israel je hatte. Vielleicht war er sogar der begabteste Spieler seiner Zeit im gesamten asiatisch-arabischen Raum.

Kalderon war noch keine 16 Jahre alt, als er in der ersten Seniorenmannschaft von Hapoel Tel Aviv sein Debüt gab. Und er war noch keine 17 Jahre alt, als er zum jüngsten israelischen Nationalspieler aller Zeiten wurde. Selbst die zurückhaltendsten Beobachter waren sich sicher, dass er schon bald zu einem großen europäischen Klub wechseln würde. Einer dieser Beobachter war Ronis älterer Teamkollege Nouriel Nourielli. Dieser witterte die Chance, sich durch Kalderon dem Leben nähern zu können, das erfolgreiche Fußballstars zu leben schienen. Nourielli bot Kalderon an, sein Berater und Manager zu werden, und das Wunderkind stimmte zu. Im Oktober 1968 erhielt Kalderon ein Angebot von Ajax Amsterdam. Trainer Rinus Michels war gerade im Begriff, die große Elf um Johan Cruyff zu formen, die Europa dominieren sollte, und er war begeistert vom dem halbwüchsigen Israeli. Ajax bot Roni ein Handgeld von 40.000 Gulden, damals eine große Summe für einen so jungen Spieler, und Kalderon unterschrieb einen Vertrag über zwei Jahre.

Im Sommer 1969, kurz nach dem „Uzi-Tor", trafen Kalderon und sein Berater Nourielli in Holland ein – und in der bislang glatten und vielversprechenden Karriere des Roni Kalderon ging nun alles, aber auch alles schief. Kaum war Kalderon in Amsterdam eingetroffen, da erinnerte der israelische Fußballverband Ajax daran, dass israelische Spieler bei einem Wechsel ins Ausland für ein Jahr gesperrt sind. Das war dem Klub neu, denn er war natürlich davon ausgegangen, dass ein professioneller Manager wie Nourielli ein solches Detail bei den

Vertragsverhandlungen erwähnen würde. Aber noch waren die Holländer guten Mutes. Sie besorgten Kalderon eine Wohnung, der kaufte sich Möbel und später ein Auto – und ließ die Rechnung an Ajax gehen.

Ein Jahr später fiebert Amsterdam dem ersten Auftritt des Spielers entgegen, den man schon den „Cruyff des Mittleren Ostens" nennt – da meldet sich wieder jemand bei Ajax. Diesmal ist es die israelische Botschaft, die den Verein höflich darum bittet, Kalderon nach Hause zu schicken, damit er seinen Wehrdienst antreten kann. Wie streng die Sitten beim israelischen Miltär sind und dass es für niemanden eine Ausnahme macht, auch das hatte der Klub nicht gewusst. Und Nourielli hatte natürlich vergessen, es zu erwähnen. Kalderon fliegt also heim, trägt eine Uzi und spielt nebenbei wieder für Hapoel Tel Aviv (ein weiterer, böser Fehler des sogenannten Managers, wie sich zeigen wird).

Etwa zwei Jahre später kehrt Kalderon nach Holland zurück. Kurz zuvor, am 1. April 1972, hat er mit der israelischen Nationalelf die Qualifikation für die Olympischen Spiele in München verpasst, als der Traum der Israelis in einem Elfmeterschießen gegen Thailand platzt. Niemand kann es zu diesem Zeitpunkt ahnen, aber diese bittere Niederlage soll Kalderons letzten Auftritt im Nationaltrikot markieren. Ajax will nun nichts mehr von dem 20-jährigen Spieler wissen. Nicht nur, dass der Verein inzwischen eine fast unschlagbare Elf auf den Platz bringt, es tauchen auch ständig zwielichtige Gestalten auf, die Ajax auffordern, irgendwelche Schulden des Israelis zu bezahlen. Im August 1972 trifft sich der Spieler mit Verantwortlichen von Feyenoord Rotterdam. Am 5. September läuft er in einem Testspiel für Feyenoord gegen den Hamburger SV auf – und beeindruckt Rotterdams Trainer Ernst Happel. Man bietet Kalderon einen Vertrag an, obwohl man eröffnet bekommt, dass der Israeli wegen seiner Auftritte für Hapoel Tel Aviv in den letzten Monaten nun erneut für ein Jahr gesperrt sein wird.

Kalderon mietet eine Wohnung. Und kauft für 11.000 Gulden Einrichtungsgegenstände. Bald erhält Feyenoord ein Schreiben von Ajax, in dem der Amsterdamer Klub darum bittet, Kalderons Schulden in Höhe von 12.000 Gulden zu begleichen. Dass Feynoord der Bitte nachkommt, ist ein Fehler: Nun melden sich Gestalten aus dem Amsterdamer Nacht- und Geschäftsleben, die auch Außenstände reklamieren. Der Rotterdamer Verein gerät in Panik, weil es aussieht, als müsse man für einen Profi, der auf absehbare Zeit nicht spielberechtigt ist, tief in die Tasche greifen. Deshalb transferiert Feyenoord Kalderon zum FC Paris, der gerade in die erste französische Liga aufgestiegen ist (und 1974 wieder absteigen wird).

Was alles in Paris vorfällt, wird sich wohl nie mehr restlos klären lassen. Dass der französische Klub ständig auf Gläubiger von Kalderon trifft, ist noch zu erwarten. Aber darüberhinaus schafft es der hochtalentierte Spieler nicht, sich in der ersten Mannschaft durchzusetzen. Der Klub spricht später vom „zersetzenden Einfluss“ Kalderons auf seine Mitspieler, weshalb man den Israeli feuert. Aus nicht bekannten Gründen überwirft sich Kalderon auch mit Nourielli und kehrt heim nach Israel. Dort spielt er eine Saison für Beitar Tel Aviv, aber offenbar hat – wie sich schon in Paris andeutete – sein Talent gelitten. Zur Spielzeit 1975/76 reicht es nur noch für eine Stippvisite beim Zweitligisten Hapoel Ramat Gan. Kalderon sucht nun sein Glück in den USA, dem gelobten Land. Er steht 1977 kurz davor, von Cosmos New York verpflichtet zu werden, doch wieder einmal vermasselt der inzwischen nicht mehr ganz so junge Mann einen Vertrag: Er gerät mit dem heißblütigen New Yorker Star Giorgio Chinaglia handgreiflich aneinander und verlässt New York 1978 in Richtung Los Angeles. Dort versucht er gerüchteweise, sich den Los Angeles Aztecs anzuschließen, die zu dieser Zeit von niemand anderem als Rinus Michels trainiert werden.

Das aber ist Spekulation, denn nun – Ende der siebziger Jahre – verliert sich für einige Zeit die Spur des ehemaligen Fußballtalents. Erst im Jahre 1982 hört man wieder von ihm – er wird nämlich in den USA verhaftet und an Israel ausgeliefert. In der Heimat hat man ihm inzwischen Betrügereien mit Kreditkarten nachgewiesen, weshalb die einst größte Hoffnung des Landes zu zehn Jahren Zuchthaus verurteilt wird. Aber zwei Jahre später kann Kalderon entkommen: entweder mit Hilfe eines bestechlichen Wärters oder bei einem Kurzurlaub, die Quellen sind sich da nicht ganz einig. Kalderon flieht aus Israel und taucht unter. Wo, das weiß man nicht genau, aber es scheint sich um Südamerika gehandelt zu haben, denn als er das nächste Mal auftaucht, sitzt er wegen des Verkaufs von Drogen in einem brasilianischen Gefängnis. Einer seiner Mitgefangenen dort heißt Menasjew und ist von Beruf Kokainhändler.

Im Jahre 1991, etwa zwölf Monate nach Kalderons Einkerkerung, besucht ein israelisches Fernsehteam ihn im Gefängnis. Die Reporter sind darüber schockiert, dass Kalderon alle seine Zähne verloren hat, aber sie berichten auch, dass er der Star der Knastelf ist. Drei Jahre später verliert diese Mannschaft ihren besten Spieler – denn Kalderon gelingt 1994 die Flucht mit Hilfe eines korrupten Beamten. Und das ist das Letzte, was man mit Sicherheit über das Leben von Roni Kalderon weiß. Die israelische Polizei geht davon aus, dass er in den nächsten Jahren zusammen mit Mensajew ein Drogenlabor betrieben hat und sich dann unglücklicherweise mit der kolumbianischen Mafia anlegte. Immerhin wurde Mensajew 1999 auf den Straßen von Amsterdam von einem Killer exekutiert. Obwohl viele Leute glauben, dass ein ähnliches Schicksal auch Kalderon getroffen hat, gibt es auch andere Stimmen. Manche Menschen in Tel Aviv schwören, einen Bettler gesehen zu haben, in dem sie Roni Kalderon erkennen konnten. Die Polizeifahnder vermuten, dass er in New Yorks Unterwelt weiter dunklen Geschäften nachgeht. Angst vor Schusswaffen hat er ja noch nie gehabt.

(Nachsatz: Im Januar 1987 wurde in Belgien ein Mitarbeiter der Sicherheitskräfte der israelischen Botschaft verhaftet, weil man ihn der Beteiligung an einem Mordkomplott verdächtigte. Dieser Mann hieß Nouriel Nourielli. Während der Untersuchung kam zutage, dass er zuvor in den USA wegen Drogendelikten zu sechs Jahren Zuchthaus verurteilt worden war. Aufgrund eines Verfahrensfehlers kam Nourielli im November 1987 frei. Ob es sich um dieselbe Person handelt, die einst Roni Kalderon beriet, konnte nicht eindeutig geklärt werden.)

0 7 3

Man hört oft, dass früher alles besser – weil: einfacher – war, vor allem im Fußball. Das kann wenigstens auf die sechziger und siebziger Jahre nicht zutreffen, denn da war alles komplizierter. Zumindest im Fußball. Zur Hochzeit des Kalten Krieges und der brutalen Diktatoren, des Kampfes gegen die Apartheid und der Konflikte im Mittleren Osten, gab es nämlich ständig Teams, die sich weigerten, gegen andere anzutreten, und Boykotte waren an der Tagesordnung. Dieses Durcheinander führte in der Qualifikation zur WM 1970 zu der bizarren Situation, dass eine Mannschaft schon verloren hatte, noch bevor ein Ball getreten worden war, während eine andere … Aber fangen wir am Anfang an.

Im Kontinentalverband Asien-Ozeanien, der einen Vertreter zur WM nach Mexiko schicken konnte, gab es zwei Gruppen. In der ersten spielten Australien, Südkorea und Japan. Für die zweite Gruppe waren Israel, Neuseeland und Nordkorea vorgesehen. Das siebte Team war das von Rhodesien (seit 1980: Simbabwe). An dieser Auflistung fallen sofort zwei Dinge auf. Zum einen, dass die Rede davon ist, in Gruppe B seien drei Mannschaften „vorgesehen" gewesen. Diese Wortwahl ist nötig, weil das kommunistische Nordkorea sich weigerte, gegen das von den USA unterstützte Israel zu spielen. Gruppe B bestand folglich nur aus zwei Teams, und nachdem Israel Neuseeland zweimal schlagen konnte, hatte die Elf schon die Playoffs um den einen Startplatz erreicht.

Zum anderen fällt auf, dass Rhodesien nun wirklich nichts in Asien-Ozeanien zu suchen hat. Trotzdem musste die Nationalmannschaft dieses afrikanischen Staates hier ihr Glück versuchen, denn wegen der Apartheid-Politik Rhodesiens wurde die Elf im eigenen Kontinentalverband boykottiert. Rhodesien sollte gegen den Sieger der Gruppe A spielen, mit der Chance, dann auf Israel zu treffen. Was im unglücklichsten Falle bedeutet hätte, dass der Vertreter Asien-Ozeaniens bei der WM aus Afrika gekommen wäre! Doch diese skurrile Situation wurde von den weitsichtigen Politikern des WM-Gastgeberlandes Mexiko verhindert: Australien gewann die Gruppe A und bereitete sich darauf vor, nun gegen Rhodesien anzutreten, als Mexiko wissen ließ, man werde den Spielern aus Rhodesien keine Visa ausstellen, sollten sie sich für die WM qualifizieren. Damit schienen sich die Partien zwischen Australien und Rhodesien erledigt zu haben – aber die FIFA bestand trotzdem auf der Austragung der Spiele. Ordnung muss sein.

Da offenbar niemand mehr so genau wusste, wer wen boykottierte und wer wo niemals antreten würde, war es nicht leicht, einen Austragungsort zu finden. Der einzige Verband, der sich bereit erklärte, Rhodesien und Australien ein Stadion zur Verfügung zu stellen, war der portugiesische. Das hieß aber nicht etwa, dass man in Portugal spielen würde, denn die beiden Teams wurden nun in die portugiesische Kolonie Mozambique geschickt – also in die Nachbarschaft Rhodesiens. Immerhin konnten die zwei Partien nun stattfinden. Ja, „zwei" Partien. Denn trotz des neutralen Ortes musste es ein Hin- und ein Rückspiel geben, Vorschrift ist Vorschrift. Dieser Ort war die Stadt Laurenco Marques. Die dortige Spielstätte hieß übrigens „Salazar Stadion", nach dem Diktator Antonio de Oliveira Salazar, der von 1932 bis 1970 Portugal unter der Knute hatte. So richtig genau nahm man es mit dem Boykottieren von Regimes wohl doch nicht.

Zum ersten Spiel, am 23. November 1969, fanden sich immerhin 6.500 Fans im Stadion ein, um ein wenig internationales Flair zu genießen. Die rhodesische Elf, die wegen der Apartheid-Regeln in ihrem Land noch vor dem Anpfiff ausgeschieden war, bestand fast nur aus farbigen Spielern. Bobby Chalmers brachte Rhodesien nach 63 Minuten in Führung, Australien glich kurz darauf durch Tommy McColl aus. Vier Tage später kam es zum so genannten Rückspiel. Die Teams veränderten ihre Aufstellungen auf zwei bis drei Positionen, und diesmal waren nur 3.500 Menschen auf den Rängen. Es gelang den Australiern, selbst beste Chancen zu vergeben, woraufhin das Match torlos endete. Das wiederum bedeutete, dass die FIFA auf einem Entscheidungsspiel bestand – obwohl die Entscheidung ja schon lange gefallen war!

Am 29. November, nach nur zwei Tagen Pause, fand dieses dritte Spiel statt. Die Fußballanhänger Mozambiques hatten von den beiden Teams nun endgültig genug gesehen, daher bezahlten nur noch 1.500 Menschen Eintritt. Australien benötigte kaum 22 Minuten, um mit 2:0 in Führung zu gehen, doch kurz nach der Pause verkürzten die Afrikaner auf 2:1, und jetzt lag sogar eine Verlängerung in der Luft. Aber Mittelfeldmann John Warren markierte schließlich das entscheidende dritte Tor für Australien und erlöste so die Spieler und die Zuschauer, die FIFA und die mexikanische Politik.

Nur vier Tage nach dem unnötigen Marathon gegen Rhodesien traf Australien in Ramat-Gan auf Israel. Den Großteil der Reisezeit hatten die Spieler auf Flugzeugsitzen verbracht, denn einfach so von Mozambique nach Israel zu reisen, wäre viel zu simpel gewesen. Wegen diverser Überflogverbote aus politischen Gründen waren die Australier von Laurenco Marques zunächst nach Johannesburg (Südafrika) geflogen, dann nach Luanda in Angola (ebenfalls eine portugiesische Kolonie). Von Luanda aus war es nach Lissabon gegangen, von dort nach Rom. In Rom warteten die Australier sechs Stunden auf den Flieger nach – Athen. Von Griechenland aus flog man dann endlich nach Israel. Die Reise hatte 36 Stunden gedauert. Die müde australische Elf blieb nur deshalb lange im Spiel, weil

Torwart Ron Corry eine große Partie bot und sogar einen Elfmeter hielt. Aber ein Eigentor brachte Israel den Sieg und endlich auch die WM-Qualifikation, weil das Rückspiel in Sydney 1:1 endete. Beim Turnier selbst machte die Elf eine gute Figur, spielte 1:1 gegen Schweden und 0:0 gegen den späteren Finalisten Italien. Die Australier bekamen übrigens für ihre Mühen vom Verband eine Prämie von 13 Dollar und 27 Cent.

074

Im Zusammenhang mit dem Leben Roni Kalderons war bereits kurz die Rede von einem Klub namens Beitar Jerusalem. Die Bezeichnung „Beitar" für einen Verein findet sich in Israel recht häufig, wenn auch „Hapoel" („Arbeiter") und „Maccabi" („Kampfgeist") verbreiteter sind. „Beitar" leitet sich ab von „Brit Iosef Trumpeldor", was so viel wie „Bund des Josef Trumpeldor" heißt. Bei besagtem Trumpeldor handelt es sich um einen kaukasischen Offizier, der 1920 im nördlichen Galiläa bei der Verteidigung der Siedlung Tel Hai gegen die Araber fiel. Seine letzten Worte waren: „Es ist gut, für unser Land zu sterben." Mit „unserem Land" war das heutige Israel gemeint.

Eine solch enge Beziehung zu Themen wie Krieg und Märtyrertod ist keinesfalls auf den Nahen Osten beschränkt. Im so völkerverbindenden Fußball gibt es tatsächlich eine ganze Reihe von Namen und Ausdrücken, die nicht unbedingt auf Fair Play verweisen. Hierzulande dürfte einem gleich der Deutsche Sportclub Arminia Bielefeld einfallen. Dieser Verein benannte sich nach Hermann dem Cherusker, der eigentlich Armin hieß und daher von den Römern „Arminius“ genannt wurde. Im Jahre 9 nach Christus massakrierten die Germanen unter Führung von Arminius im Teutoburger Wald eine römische Armee so gründlich, dass man den genauen Ort des Gemetzels lange nicht finden konnte. Vermutlich starben fast 25.000 Römer. Ihr befehlshabender Offizier Varus trat sozusagen mit sofortiger Wirkung von seinem Posten zurück, indem er noch auf dem Schlachtfeld Selbstmord beging.

Der berühmte tschechische Klub Dukla Prag, ein Armeesportverein, hieß lange Zeit ATK oder UDA (was die Nähe zum Militär deutlich machte, denn das „A“ steht jeweils für Armadni/Armady = Armee). Im Jahre 1956 – pünktlich zum Beginn des alle Nationen verbindenden Europapokals – setzte man dann den Ausdruck „Dukla“ hinzu. Das ist der Name eines Bergpasses, den die Rote Armee unter Mithilfe eines tschechoslowakischen Korps im Herbst 1944 von der deutschen Wehrmacht zurückeroberte. Die Schlacht dauerte mehrere Wochen und kostete die Sieger das Leben von 80.000 Menschen, fast alle von ihnen Russen.

Selbst die vermeintlich unschuldigsten aller Fußballnamen haben manchmal eine blutige Vorgeschichte. Die legendärste Stehplatztribüne der Welt fand sich jahrzehntelang im Stadion an der Anfield Road des FC Liverpool. In den sechziger Jahren standen hier fast 27.000 Zuschauer auf dem sogenannten „Kop“. Dieser Ausdruck ist aber nur eine Verkürzung des eigentlichen Namens – „Spion Kop“. Was bedeutet nun Spion Kop? Zunächst einmal kommt der Name aus dem – Holländischen! „Spion“ meint tatsächlich einen Agenten, „Kop“ ist der Kamm einer Welle oder auch die Spitze von irgendetwas.

Mit diesem Terminus bedachten die Buren – die aus Holland stammenden Siedler im südlichen Afrika – kleinere Hügel, die als Aussichtsplätze genutzt werden konnten, etwa um herannahende Feinde frühzeitig zu bemerken. Während des zweiten der sogenannten Burenkriege (1899 bis 1902) zwischen der Kolonialmacht England und den südafrikanischen Holländern kam es in der Provinz Natal zu einer Schlacht an einem solchen Spion Kop. Über 300 britische Soldaten starben bei dem Versuch, die eingeschlossenen Buren zu überrennen, wohl aufgrund einiger Fehler des Generals Redvers Buller. Viele dieser Soldaten stammten aus Liverpool, und deshalb schlug im Jahre 1906 der englische Journalist Ernest Edwards vor, man möge doch die gerade errichtete Stehtribüne der Anfield Road im Gedenken an die Gefallenen benennen.

0 7 5

Man wirft ja Fußball-Fans manchmal vor, dass sie ein kurzes Gedächtnis haben und dazu neigen, schnell zu vergeben: Wer gestern noch ein unbeliebter Spieler beim verhassten Rivalen war, kann morgen schon zum umjubelten Star der eigenen Elf werden. Aber es gibt auch Fans, die nicht vergessen und nicht vergeben und die geduldig auf ihre Rache warten. Selbst wenn es fast 19 Jahre dauern mag.

Im Jahre 1984 war George Reilly Stürmer beim FC Watford. Unter der Führung von Elton John, der 1976 Vorsitzender geworden war, hatte es der Klub nicht nur von der vierten in die erste Liga geschafft, sondern stand sogar im Halbfinale des englischen Pokals. Dort gewann Watford mit 1:0 gegen Plymouth Argyle – durch ein Tor von George Reilly. Zwar verlor Elton Johns Truppe das Endspiel gegen Everton, trotzdem bedeutete der Finaleinzug den größten Erfolg in der Geschichte des FC Watford. In Plymouth dagegen war man tieftraurig: Der Klub hatte es zuvor noch nie im Pokal so weit gebracht – und sollte auch nie eine weitere Chance auf das Finale erhalten.

Nach seiner Karriere als Spieler wurde George Reilly Maurer, während es mit Watford bergab ging. Im Mai 2002 trat Elton John als Vorsitzender zurück; da war der Verein gerade zum fünften Mal in Folge schon in der 3. Runde des Pokals gescheitert. Aber ohne den Sänger ging es plötzlich wieder voran. Am 9. März 2003 siegte Watford im Viertelfinale mit 2:0 gegen Burnley und stand wieder in der Vorschlussrunde des traditionsreichen Wettbewerbs.

Reilly arbeitete zu dieser Zeit auf einer Baustelle in Corby in Mittelengland. Eine Woche nach Watfords Sieg über Burnley näherte sich ein anderer Arbeiter dem ehemaligen Profi. Reilly hatte diesen Mann zuvor nur flüchtig gesehen, wusste aber immerhin, dass er aus Plymouth stammte. Der Ex-Profi wandte sich dem Kollegen zu, um zu hören, was es gäbe. Prompt landete ohne Vorwarnung eine Rechte in Reillys Gesicht, und es kam zu einem Handgemenge, in dessen Verlauf die beiden Kämpfer in den Baustellenschlamm stürzten. Da beugte sich der andere Mann über Reilly, wisperte nur ein Wort – „Plymouth!“ – und biss seinem Gegner das Ohr ab. Dann verschwand der unbekannte Rächer. Mit fast fünfzig Stichen wurde Reilly das abgetrennte Gehörorgan wieder angenäht (acht weitere versorgten diverse andere Wunden). „Ich kann nicht glauben, dass jemand über eine so lange Zeit Groll hegt", sagte Reilly, aber man kann davon ausgehen, dass er seitdem viel Zeit damit verbracht hat, über andere entscheidende Tore nachzudenken, die auf sein Konto gehen.

0 7 6

Das vielleicht berühmteste Fußballstadion der Welt ist akut bedroht – von Pennäler-Blasen. Im Oktober 2000 erklärte der brasilianische Ingenieur Luis Eduardo Cardoso, das „Maracaná" in Rio de Janeiro werde langsam in seiner Substanz zersetzt, weil viele Fans es sich angewöhnt hätten, in den Tribünenaufgängen zu urinieren, anstatt die Toiletten aufzusuchen. Wegen einer solchen Kleinigkeit wie Harndrang will nämlich offenbar kein echter Fan auch nur eine Sekunde des Spiels verpassen. Da das „Maracaná" nicht weniger als 220.000 Zuschauern Platz bietet, kann man sich die Ausmaße des Problems – und, wie Cardoso sagte, „den wirklich schrecklichen Gestank" – ausmalen. „All diese Liter von Urin enthalten eine Menge Ammoniak", erklärte Cardoso, „das mit erstaunlicher Geschwindigkeit Wirkung entfaltet. Es frisst sich durch den Beton und wirkt dann wie Säure auf die Stahlträger."

Von diesem warnenden Beispiel aus Brasilien aufgeschreckt, ergriff man auch in Gelsenkirchen Maßnahmen und stellte für die zehn Monate nach Cardosos Hilfeschrei eröffnete Schalker Arena ungehöriges Blasenentleeren unter Strafe; im Wiederholungsfall droht einem Täter Stadionverbot. Allerdings ging man im Ruhrgebiet nicht ganz so weit wie in Rio, wo die Verantwortlichen ein achtköpfiges Spezialkommando im Stadion patroullieren ließen. Bestens ausgebildete Pinkel-Polizisten. Urinatoren, sozusagen.

0 7 7

Peter Barfuß trug Schuhe, wie alle seine Kollegen beim Hamburger SV 1966/67. Karl-Heinz Handschuh bestritt kaum eine seiner 358 Bundesliga-Partien zwischen 1966 und 1980 mit selbigen (höchstens bei großer Kälte). Und Florian Thorwart spielte beim VfB Lübeck in der Abwehr, nicht zwischen den Pfosten. Fußballer-Namen sind also meistens Schall und Rauch – ansonsten müsste man sich auch um einen albanischen Stürmer Sorgen machen, der zur Saison 2004/05 die Amateure von Borussia Mönchengladbach verstärkte. Er heißt nämlich Bekim Kastrati.

Einige Namen haben aber durchaus ihre tiefere Bedeutung. Nehmen wir etwa Charlie Oatway. „Charlie" wird er gerufen, weil seine Oma ihn hartnäckig so nennt – und zwar aus Protest gegen seinen richtigen, vollen Namen. Der lautet: Anthony Philip David Terry Frank Donald Stanley Gerry Gordon Stephen James Oatway. Dem findigen Leser wird auffallen, dass das genau elf Vornamen sind. Sie verweisen auf die Aufstiegself der Queen's Park Rangers von 1973, dem Jahr, in dem „Charlie" geboren wurde. Seine Eltern sind große Fans dieses Klubs und werden sehr stolz gewesen sein, dass Anthony Philip David

Terry Frank Donald Stanley Gerry Gordon Stephen James es tatsächlich in den Profifußball schaffte. Zwischen 1994 und 2007 spielte er für Cardiff City, Torquay United, den FC Brentford, Lincoln City und Brighton & Hove Albion. Also leider nicht bei den Queen's Park Rangers. Aber immerhin in einer Liga mit ihnen.

078

Im September 2004 trat zwischen der englischen Nationalelf und den sie begleitenden Journalisten Funkstille ein. Ein solcher Medienboykott der Kicker war an sich nichts Ungewöhnliches – ungewöhnlich war der Auslöser. Schuld war nämlich eine Dame namens Mavis. Selbst das müsste man – im skandalträchtigen englischen Fußball – nicht notwendigerweise seltsam nennen, wäre Mavis zum Beispiel eine Spielerfrau gewesen oder eine jener Bordsteinschwalben, die sich gerne mal mit Profis in Hotelzimmern erwischen lassen. Aber Mavis war kein Vögelchen, sondern ein Paarhufer. Genauer gesagt: eine Eselin.

Nun ja, eigentlich war der ganze Ärger entweder die Schuld von David James, dem englischen Torwart, oder der berüchtigten Boulevard-Zeitung „The Sun". Aber da Esel offenbar immer die Sündenböcke sind, konzentrierte sich alles auf Mavis, die doch nichts Schlimmeres getan hatte, als einen Torschuss abzuwehren. Eben das war David James einige Tage zuvor nicht gelungen: Beim Spiel seiner Elf in Österreich hatte der Keeper einen abgefälschten Roller von Andreas Ivanschitz unter dem

Bauch hindurch in das Netz rutschen lassen, was England den Sieg kostete. In Anlehnung an „Calamity Jane“ (die Pechmarie aus dem Märchen) nannten die Medien den Torwart danach wieder einmal „Calamity James“ und einen „Donkey“, also Esel.

Aber hielt James wirklich wie ein Esel? Die „Sun“ wollte es genau wissen und stellte die Szene nach, die zu Österreichs 2:2-Ausgleich geführt hatte. Ein Mann namens Joseph Pritchett übernahm die Rolle von Ivanschitz – und Mavis vertrat David James. In einem blauen Trikot mit der Rückennummer eins (das allerdings recht stramm saß) und einem kleinen England-Fähnchen hinter dem rechten Ohr postierte sich Mavis auf der Torlinie und würdigte Pritchett keines Blickes, als der antrat, um den Ball zu versenken. Gerade als das Leder drohte, über die Linie zu rollen, hob Mavis das rechte Hinterbein – und rettete zur Ecke.

Die „Sun“ forderte ihre Leser daraufhin auf, darüber abzustimmen, ob Englands Nationaltrainer Sven-Göran Eriksson beim nächsten Spiel, in Polen, David James in den Kasten stellen sollte – oder Mavis. Das war natürlich grober Unfug, denn Mavis besaß überhaupt keinen Spielerpass. Empört verweigerten alle englischen Nationalspieler tagelang jedes Gespräch mit Pressevertretern. Aber dann wurde doch noch alles gut: England siegte mit 2:1 in Polen. Und im Tor stand Paul Robinson von Tottenham Hotspur.

079

Am 3. September 2003, einem Mittwoch, gab Ronaldinho sein Heimdebüt im Trikot des FC Barcelona. Der Gegner an diesem Tag hieß FC Sevilla, und etwa eine Stunde lang sah es aus, als ob die Premiere des Brasilianers, der 30 Millionen Euro gekostet hatte, in die Hose gehen würde, denn durch einen Elfmetertreffer von José Antonio Reyes lagen die Gäste seit der 9. Minute mit 1:0 in Führung. Dann hämmerte Ronaldinho den Ball aus etwa 30 Metern an die Unterkante der Latte, von wo das Leder auf den Boden sprang und schließlich ins Netz prallte. Es war ein wunderbares Tor, das Barcelona am Ende einen Punkt rettete. Und es war ein ganz besonderes Tor, denn obwohl noch mehr als 30 Minuten vor den Spielern lagen, war es ein sehr später Treffer. Oder ein sehr früher. Er fiel um 1.24 Uhr morgens.

Schon seit Wochen hatte es in Spanien Ärger um diesen zweiten Spieltag der Liga gegeben, weil nur drei Tage später, am Samstag, Partien in der EM-Qualifikation angesetzt waren. Frankreich etwa würde gegen Zypern antreten, Holland gegen Österreich, England in Mazedonien. Zu diesem Zweck zogen die verschiedenen Nationalteams ihre Spieler Mitte der Woche zusammen – womit sie den großen Klubs nicht zur Verfügung standen. Real Madrid reagierte schnell auf diese Tücken des Terminplans und verlegte seine Partie bei Villareal um einen Tag auf den Dienstag vor, damit Zinedine Zidane und David Beckham auflaufen konnten. Barcelona, mit seinen fünf holländischen Nationalspielern, wollte diesen Kniff kopieren. Doch beim FC Sevilla weigerte man sich einfach und bestand auf dem Mittwoch.

Barcelonas neuer Präsident Joan Laporta kam daraufhin mit einer ungewöhnlichen Drohung um die Ecke: Da die Statuten einem gastgebenden Verein keine genaue Anstoßzeit vorschrieben, würde er die Partie um fünf Minuten nach Mitternacht beginnen lassen, wenn Sevilla nicht einlenken und auf dem Mittwoch als Tag des Spiels bestehen sollte. Sevillas Präsident Maria del Nido hielt das für einen Bluff, was wohl daran lag, dass er Saporta nicht kannte. Der hielt nämlich auch dann noch an seinem Plan fest, als der holländische Fußballverband seine Spieler schon für den Dienstag anforderte. Als die Partie dann tatsächlich um 0.05 Uhr angepfiffen wurde, füllten mehr als 80.000 Zuschauer das Stadion Camp Nou und durften sich umsonst an traditionellem Essen aus Andalusien, der Region um Sevilla, verköstigen. Aber auch diese nette Geste von Laporta konnte del Nido nicht besänftigen. „Es ist eine Schande, dass unsere Liga sich Leuten beugen muss, die gerade erst hier angekommen sind“, schimpfte er. Ronaldinho flog übrigens direkt nach der Partie in die Heimat, weil am folgenden Sonntag ein WM-Qualifkationsspiel in Kolumbien anstand. Brasilien gewann 2:1.

080

Der schwedische Fußball-Nationalspieler Stefan Schwarz war in seiner Karriere für Klubs in sechs verschiedenen Ländern aktiv: Als junger Kerl kam er zu Bayer Leverkusen, konnte dort aber nie den Durchbruch in die Profielf schaffen und ging zurück in seine Heimat, wo er für Malmö spielte. Spätere Stationen waren dann Benfica Lissabon in Portugal, der FC Arsenal aus England, AC Florenz (Italien) und der spanische FC Valencia. Als der FC Sunderland im Juli 1999 schließlich vier Millionen Pfund (damals etwa zwölf Millionen Mark) zahlte, um den 30-Jährigen aus Spanien zurück in die oberste englische Liga zu holen, müssen die Engländer befürchtet haben, dass Schwarz möglicherweise noch lange nicht reisemüde war. Denn im Vertrag des Schweden fand sich eine ungewöhnliche Klausel. Sie untersagte es ihm, einen Ausflug zu machen. Und zwar in den Weltraum.

„Einer von Schwarz' Beratern hat für sich einen Platz auf dem ersten kommerziellen Flug in das All gebucht", erklärte Sunderlands Vorsitzender John Fickering, nachdem der Kontrakt unterschrieben war. „Wir hatten Angst, dass er Stefan vielleicht mitnehmen wollte, und so dachten wir, dass es am besten wäre, die Sache jetzt gleich zu klären und nicht erst, wenn der Flug ansteht. Das war eine ganz normale Bitte von uns. Ein Spieler ist schließlich für die Dauer seines Vertrages bei uns versichert, und in vielen Versicherungspolicen gibt es bestimmte Einschränkungen, die gefährliche Unternehmungen betreffen. Wir schützen den Klub." Das klang 1999 nicht ganz so bizarr, wie man meinen könnte, denn zu jener Zeit gingen viele Leute davon aus, dass schon 2002 die ersten regelmäßigen Flüge in das All für betuchte Interessenten stattfinden könnten. Ein Jahr später plante die Kölner TV-Produktionsfirma „Brainpool" sogar für 2002 eine Fernsehshow, deren Sieger eine Reise in den Weltraum gewinnen würde.

In der Tat gab es ja auch schon zwei Flüge für Touristen in die unendliche Weite, für den Amerikaner Dennis Tito und den Südafrikaner Mark Shuttleworth. Beide bezahlten allerdings je 20 Millionen Dollar für diesen Trip, und so viel Kleingeld hatte der Berater von Stefan Schwarz wohl bislang nicht übrig. So blieb auch sein Klient, der schwedische Fußballer, auf der Erde und kam nicht in die Verlegenheit, seinen Vertrag anfechten zu müssen. Das hätte er vielleicht getan, wenn ein Flug ins All wirklich angestanden hätte, denn Stefan Schwarz lässt sich nichts gefallen: Im Januar 2003 bewarfen Kinder seinen Wagen mit Schneebällen, woraufhin er das Auto stoppte und den Übeltätern nachsetzte. Einer der Jungen brach sich bei der Verfolgung den Knöchel; Schwarz wurde festgenommen.

0 8 1

Die Leute gehen zum Fußball, weil sie nicht wissen, wie's ausgeht. So oder so ähnlich formulierte einst Sepp Herberger eine der scheinbar sicheren Fußball-Weisheiten. Was aber, wenn man weiß, wie's ausgeht? Dann, so steht zu vermuten, hat die Bundesliga keinen großen Reiz mehr, und deshalb ist Lilo von Kiesenwetter auch kein Fußball-Fan.

Im Februar 2002 steckte der 1. FC Köln mitten in einer unheimlichen Serie. Seit über 14 Stunden hatte die Elf kein Tor mehr geschossen und stand mit acht Punkten Rückstand auf das rettende Ufer am Tabellenende. Die Boulevard-Zeitung „Express" wandte sich entweder hilfe- oder vielleicht auch bloß trostsuchend an die Wahrsagerin Lilo von Kiesenwetter. Und die holte folgende Prophezeiung aus ihrer Glaskugel: „Ich sehe, dass wieder Tore für den 1. FC Köln fallen. Viele werden erstaunt sein, wie viele es noch sein werden. Im nächsten Spiel fällt zwar ein Tor, aber es werden nicht genug sein, um in der Liga zu bleiben. Der FC wird absteigen." Das war recht nahe an der Wahrheit. Thomas Cichon schoss zwar erst im übernächsten Spiel zum ersten Mal seit 1.033 Minuten wieder ein Tor für Köln, aber an den letzten neun Spieltagen ließen es die Geißböcke dann gleich 14-mal klingeln. Das reichte jedoch nicht zum Klassenerhalt: Am Ende fehlten dem Team von Trainer Wolfgang Funkel sechs Punkte.

Nun, man könnte einwenden, dass Frau von Kiesenwetters Vorhersagen bis hierher einfach gesundem Menschenverstand entsprangen: Irgendwann musste Köln ja wieder treffen, doch zu retten war der Klub schon im Februar eigentlich nicht mehr. Aber hören wir weiter, was die Dame in der Zukunft sah: „Nach nur einem Jahr wird die Mannschaft wie Phönix aus der Asche zurückkommen. Ich sehe noch einen Trainerwechsel in der nächsten Saison, und ich sehe einen Wechsel an der Vereinsspitze." Und zu Funkel sagte sie: „Er ist ein Saubermann, aber er wird die Kohlen nicht aus dem Feuer holen, weil er eine farblose Person ist." Wenige Monate später stellte der 1. FC Köln mit 25 Spielen ohne Niederlage einen neuen Startrekord in der zweiten Liga auf und kehrte problemlos ins Oberhaus zurück. Allerdings noch mit Funkel auf der Trainerbank. Doch schon in diesem Moment des Triumphes schrieb der „kicker": Funkel „passt nicht so recht ins Kölner Fußball-Universum. Visionen liefert der 49-Jährige keine." Schon im November musste der Coach seinen Platz räumen. Ein halbes Jahr später kam auch der „Wechsel an der Vereinsspitze": Wolfgang Overath wurde neuer Präsident des 1. FC Köln.

Lilo von Kiesenwetter, übrigens die Nachfahrin eines bekannten Hofastrologen aus dem 17. Jahrhundert, schloss ihre

Ausführungen vom Februar 2002 mit den Worten: „Es kommen viele junge Spieler.“ In der Hinrunde der nächsten Saison gab ein 18-Jähriger namens Lukas Podolski sein Erstligadebüt für den Klub.

082

Seit acht Jahren hatten die Bayern in Kaiserslautern nicht mehr gewonnen, als sie im November 1983 auf die inzwischen berühmte Idee verfielen, neue Trikots am Betzenberg auszuprobieren. Im brasilianischen Gelb-Blau liefen die Münchner auf – und gewannen 1:0. Das aber blieb ein Ausnahmefall. Denn ungewöhnliche Trikots sichern selten einen Sieg. In der Saison 2004/05 zum Beispiel gewann Hertha in einer Kluft gegen Leverkusen, die der Spielzeit 1905/06 nachempfunden war. Was eigentlich nur als Werbemaßnahme für den Verkauf dieser Retro-Hemden dienen sollte, erlangte Bedeutung, als die Hertha das nächste Spiel – in den üblichen Trikots – bei Arminia Bielefeld vergeigte. Flugs wechselte man zur Partie gegen Dortmund zurück in den glücksbringenden nostalgischen Stoff. Und unterlag 0:1.

Ebenso wirkungslos ist eine andere Methode, die der eigenwilligen Werbeaufdrucke. Besonders beliebt scheint seit 1999 die Reklame für Horror- oder Action-Filme zu sein. Am 1. Dezember jenes Jahres traf der Zweitligist Waldhof Mannheim im DFB-Pokal auf den FC Bayern und konnte wegen der TV-Übertragung einen speziellen Trikotsponsor gewinnen, den

Verleiher des Films „Blair Witch Project". Dieser Streifen war ein im Dokumentarstil gehaltenes Schauermärchen, und so verlief dann auch das Spiel: Bayern gewann 3:0. Nicht besser erging es Atlético Madrid. Die Spanier trugen im UI-Cup 2004 ein übel überfrachtetes Trikot, das „Spiderman 2" bewarb. Beim Klub selbst bezeichnete man das Design als „furchteinflößend", doch damit können nicht die Gegner gemeint gewesen sein: Atlético unterlag in den Finalspielen den Landsleuten aus Villareal.

So richtig auf die Spitze trieb diesen Trend aber Chievo Verona aus Italien. Als der Klub sich am 14. September 2003 dem Angstgegner Juventus Turin stellte, prangte auf jeder Spielerbrust ein Hinweis auf „Terminator 3". Das entlockte Juve nur ein müdes Lächeln und einen 2:1-Sieg. Es war im fünften Spiel gegen Turin die fünfte Niederlage für Chievo. Im Februar 2004 folgte schon die nächste, sodass man sich in Verona entschloss, für die Partie am 31. Oktober 2004 noch eine Schüppe draufzulegen. Diesmal rannte Chievo Reklame für „Resident Evil 2", einen Film, der hält, was sein Titel verspricht. Leider gehen Turiner wohl selten ins Kino, denn Juve gewann schon wieder – leicht und locker und 3:0.

083

Der Engländer Paul Gascoigne war beinahe für mehr Geschichten gut, als man zwischen zwei Buchdeckel bekommt. Denken wir nur an den Tag, an dem eine Home-Story über ihn gedreht werden sollte. „Gazza", so sein Spitzname, erklärte den Fernsehleuten stolz, dass er ein altes schottisches Landhaus gekauft habe und dem Kamerateam gerne die Räume zeigen würde. Gascoigne fuhr also mit der TV-Crew über die Grenze nach Schottland und dirigierte sie nach einigem Suchen vor ein malerisches Anwesen. Da erklärte der Spieler mit schuldbewusster Miene, er habe seinen Schlüssel vergessen und müsse klopfen. Als eine Dame mittleren Alters öffnete und die Kameras zu surren begannen, sagte Gascoigne: „Guten Tag. Wir drehen einen Werbespot und möchten wissen, welches Waschmittel Sie benutzen." Er hatte das Haus selbstredend nie zuvor gesehen, geschweige denn gekauft.

Die meisten Gazza-Anekdoten drehen sich allerdings um Alkohol-Exzesse, wie man es von jemanden erwarten kann, der eine Stunde nach einem Länderspiel einen Pub betrat, um mit zwei Freunden zu trinken – noch mit dem verschwitzten England-Trikot am Leib und Fußballschuhen an den Füßen. Das Aufwärmen solcher Geschichten war dem heute über 40-Jährigen später etwas unangenehm, denn er strebte eine Karriere als Trainer an. Wie aber lässt man eine solche Vergangenheit hinter sich? Zum Beispiel, indem man seinen Namen ändert. „Ich bin jetzt eine andere Person", sagte der große Exzentriker daher im Oktober 2004. „Ich bin nicht Paul Gascoigne, ich bin nicht Gazza. Ein neuer Name wird mir helfen. Er wird die Leute dazu bringen, nicht mehr daran zu denken, was ich früher war, sondern daran, was ich jetzt bin. Das ist wichtig, denn ich muss meinen Ruf wieder in Ordnung bringen." Das klang so weit noch verständlich. „Gascoigne" ist zwar ein schöner Name (er leitet sich von der französischen Region Gascogne ab, die von 1154 bis 1453 englisch war), aber eben auch ein befleckter. Doch

Gazza war und blieb offenbar immer noch Gazza. Als er nämlich gefragt wurde, an welchen neuen Name er denke – John Smith? Jack Jones? – sagte er: „G8. Ich glaube ‚G8' wäre richtig für uns." (Die Acht ist Gascoignes alte Rückennummer.) Begründung: „Wenn man, wie ich, einen nordenglischen Akzent hat, dann spricht man das fast wie ‚great' aus."

084

Alkohol ist Gift für jeden Sportler, und schon so manche große Fußballer-Laufbahn nahm einen tragischen Verlauf, weil der Spieler zur Flasche griff. Doch die Art und Weise, wie ein paar Liter Whisky die Länderspielkarriere von Hans-Jürgen Kreische beendeten, ist ebenso ungewöhnlich wie bezeichnend für einen Abschnitt der deutschen Geschichte.

Kreische spielte 13 Jahre lang für Dynamo Dresden und war 1973 sogar „Fußballer des Jahres" der DDR. Seine Karriere in der Auswahlmannschaft dieses Landes begann schon 1968, als er 21 Jahre alt war, und natürlich gehörte Kreische auch zu der legendären DDR-Elf, die bei der WM 1974 in Hamburg mit 1:0 gegen die Bundesrepublik gewann. Aber letzten Endes war es eben diese berühmte Partie, die Kreische Ärger bereiten sollte. Schuld daran war, wie immer, ein Politiker – in diesem Fall ein westdeutscher.

Am 24. Juni 1974, zwei Tage nach dem Spiel zwischen West und Ost, ging ein Flieger von Hamburg nach Bonn. An Bord befand sich der damalige Finanzminister der Bundesrepublik, Hans Apel von der SPD. Aber nicht nur er. „Auch die Mitglieder der WM-Delegation der DDR, alle in ihrer Ausgehuniform, kletterten in das Flugzeug“, erzählte Apel 2006 einem Radioteam der BBC. „Man sagte uns, wir dürften uns ruhig zu ihnen setzen, also nahm ich neben einem der DDR-Leute Platz und fragte ihn, ob er ein Funktionär oder ein Aktiver wäre. Er sagte mir, dass er ein Spieler ist.“

Dieser Fluggast, der das Pech hatte, neben Apel zu sitzen, war Kreische. Er kannte den Herrn nicht, der ihn da gerade angesprochen hatte, sollte aber rasch Näheres erfahren. „Ich erklärte ihm, dass ich der Finanzminister der Bundesrepublik sei, aber er lachte nur ungläubig“, berichtet Apel. „Da holte ich meinen Ausweis hervor. Kreische war ziemlich erstaunt, vielleicht sogar etwas verängstigt.“ Es ist anzunehmen, dass diese Verunsicherung schnell verflog, denn die beiden Sitznachbarn kamen rasch ins Gespräch – über Fußball.

Apel erklärte Kreische, dass die westdeutsche Elf keine Chance auf den Titel mehr habe, aber der DDR-Spieler widersprach dem Politiker und vertrat die Meinung, die BRD würde ins Finale kommen und gewinnen. Apel erinnert sich: „Da meinte ich zu Kreische: Das ist doch Unsinn! Sie sind nur zu höflich, um mir zu sagen, wie schlecht unser Team ist. Lassen Sie uns wetten. Um, sagen wir, fünf Flaschen Whisky.“ Kreische lehnte zunächst ab („Ich kann die Wette nicht einlösen, wenn ich verliere“), aber Apel besaß die Überzeugungskraft eines echten Politikers („Das ist doch egal. Ich habe genug Whisky, ich brauche keinen. Aber Sie kriegen ihn, wenn Sie gewinnen“).

13 Tage später wurde Westdeutschland tatsächlich Weltmeister. Man mag es untypisch für einen Politiker nennen, aber Apel vergaß nicht, was er versprochen hatte. Er schickte fünf

Flaschen Scotch an Michael Kohl, den ständigen Vertreter der DDR in Bonn, und bat ihn, den Whisky an Kreische weiterzuleiten. Einige Wochen verstrichen, dann erhielt Apel einen mit Schreibmaschine verfassten, seltsam verquast formulierten Dankesbrief. Erst viele Jahre später sollte Apel erfahren, dass die Stasi den Text verfasst und dann Kreische zur Unterschrift gezwungen hatte.

„Ich durfte die Flaschen behalten und habe sie mit meinen Freunden geteilt. Es war ein sehr guter Whisky“, sagt Kreische. Doch der Kater folgte bald. „Wir gewannen 1976 mit Dynamo das Double – und ich wurde mit 24 Treffern Torschützenkönig der DDR-Oberliga“, erinnert sich der Spieler. „Als dann der Kader der Nationalmannschaft für die Olympischen Spiele nominiert wurde, waren zwar sechs meiner Dynamo-Kollegen dabei – aber ich nicht.“ Kreische vermutete zwar sofort, dass das irgendwie mit Hans Apel und dem Whisky zusammenhing, aber erst 28 Jahre später bekam er den Beweis, als er nämlich 2004 Einblick in seine Stasi-Akte erhielt. Der zu enge Kontakt mit einem hochrangigen Politiker des Klassenfeindes hatte ihn verdächtig gemacht.

Vielleicht hätte es schon gereicht, wenn Apel mit etwas Fingerspitzengefühl „Johnny Walker Red Label“ gen Osten geschickt hätte. Stattdessen wählte er „Black and White“ – wie die Trikots der westdeutschen Nationalelf.

0 8 5

In der zehnten Ausgabe des inzwischen renommierten Fußball-Magazins „11 Freunde" (Dezember 2001 / Januar 2002) ereiferte sich ein deutscher Fan des FC Liverpool darüber, dass immer mehr Bundesligaklubs die „schönste Fußball-Hymne überhaupt" annektiert hätten: „‚You'll Never Walk Alone' ist ein Lied aus Liverpool und nur aus Liverpool", schreibt er. „Nicht aus Manchester, nicht aus Birmingham, nicht aus Carlisle und nicht aus Norwich. (...) Es ist Kulturgut, seit es Gerry and the Pacemakers 1963 sangen." In der Tat handelt es sich bei „You'll Never Walk Alone" um ein Kulturgut. Allerdings seit 1945, nicht erst seit 1963. Und in der Tat kommt das Lied nicht aus Manchester, Birmingham, Carlisle oder Norwich. Allerdings auch nicht aus Liverpool. „You'll Never Walk Alone" kommt aus New York, denn dort wurden sowohl der Texter Oscar Hammerstein II. als auch der Komponist Richard Rodgers geboren. Mit England hat das Lied nichts zu tun. Sieht man einmal davon ab, dass es aus einem Musical stammt, dessen Handlung in einem Teil der USA spielt, den man „Neuengland" nennt.

Rodgers und Hammerstein zeichnen für viele berühmte Musicals verantwortlich – etwa „Oklahoma" oder „Anna und der König" –, aber nach Expertenmeinung ist ihr größtes Werk „Carousel" aus dem Jahre 1945. (Immerhin wurde es 1999 vom „Time"-Magazin zum „Besten Musical des Jahrhunderts" gewählt.) Aus eben jenem Stück stammt nun auch „You'll Never Walk Alone", das vor allem in Amerika sehr rasch sehr populär wurde. Louis Armstrong, Perry Como und buchstäblich Dutzende von anderen Künstlern nahmen es auf – lange bevor Gerry Marsden und seine Pacemakers damit einen Hit in

England landeten. In der Musical-Handlung ist das Lied übrigens an eine schwangere Frau gerichtet, um ihr Mut zu machen, weil der Vater des ungeborenen Kindes verstorben ist.

086

Adler oder Löwen im Vereinswappen zu haben, das kann man verstehen, wenn es auch etwas großspurig erscheinen mag. Doch es findet sich auch manch bizarres Getier auf der Brust eines Fußballers: Fledermäuse, Schlangen, Geißböcke oder gar Hähne.

Die Fledermaus im Abzeichen des spanischen Klubs CF Valencia erklärt sich ganz simpel dadurch, dass jenes nachtaktive Geschöpf einst das Wappentier des Königs Jakob I. war, der die Stadt 1238 von den Berbern zurückeroberte. Aus einem ähnlichen Grund trug Inter Mailand lange eine Schlange im Wappen: Sie verwies auf die Familie Sforza, die von 1450 bis 1535 das Herzogtum Mailand regierte. Leider hatte sie, also die Familie, schon das Zeitliche gesegnet, als der Schweizer Ciriaco Sforza 1996 von den Bayern zu Inter wechselte.

Ähnlich unspektakulär ist die Sache mit dem rheinischen Paarhufer: Zum Karneval 1951 schenkte die Zirkuschefin Carola Williams, geborene Althoff, dem 1. FC Köln einen Geißbock, und was als harmloser Scherz gedacht war, endete keine drei Jahre später damit, dass der Kopf des Tieres gleichberechtigt neben dem Kölner Dom im Vereinswappen erschien. Inzwischen hat der Bock so an Macht gewonnen, dass er das Abzeichen dominiert und den Dom locker überragt.

Komplizierter wird es bei dem Klub, der fast ebenso urig heißt wie die Auswahl des Tieres in seinem Wappen ist. Man liest bisweilen, der Name „FC Tottenham Hotspur" gehe auf eine Figur von William Shakespeare zurück, Harry Hotspur. Das ist nur zum Teil richtig, denn Shakespeare hat diesen Charakter keineswegs erfunden. Sir Henry Percy, der Sohn des Grafen von Northumberland, lebte von 1366 bis 1403 und galt als kühner Kämpfer, der seinem Pferd in jeder Schlacht die Sporen gab. Daraus entwickelte sich sein Spitzname Harry Hotspur, auf den auch der deutsche Ausdruck „Heißsporn" zurückgeht. Shakespeare ließ Hotspur dann zwei Jahrhunderte später als Paradebeispiel eines mutigen Kriegers in „Heinrich IV" auftreten. Nach diesem Sir Percy nannte sich schließlich ein Vorläufer des heutigen Tottenhamer Klubs: „Hotspur FC". (Die erste Partie des Vereins wurde übrigens gegen die „Radicals" ausgetragen. Es dürfte kein friedlicher Nachmittag gewesen sein.)

Bis in das frühe 20. Jahrhundert hinein war im Wappen des Klubs nur eine einfache Spore zu sehen, als Verweis auf den furchtlosen Kavalleristen Harry Hotspur. Aber nicht nur Reiter haben Sporen, sondern auch – Hähne. Und da in jenen Jahren Hahnenkämpfe populär waren, bei denen die Besitzer der Tiere die Sporen anspitzten, damit die Wunden beim Gegner noch schlimmer wurden, muss der Name „Tottenham Hotspur" – und besonders seine Kurzform „Spurs" – nach und nach mit Kampfhähnen assoziiert worden sein. Denn 1909 gab der auf einem Ball thronende Hahn plötzlich sein Debüt beim Klub, und zwar gleich als Statue auf der Westtribüne. Bald darauf war er im Wappen und ist seither nicht wieder verschwunden.

087

Die WM 1994 fand bekanntlich in den USA statt, weshalb nicht wenige Kommentatoren im Vorfeld bissig bemerkten, dass das vor allem deshalb gut für das Land sei, weil es überhaupt nur als Gastgeber die Teilnahme an der Endrunde schaffen könnte. Solche hämischen Scherze hatten durchaus ihre Grundlage: Beim Turnier 1990 hatten die USA in drei Vorrundenspielen drei Niederlagen mit gleich acht Gegentoren kassiert – davor war es dem Team 40 Jahre lang nicht gelungen, auch nur die Qualifikation zu überstehen.

Doch ganz so schlechte Fußballer können die Amerikaner zu jener Zeit nicht gewesen sein. Denn obwohl es einem großen Teil der Öffentlichkeit entging und auch in den Statistikbüchern nicht explizit festgehalten ist, schickten die USA sehr wohl ein Team in die Qualifikation zur WM 1994! Und das sorgte dann auch noch für eine historische Überraschung.

Man muss allerdings zugeben, dass es ein sehr seltsames Team war, vielleicht das ungewöhnlichste der WM-Historie. Und um die Spannung noch ein wenig zu erhöhen, könnte der Autor auch noch erwähnen, dass die Geschichte dieses Teams in gewisser Weise in den sechziger Jahren begann, und zwar in – Augsburg.

Hier leistete zu jener Zeit nämlich der Amerikaner Arnie Ramirez seinen Wehrdienst ab und kam so in Kontakt mit dem in den USA nicht besonders populären Fußballsport. Ramirez spielte in der Militärelf des 24. Infanterieregiments und dann sogar noch zwei Jahre lang bei Schwaben Augsburg. Nach seiner Rückkehr in die Heimat schrieb er sich bei der Long Island University in Brooklyn, New York, ein und verstärkte das dortige College-Team. Später wurde er Trainer der Mannschaft und hielt diesen Posten fast 20 Jahre lang.

Während dieser Zeit traf Ramirez auf seinen Reisen viele Leute und schloss eine Menge Freundschaften. Zum Beispiel mit dem großen Pelé – oder mit Dr. Roberto Monroig, dem Präsidenten des Fußballverbandes von Puerto Rico. Das Zusammentreffen mit Monroig war nicht weiter ungewöhnlich, denn obwohl Puerto Rico ein eigenständiger Mitgliedsverband der FIFA ist, zählt das Land zu den so genannten „Amerikanischen Außengebieten" und steht somit unter der Verwaltung der USA. Deshalb waren viele von Ramirez' College-Spielern zwar amerikanische Staatsbürger, aber puertoricanischer Herkunft.

Das wurde Anfang des Jahres 1992 wichtig. Puerto Rico sollte in der Vorrunde der WM-Qualifikationsgruppe 9 am 21. März in Santo Domingo antreten, der Hauptstadt der Dominikanischen Republik. Es handelte sich um keine leichte Aufgabe: Puerto Rico war kaum acht Monate zuvor auf eigenem Platz von den Dominikanern geschlagen worden, und außerdem hatte das Land noch nie auch nur ein einziges WM-Qualifikationsspiel gewonnen. Zu allem Überfluss entschloss sich Dr. Monroig wenige Wochen vor dem großen Spiel, seinen Nationaltrainer zu feuern. Das sorgte für großen Unmut unter den Spielern. Sie traten in den Streik und weigerten sich zu spielen, falls Monroig seine Entscheidung nicht rückgängig machen würde.

Monroig hatte keinesfalls vor, sich von Männern in kurzen Hosen erpressen zu lassen. Er hatte aber auch keine Idee, wie er aus dieser Klemme herauskommen sollte. Deshalb rief er seinen Bekannten Arnie Ramirez in New York an und bat ihn um Hilfe. Und siehe da, Ramirez hatte eine Idee. Am Ende des Telefongesprächs war er zum „Technischen Direktor" der Nationalelf von Puerto Rico ernannt worden und machte sich schnell auf die Suche nach Spielern. In New York.

Als die „Nationalmannschaft" von Puerto Rico einige Zeit später in Santo Domingo landete, staunten die Zollbeamten nicht schlecht: Jedes Mitglied der Delegation und des Kaders, inklusive natürlich des Technischen Direktors Ramirez, wies sich mit einem US-Pass aus. Nachdem der Verband der Dominikanischen Republik davon erfahren hatte, legte er sogleich Protest bei der FIFA ein. Der aber wurde abgelehnt, denn obwohl die eigentümliche Ansammlung von Studenten und Freizeitkickern aus den USA kam, war doch jeder in Puerto Rico geboren und somit für das Land spielberechtigt.

Der Leser ahnt sicher schon, was passierte: „Puerto Rico" gewann mit 2:1 und feierte im siebten Anlauf seinen ersten – und bis heute einzigen – Sieg in einer WM-Qualifikation. Eine Woche später gab es im Rückspiel ein 1:1, und die Elf von Ramirez stand in der nächsten Runde. Hier war dann gegen Jamaika Endstation, obwohl die Notelf beim Auswärtsspiel in Kingston fast eine Stunde lang eine 1:0-Führung hielt.

088

Kaum eine skurrile Fußball-Geschichte hat solch lange Lefzen wie die von dem Hund, der dem Schalker Profi Friedel Rausch in den Hintern biss. Kann man dieser Anekdote also noch etwas Neues abgewinnen? Aber sicher.

Zuerst zu den Fakten: Am 6. September 1969 trat Schalke 04 zum Ruhrpott-Derby bei Borussia Dortmund in der alten Kampfbahn „Rote Erde“ an, in die sich irgendwie 39.200 Fans gedrängt hatten. In der 37. Minute gingen die Gäste durch Hans Pirkner in Führung, und während Rausch nach vorne lief, um dem Schützen zu gratulieren, stürmten Zuschauer das Feld. Die Ordnungskräfte eilten auf den Platz, um mit der Hilfe von Schäferhunden für Ordnung zu sorgen. Einer der Vierbeiner, ein gewisser Rex, agierte etwas übermotiviert und schnappte nach dem ersten Körperteil, das er sah. Es war Rauschs Hinterteil. Nun zum ersten Detail, das oft übersehen wird. Rausch war nämlich nicht der einzige Spieler, der gebissen wurde; seinen Kollegen Gerhard Neuser erwischte es am Oberschenkel. Wenn man, was selten vorkommt, das berühmte Foto vom schreienden Rausch in Originalgröße sieht, kann man Neuser einen Meter zur Rechten seines Mitspielers ausmachen. Da hält er sich schon sein linkes Bein, war also als Erster angefallen worden. (Allerdings nicht von Rex.)

Jetzt zur Pointe der Sache. Dortmund kam in dieser Partie durch Werner Weist noch zum Ausgleich, verpasste in der Schlussphase mehrfach das 2:1 und hätte kurz vor dem Ende sogar einen Elfmeter bekommen müssen. Dass Schalke den Sieg noch aus der Hand gab, lag zum Teil sicher daran, dass Neuser und Rausch nicht mehr voll einsatzfähig waren. Das Buch „Verrückte Bundesliga“ erklärt hierzu: „Rausch spielte zwar mit einer Tetanus-Spritze noch weiter (Auswechslungen waren damals noch nicht erlaubt), aber er war nicht mehr im Vollbesitz seiner Kräfte.“ Hm. Das nimmt Wunder.

Seit 1967 waren in der Bundesliga Auswechslungen sehr wohl erlaubt. Und Schalke machte in dieser Partie durchaus von der Regel Gebrauch: Nach 67 Minuten kam Jürgen Galbierz für Heinz van Haaren, zehn Minuten später ersetzte Herbert Lütkebohmert den armen Neuser, dessen Bein böse angeschwollen war. Rausch jedoch spielte durch. Vielleicht war das Schalkes großer Fehler. Gleich nach dem Vorfall in der 37. Minute hatte Trainer Rudi Gutendorf den Schiedsrichter darüber informiert, dass sein Team unter Protest weiterspielte, und nach dem Abpfiff legte der Klub dann auch beim DFB Beschwerde gegen die Wertung der Partie ein. Aber ohne Erfolg. Es gab nicht einmal ein Wiederholungsspiel – sondern nur, wortwörtlich, einen Maulkorb für Rex und seine Artgenossen.

Zehn Jahre später zeigte der 1. FC Saarbrücken, dass er die Lektion gelernt hatte. Während der 1:2-Niederlage im Zweitligaspiel bei Borussia Neunkirchen wurde Erich Unger von einer gewissen Ina vom Mossberg gebissen. Da die junge Dame eine Polizeihündin war, ließ sich Unger auswechseln und sein Klub legte Protest ein. Diesmal gab der DFB nach: Die Partie wurde neu angesetzt. Aber Neunkirchen war wieder bissiger und gewann 1:0.

0 8 9

Die Geschichte der Weltmeisterschaften kennt so manche Sensation. Hierzulande hält man den Finalsieg der deutschen Elf gegen Ungarn 1954 für das unglaublichste Ergebnis, südlich der Alpen gilt Nordkoreas 1:0 über Italien beim Turnier 1966 als größter Schock der Historie. Doch wenn Deutsche, Ungarn und Italiener etwas über den nationalen Tellerrand hinausblickten, müssten sie zugeben, dass keine dieser beiden Partien so ganz an das heranreicht, was sich am 29. Juni 1950 in der brasilianischen Stadt Belo Horizonte abspielte.

Zum ersten Mal hatte sich England herabgelassen, an einer WM teilzunehmen, um zu beweisen, dass das Mutterland des Fußballs noch immer die Nummer eins darstellte – egal wer sich aufgrund irgendwelcher FIFA-Regeln gerade als Weltmeister bezeichnen durfte. Natürlich galten die britischen Vollprofis, neben Gastgeber Brasilien, als hoher Favorit auf den Titel. Die Elf hatte die letzten fünf Spiele vor Beginn der WM alle gewonnen, und auch wenn der Start ins Turnier – ein 2:0 über Chile – etwas holperig war, so gab es doch keinen Zweifel, dass der 29. Juni einen Kantersieg bringen würde. Denn der Gegner hieß USA.

Die Amerikaner hatten erst vor kurzem ein Vorbereitungsspiel auf die WM gegen den türkischen Klub Besiktas Istanbul, der gerade durch die Vereinigten Staaten tourte, mit 0:5 verloren. Aber was wollte man schon erwarten von einer Elf, in der nur ein einziger Berufsfußballer stand? Die anderen zehn waren im besten Falle Halbprofis – Torwart Frank Borghi zum Beispiel verdiente sein Geld als Fahrer von Leichenwagen. Ein gewisser Joe Gaetjens finanzierte sein Universitätsstudium, indem er in einem deutschen Restaurant in New York Teller wusch.

Eben dieser Gaetjens hechtete am 29. Juni 1950 nach 38 Minuten des Spiels zwischen England und den USA in einen Schuss seines Kollegen Walter Bahr. Er erwischte das Leder so gerade eben mit dem Kopf und lenkte es gegen die Laufrichtung des Torwarts Bert Williams ab. Es war das einzige Tor, das in den 90 Minuten fiel. Als das Ergebnis – USA 1, England 0

– in London über die Ticker kam, glaubten nicht wenige Redakteure an einen Übertragungsfehler und änderten die Zeile in: USA 1, England 10.

Mit seinem Kopfball hatte sich Gaetjens in die Geschichtsbücher katapultiert – aber im Gegensatz zu den „Helden von Bern" und den nordkoreanischen Spielern von 1966 wurde er nicht immer wieder befragt oder zu verschiedenen Jubiläen vor die Kameras geholt. Er hat seine Erlebnisse nicht festgehalten; er war nicht zugegen, als die USA 1994 selbst eine Weltmeisterschaft ausrichten durften; er gab keine Interviews, als im Jahr 2005 ein Hollywood-Film über das Team von 1950 Premiere hatte. Denn seit dem Morgen des 8. Juli 1964 ist Joseph Eduard Gaetjens vom Erdboden verschwunden.

Nach der WM 1950 hatte Gaetjens noch drei Jahre als Profi in Frankreich gespielt und war dann in das Heimatland seiner Mutter zurückgekehrt – Haiti. (Sein Vater stammte aus Belgien, daher der ungewöhnliche Nachname.) In der Hauptstadt Port-au-Prince eröffnete er eine chemische Reinigung und lebte ein ruhiges Leben, was man von seinen Verwandten nicht sagen konnte. Die unterstützten nämlich bei der Wahl von 1957 den Politiker Louis Dejoie, der aber am Ende dem berüchtigten Francois „Papa Doc" Duvalier unterlag. Als sich abzuzeichnen begann, dass Duvalier eine blutige Diktatur errichten würde, setzten sich die meisten Mitglieder von Gaetjens' Familie ins Ausland ab. Er jedoch blieb.

Im Juni 1964 ernannte sich Duvalier selbst zum Präsidenten auf Lebenszeit. Einen Monat später, am 8. Juli, betraten drei Männer gegen 10 Uhr morgens den Laden von Joe Gaetjens. Einer von ihnen war ein Schutzmann in Uniform, die beiden anderen trugen Zivil, wurden aber von Augenzeugen als Angehörige der Geheimpolizei identifiziert. Sie führten Gaetjens zu einem parkenden Wagen und fuhren mit ihm davon. Seit diesem Tag hat nie wieder jemand etwas von ihm gehört. Vieles deutet daraufhin, dass er am Abend des 10. Juli 1964 im Gefängnis Fort Dimanche hingerichtet wurde. Aber nicht einmal das ist sicher.

0 9 0

Nicht alles war früher besser. Eigentlich war sogar das meiste schlimmer. Aber eines, das war früher zumindest weniger nervig: der Jubel der Torschützen. Noch Alan Shearer, ein Goalgetter der in jeder Hinsicht klassischen Schule, hob bloß die rechte Hand und rannte irgendwohin. Aber als er das in den Neunzigern tat (und zwar sehr oft), hatten die Selbstdarsteller schon längst das Kommando übernommen. Der Kameruner Roger Milla führte bei der WM 1990 seinen Tanz an der Eckfahne vor, der angeblich ein eleganter „Lambada“ gewesen sein soll, aber mehr an einen Liederabend im Altenheim erinnerte. Vier Jahre später traf der Brasilianer Bebeto gegen Holland und imitierte an der Seitenlinie das Wiegen eines Babys, was seine Kollegen Romario und Mazinho so toll fanden, dass sie gleich mitmachten, obwohl sie – im Gegensatz zum Schützen – keineswegs gerade Vater geworden waren. Na ja, vielleicht wussten sie mehr als ihre Ehefrauen oder Freundinnen.

In Deutschland griff die Seuche ab dem April 1997 um sich, als der heute fast vergessene Pionier Willi Kronhardt von Energie Cottbus sein Team gegen Karlsruhe ins Endspiel des DFB-Pokals schoss und sich daraufhin seines Trikots entledigte, um zu zeigen, dass auf seinem T-Shirt „Jule“ stand, der Name seiner Lebensgefährtin. Zwei Jahre später zog Roy Präger vom HSV nach einem Treffer gegen die Bayern seinen rechten Schuh aus und küsste ihn. Seitdem gibt es nichts, was es nicht gibt. Im September 2003 bedeckte Wolfsburgs Brasilianer Fernando Baiano sein Haupt mit einer Mütze, die die Aufschrift „Jesus“ trug, nachdem er das Führungstor gegen Bayern München erzielt hatte. Sieben Monate später traf Nenad Bjelica vom 1. FC Kaiserslautern gegen Hansa Rostock und pfropfte sich zur Feier des Moments einen Schnuller in den Mund.

Doch all diese Amateurmimen, Kleinkünstler und Hobby-Clowns haben nicht den Hauch einer Chance gegen den echten Meister dieses exzentrischen Fachs, den Chilenen Juan Pablo Úbeda. Der in Südamerika als „Spinnenmann“ bekannte Stürmer streifte sich nach jedem seiner Tore eine „Spiderman“-Maske über das Gesicht. Im Sommer 2004 wurde er zum spanischen Klub Murcia ausgeliehen, der leider, leider nur in der 2. Liga spielte. In der ersten hätte Úbeda nämlich auf Atlético Madrid treffen können – das auf seinen Trikots (wie bereits erwähnt) „Spiderman 2“ bewarb.

Jedes Land hat einen Fußballer, dessen Geschichte mit „Hätte er“ oder „Wäre er“ beginnt. Wäre der Engländer Paul Gascoigne nicht so ein Hallodri gewesen, hätte er es bis ganz nach oben schaffen können? Hätte der Münchener Rudi Brunnenmeier sein Leben besser im Griff gehabt, wäre er heute eine Legende? Historisch bewanderte Fußballfans aus Russland schütteln bei solchen Lebensläufen nur müde den Kopf. Ihnen wurde nämlich auf erheblich tragischere und undurchsichtigere Weise ein Spieler geraubt, der bei der WM 1958 in Schweden Pelé vielleicht den Rang hätte ablaufen können – Eduard Strelzov. (Manchmal liest man auch „Strelzow“ oder „Streltsov“.)

Die Rede ist hier von einem Spieler, der 1955 als erster Russe überhaupt drei Tore in einem Länderspiel schoss – und dann auch noch auswärts. Nach diesem Sieg der UdSSR über Schweden in Stockholm schrieb ein Journalist aus Hamburg: „Strelzov ist ein Typ wie Uwe Seeler, nur noch kälter und gerissener.“ Da war der so Gepriesene erst 17 Jahre alt. Die Rede ist hier auch von einem Spieler, der 1968 zum „Fußballer der Jahres“ in der Sowjetunion gewählt wurde. Da war Strelzov immerhin schon Anfang 30.

Nun wird sich der Leser fragen, warum dieser Strelzov jemandem „geraubt“ worden sein soll, wo er doch anscheinend von 1955 bis 1968 aktiv war. Nun, das war er nicht. Eduard Strelzov verbrachte die fünf potenziell besten Jahre seiner Karriere in einem „Gulag“, einem Arbeitslager. Was ihn dahin brachte, war einerseits die Art von Lebenswandel, die auch Gascoigne und Brunnenmeier behinderte – vornehmlich eine große Liebe für den Alkohol. Andererseits wohl ein Komplott, das aus politischen und ganz privaten Motiven geschmiedet wurde.

Als Strelzov 19 war, begann er eine Affäre mit einem 16-jährigen Mädchen, das ausgerechnet die Tocher eines Mitglieds des Politbüros war, der Ministerin für Kultur. Als die Politikerin Strelzov erklärte, eine Hochzeit wäre nun unausweichlich, sagte der Fußballer ihr unverblümt: „Ich bin schon verlobt und werde ihre Tochter nicht heiraten." Spätestens da begann der Ärger für ihn, der nicht besser dadurch wurde, dass er auch noch als möglicher Republikflüchtling verdächtigt wurde. Im Mai 1958, kurz vor der WM, wurde Strelzov von einer jungen Frau der Vergewaltigung bezichtigt. Bis heute konnte die Sache nie aufgeklärt werden, obwohl vieles auf ein abgekartetes Spiel hinweist. Nur wenige Monate später wurde Strelzov zu zwölf Jahren Zuchthaus verurteilt. Er war 21 Jahre alt.

Eduard Strelzov saß fünf Jahre von dieser Strafe ab, und zwar nicht in einer behaglichen Zelle für Promi-Gefangene. Im Gulag von Lesnoy geriet er mit einem Häftling aneinander, der als Spitzel tätig war und der diesen Streit dazu nutzte, die anderen Insassen gegen Strelzov aufzuwiegeln. Sie schlugen den begnadeten Fußballer fast zu Tode. All diese Details wusste man im Westen natürlich nicht, als Strelzov in den sechziger Jahren wieder auf der Bildfläche erschien, nachdem Leonid Breschnew die Macht übernommen und viele von Strelzovs alten Feinden an Einfluss verloren hatten. „Als gereifter Mensch, der seine Schuld gesühnt hatte, wurde Strelzov auf freien Fuß gesetzt", schreibt deswegen ein zeitgenössisches Europacup-Buch aus dem Copress-Verlag. Ob es überhaupt etwas zu sühnen gab, werden wir nie erfahren. Als der Eiserne Vorhang fiel und Strelzov hätte reden können, war er tot. Er starb 1990 an Kehlkopfkrebs. Im selben Jahr übrigens wie der große Torwart Lev Jaschin, der einst gesagt hatte, Strelzov sei so gut wie Pelé.

092

Als Mario Basler noch beim FC Bayern München spielte, engagierte Manager Uli Hoeneß einen Privatdetektiv, der das (seltene) Kommen und (häufige) Gehen des exzentrischen Stars überwachen sollte. Das war vielleicht gar keine schlechte Idee, wenn man bedenkt, wie oft unbedachte Äußerungen und fragwürdige Aktionen eines kickenden Angestellten seinen Verein in größte Nöte bringen. Was aber tut man, wenn die finanziellen Möglichkeiten es nicht erlauben, einen professionellen Ermittler einzuschalten? Nun, man kann diese Aufgabe zum Beispiel dem Mannschaftskapitän übertragen. So geschehen beim 1. FC Kaiserslautern im Oktober 2004.

Kurz vor dem Heimspiel gegen Leverkusen rief Vorstandschef René C. Jäggi das Team zusammen und erklärte den Spielern, dass ihr Trainer Kurt Jara bei einer Niederlage entlassen werden würde. Schon am nächsten Tag standen Details dieses Ultimatums in der Zeitung. Offenbar hatte einer der Profis unmittelbar nach der Besprechung einen befreundeten Journalisten angerufen und Jäggis Aussagen brühwarm zitiert. Aber welcher? Wer war der Maulwurf? „In der Mannschaft ist jemand, der gegen die Mannschaft ist", sagte Kapitän Timo Wenzel und beriet sich mit dem Vorstand, um grünes Licht für eine ungewöhnliche Aktion zu bekommen: Nach dem Abschlusstraining sammelte er die Handys aller Kollegen ein, um die letzten geführten Gespräche zu kontrollieren. Eine heikle und verantwortungsvolle Mission. Denn es darf als sicher gelten, dass in einer Gruppe von mehr als zwei Dutzend ansatzweise erwachsenen Männern so mancher Anruf protokolliert ist, der nicht der Caritas galt, um eine Spende für Bedürftige zu bestätigen. Wenzel fand auch sehr rasch einen Verdächtigen, nämlich Torwart Tim Wiese. Der hatte laut Mobiltelefon mit einem Reporter der „Bild"-Zeitung gesprochen. Jener gab dann aber sein Ehrenwort, dass die fraglichen Informationen nicht von Wiese weitergegeben worden waren. So blieb Wenzels Suche nach dem Spitzel erfolglos. Wie auch Kaiserslauterns Bemühungen, Leverkusen zu schlagen: Das Spiel endete torlos.

093

Der Heilige Jakobus ist der Schutzpatron aller Galizier, und weil dieser Apostel angeblich in Santiago de Compostela begraben liegt, ist dies einer der berühmtesten Wallfahrtsorte der Welt. Der Schriftsteller Paulo Coelho hat in seinem Buch „Der Jakobsweg" beschrieben, wie er die 700 Kilomter lange Pilgerreise nach Santiago de Compostela bewältigte, und auch der deutsche Komiker Hape Kerkeling hat jenen Pfad schon hinter sich gebracht. Santiago de Compostela – und besonders seine Kathedrale aus dem 12. Jahrhundert – hat eine solch mythische Bedeutung, dass der Trainer von Deportivo La Coruña, Javier

Irureta, „auf den Knien“ dorthin rutschen wollte, falls seine Elf den AC Mailand aus der Champions League werfen sollte. (Was sie prompt tat.)

Jedes Jahr, in dem der Tag des Heiligen Jakobus, der 25. Juli, auf einen Sonntag fällt, gilt den Katholiken Spaniens und allen Pilgern als „Heiliges Jahr“, und 2004 war es wieder so weit. Man sollte nicht glauben, dass ein solches Jahr besondere Werbemaßnahmen erfordert oder dass für eine derartige PR-Aktion ausgerechnet Fußballer engagiert werden, aber im April 2004 geschah genau das vor der altehrwürdigen Kathedrale. Der Regisseur Emil Samper war damit beauftragt worden, einen Werbespot zum „Heiligen Jahr 2004“ zu drehen und hatte zu diesem Zweck unter anderem den Brasilianer Ronaldinho um sein Mitwirken gebeten. Das war keine gute Wahl: Ronaldinho galt als Superstar des katalanischen FC Barcelona und hatte erst wenige Wochen zuvor zwei Tore gegen den Stolz Galiziens geschossen, nämlich gegen Iruretas La Coruña.

Trotzdem schien zunächst alles gut zu gehen, denn Ronaldinho führte seine üblichen Kunststückchen mit dem Ball vor und begeisterte das Kamerateam. Dann forderte ihn Samper auf, „mal möglichst kräftig zu schießen“. Ronaldinho legte sich das Leder zu einem Seitfallzieher hoch, holte aus – und zerschoss ein Kirchenfenster über der „Portica de la Gloria“, dem Hauptportal. „Der Ball ist mir weggerutscht“, sagte er später. „Ich habe mich bei allen entschuldigt, einschließlich Gott. Er war weiterhin gut zu mir.“ Immerhin hatte der Brasilianer so gut gezielt, dass er keines der unschätzbar wertvollen Originalfenster traf, sondern nur eine kleine Glasscheibe neueren Datums. Sie kostete 1,20 Euro.

094

Die Geschmäcker sind verschieden, also kann niemand sagen, welches Fußball-Lied das beste ist. Als sicher darf aber gelten, dass es aus England gekommen sein muss, denn in allen anderen Ländern tut man sich mit dem Thema schwer. (Obwohl „Hansi Müllers Schniedelwutz" von der deutschen Band Walter Elf natürlich seinen eigenen Charme besitzt.) Sucht man nach dem kultigsten Fußball-Song, wird die Auswahl schon kleiner. Der Autor dieser Zeilen plädiert auf „Bobby Moore Was Innocent" von Serious Drinking, aber die meisten Experten verweisen auf eine Stadt am Mersey, direkt gegenüber von Liverpool: Von hier, aus Birkenhead, kam die Band Half Man Half Biscuit, die 1986 auf der B-Seite einer Single erklärte: „All I Want For Christmas Is A Dukla Prague Away Kit". Ein solches „Auswärtstrikot von Dukla Prag" kann man zum Beispiel auf www.eckball.de bestellen, wo sich eine Zeitlang als Hintergrundinfo zu dieser Textilie der folgende Text fand: „Mitte der achtziger Jahre wurde die britische Kultband Half Man Half Biscuit berühmt mit einem Song der unter den Fußballfans legendär wurde."

Das kann man so stehen lassen, aber damit beginnen die Fragen erst. Zunächst: Worum geht es in dem Stück? Interessanterweise nicht um Dukla Prag, sondern um Subbuteo, die englische Variante des Tipp-Kick. „Interessanterweise" deshalb, weil Subbuteo auch eine Rolle in „My Perfect Cousin" von den Undertones spielt. Die Undertones wiederum haben „When Saturday Comes" aufgenommen, das dem berühmtesten Fanzine der Welt seinen Namen gab. Obwohl es auch in diesem Song gar nicht um Fußball geht! Aber wir schweifen ab …

Der Ich-Erzähler in „All I Want For Christmas Is A Dukla Prague Away Kit“ wird von einem Mitglied seiner Clique beim Subbuteo gedemütigt, und um alles noch schlimmer zu machen, besitzt der Angeber ein Auswärtstrikot von Dukla Prag („weil seinem Onkel ein Sportgeschäft gehörte“). Was die nächste Frage aufwirft: warum ausgerechnet Dukla Prag? Selbst die Autoren des Stückes haben nie eine schlüssige Antwort gegeben. Alle Erklärungen, die man findet (und es gibt so einige), bringen vor, dass Trikots von ausländischen, insbesondere osteuropäischen Klubs in den Achtzigern noch Raritäten waren, dass „Dukla Prag“ irgendwie exotisch klang, oder dass besagtes Trikot recht ungewöhnlich aussah (dunkelgelb mit weinroten Ärmeln; bei dem Heimtrikot war es andersherum). Aber vielleicht hatte ein Mitglied von Half Man Half Biscuit in seiner unbewussten Erinnerung gekramt? Denn es gab einen Tag in der englischen Fußball-Geschichte, an dem das Auswärtstrikot von Dukla Prag eine Rolle spielte.

Am 21. Februar 1962 trat Dukla zum Rückspiel im Viertelfinale des Meisterpokals bei Tottenham Hotspur an. Doch es gab ein Problem, denn die Tschechen hatten nicht ihre übliche Auswärtskluft mitgebracht, sondern nur einen Satz weiße Trikots, die von denen der Spurs kaum zu unterscheiden waren. Den ganzen Morgen saß ein Offizieller von Dukla auf dem Flughafen und wartete auf die eiligst georderten dunkelgelben Hemden – aber die Maschine aus Prag konnte wegen schlechten Wetters nicht landen. So bekamen die Gäste von den Engländern Ersatztrikots – in denen sie 1:4 verloren.

0 9 5

Es gibt Schiedsrichter, die sehen alles – sagen jedenfalls manchmal die Reporter. Es gibt auch Schiedsrichter, die sehen nichts – finden gelegentlich die Fans. Und dann ist da noch Rafael „Rafa" Guerrero aus Spanien. Der sieht Sachen, die gar nicht passiert sind, und er hat deswegen sogar in Saragossa seinen eigenen Anti-Fanklub.

Señor Guerrero machte am 29. September 1996 das erste Mal auf sich aufmerksam, als er bei einem Spiel zwischen Real Saragossa und dem FC Barcelona an der Linie postiert war. In der 69. Minute, beim Stand von 3:2 für Saragossa, kam Reals Jésus Angel Solana in leichten körperlichen Kontakt mit Barcelonas Fernando Couto. Guerrero aber fühlte sich bemüßigt einzuschreiten. Zuerst überredete er seinen Chef, Referee González, dazu, einen Elfmeter zu verhängen, dann überzeugte er ihn auch noch von der Notwendigkeit einer Roten Karte – für Xavier Aguado. Der war allerdings an der strittigen Szene überhaupt nicht beteiligt: Guerrero hatte in der Aufregung die Rückennummern verwechselt. Der Strafstoß brachte den Ausgleich, Barcelona gewann noch mit 5:3. „Wir haben nach dem Spiel zehn Minuten lang nur geweint", bat Guerrero anschließend um Vergebung für seinen Fehler.

Da mochte man noch Milde walten lassen, aber fünf Jahre später verwirrte die nächste Fata Morgana Guerreros Sinne, und wieder profitierte Barcelona. Im Dezember 2001 brauchten die Katalanen unbedingt einen Sieg auf Mallorca, kamen aber erst in Fahrt, nachdem Guerrero dafür gesorgt hatte, dass Alvaro Novo in der 23. Minute nach einer angeblichen Tätlichkeit vom Platz gestellt wurde. Auch diesmal hatte allein der Linienrichter irgendein Vergehen bemerkt. Die bizarre Entscheidung machte Novos Kollegen Samuel Eto'o übrigens so wütend, dass er keine zehn Minuten später Barcelonas Thiago Motta umtrat. Das zog die nächste, in diesem Fall berechtigte Rote Karte nach sich. Gegen neun nun vollends entnervte Gegner schoss Barcelona in nur 25 Minuten ein 4:0 heraus.

So richtig lieb gewann man „Rafa" Guerrero in Barcelona dann im Februar 2004, als er es hinbekam, dass der große Star des Rivalen Real Madrid, Zinedine Zidane, beim Pokalspiel in Sevilla des Feldes verwiesen wurde. Was war geschehen? Nun, zunächst bekam Zidane einen Ellenbogenschlag von Sevillas Pablo Alfaro ab. Alfaro galt als Spaniens größter Klopper und ging in seiner Karriere 15-mal (!) früher als seine Kollegen in die Kabine. Zidane konnte also davon ausgehen, dass dieser Hieb durchaus absichtlich war, und daher schob er Alfaro unwillig und etwas heftig mit der Hand von sich weg. Prompt wedelte Guerrero aufgeregt mit seinem Fähnchen. Jeder im Stadion rechnete mit einer Roten Karte für Alfaro und einer Gelben für Zidane. Doch der Franzose musste gehen, der Spanier durfte bleiben. Das erzürnte Reals Sportdirektor Jorge Valdano so sehr, dass er während der Halbzeitpause im Kabinengang eine Rangelei anfing, die das Einschreiten der Polizei nötig machte.

Nun hatte Guerrero so viele Dinge gesehen, die niemand sonst wahrnahm, dass er sich offenbar entschloss, in Zukunft beide Augen zuzudrücken – komme, was wolle. Bei der EM in Portugal, vier Monate nach dem Eklat um Zidane, trug er während der Partie Holland gegen Tschechien die Fahne in der Hand und hatte bei Ruud Van Nistelrooys umstrittenem Tor zum 2:0 das Glück, dass sich heute jeder passive Linienrichter auf ebensolches Abseits berufen kann. Dieselbe Taktik verfolgte er beim Spiel Italien gegen Dänemark. Hier übersah er geflissentlich, wie Francesco Totti den Dänen Christian Poulsen anspuckte. Kein Wunder, dass Mallorcas Trainer Gregorio Manzano einst sagte: „Guerrero ist gefährlicher als ein Affe mit zwei Maschinenpistolen."

096

Am 1. April 1998 fiel in Madrid ein Tor um, was den Fernsehschaffenden Marcel Reif und Günther Jauch erst Sorgen, später dann zwei Preise einbrachte. Ihr 75-minütiges Geplauder, das die Zeit überbrückte, bis das Halbfinale der Champions League zwischen Real und Borussia Dortmund endlich angepfiffen werden konnte, gilt als gleichermaßen amüsanter wie absurder Höhepunkt der Geschichte des Fußballs im Fernsehen. Was mal wieder zeigt, dass die wahren Helden und echten Pioniere vergessen werden, während die Epigonen den Ruhm einheimsen. Als der Madrider Torpfosten knickte, hatten Udo Lattek und Dieter Nickles nämlich schon längst Maßstäbe im Fernsehen gesetzt, die niemand mehr erreichen kann, nicht Jauch und Reif, nicht Delling und Netzer. Ihr großer Tag war der 16. April 1996; ihr großes Pech vielleicht, dass es ein kleiner Sender war, der ihr kabarettistisches Duett ausstrahlte – das Deutsche Sport-Fernsehen (DSF).

An jenem Dienstagabend trat der FC Bayern zum Rückspiel im Halbfinale des UEFA-Cups beim FC Barcelona an. Das war erstens eine tolle Paarung, zweitens das einzige Europacup-Spiel mit deutscher Beteiligung, da alle anderen Bundesligisten schon ausgeschieden waren. Deshalb brauste ein Sturm der Empörung über Deutschland, als bekannt wurde, dass der Sender Premiere sich die Rechte an der Partie gesichert hatte – und sie nur für seine Abonnenten, also verschlüsselt, ausstrahlen würde. In Süddeutschland konnte man die Partie noch im ORF verfolgen, der Rest der Nation hätte bis 23.15 Uhr warten müssen, um die Höhepunkte im ZDF zu sehen. Da verfiel das DSF auf eine geniale, wenn auch abstruse Idee. Der Privatsender hatte kurzfristig seine (ebenfalls ziemlich bizarre) Sporttalkshow „Offensiv" aus dem Programm genommen, um das zweite Halbfinale zwischen Girondins Bordeaux und Slavia Prag live zu zeigen. Und er besaß eine Geheimwaffe, den Spanien-Experten und Ex-Trainer Udo Lattek. Der wurde nun am fraglichen Abend zusammen mit dem Reporter Dieter Nickles in eine spanische Bodega gesetzt, wo die beiden auf einem kleinen Fernseher die Partie in Barcelona verfolgen und sich in das laufende Programm aus Bordeaux einschalten sollten, sobald sich für oder gegen die Bayern etwas tat.

Um 21.40 Uhr zum Beispiel, als Bordeaux und Prag müde den Ball übers Feld trieben, blendete das DSF ein zweites, kleineres Bild auf den Schirm. Nickles, in einem schicken, ärmellosen Pullover, berichtete atemlos: „Eins zu null für den FC Bayern! Man hätte es eigentlich gar nicht geglaubt." Und Lattek führte aus: „War super gemacht, und der Babbel war eigentlich nur der Vollender. Das zeichnet eine Mannschaft aus: im Moment zuzuschlagen, wo der Gegner scheint besser zu sein." Leider konnten die Zuschauer des DSF natürlich nicht sehen, was Nickles und Lattek so erregte. Außerdem waren wegen des Stimmengewirrs in der Kneipe die Worte der beiden Ersatz-Berichterstatter nicht immer genau zu verstehen. Dafür machten sie immerhin den Eindruck, sich in einem durchaus gelösten Zustand zu befinden.

Übrigens konnte man mehr als deutlich erkennen, dass auf ihrem TV-Gerät eine Bierflasche stand, mit dem Etikett zur Kamera. Das war eine Konzession an die sauerländische Brauerei, die das Spiel aus Bordeaux sponsorte und deshalb auch in Barcelona präsent sein wollte. „Uwe, Barcelona hat richtig geschwommen", sagte Nickles. „Ja, sie rennen, rennen, rennen, rennen", antwortete Lattek nebulös.

097

Wenn Sie sich noch an den Text über Peter Kjaer erinnern, dann können Sie Ihren Freunden und Bekannten folgende Aufstellung vorlesen und sie fragen, warum bei dieser Elf nur Kjaer im Tor stehen kann:

Abwehr:
Gaetano de Rosa (AS Bari)
Martin Braun (SC Freiburg)
Georges Grün (RSC Anderlecht)
Andi Lila (FC Iraklis)

Mittelfeld:
Rolf Blau (VfL Bochum)

Stefan Schwarz (Malmö FF)
Franz Roth (Bayern München)

Angriff:
Gerhard Grau (Hertha BSC)
Dennis Violet (Manchester United)
Hartmut Weiß (VfB Stuttgart)

(Wenn Sie es selbst nicht mehr wissen, dann müssen Sie wohl oder übel zurückblättern zu Nr. 062.) Allen Puristen sei gesagt, dass sich die Elf auch stringent aufstellen ließe: Wer den Keeper Kevin Grau vom französischen Klub ES Troyes nicht zwischen die Pfosten stellen will, weil sein Nachnamensvetter Gerhard im Feld ist, der darf auf Billy Gold zurückgreifen, in den dreißiger Jahren Torwart für den FC Bournemouth, die Wolverhampton Wanderers und die Doncaster Rovers.

098

Die Auslosung der Gruppeneinteilung zur WM 2006 in Deutschland bescherte den Fans vielleicht nicht die ganz großen Duelle, abgesehen von den Spielen zwischen Argentinien und Holland in der Gruppe C sowie Italien und Tschechien in der Gruppe E. Wer aber genauer hinsah, der entdeckte eine ganze Reihe von sehr interessanten Partien. So traf das von einem Brasilianer (Zico) trainierte Japan auf Brasilien, während das von einem Schweden (Sven-Göran Eriksson) trainierte England gegen Schweden spielte. Zudem kam es gleich zu drei Begegnungen, bei denen die Kolonialvergangenheit einiger europäischer Länder zum Thema wurde: Frankreich gegen Togo, England gegen Trinidad & Tobago – und vor allem Portugal gegen Angola.

Warum „vor allem"? Nun, nicht nur die politische Geschichte Portugals ist eng mit dem Namen der ehemaligen Kolonie verknüpft, sondern auch die Fußball-Historie: Mauricio de Brito, von 1957 bis 1961 Präsident bei Benfica Lissabon, hatte sein Vermögen mit Kaffee-Importen aus der Kolonie Angola gemacht, was über Umwege dazu führte, dass Benfica auch Spieler aus diesem Land holte, darunter zukünftige Superstars und portugiesische Nationalspieler wie José Aguas. Erst 1975, nach fast 400 Jahren portugiesischer Herrschaft und vielen blutig niedergeschlagenen Aufständen, wurde Angola in die Unabhängigkeit entlassen. Zwei Jahre später bestritt das Land sein erstes Fußball-Länderspiel – aber nicht etwa gegen einen afrikanischen Nachbarn, sondern gegen das politisch befreundete Kuba. Zu einem Spiel gegen Portugal kam es erst Ende der achtziger Jahre; zu gespalten waren offenbar die Gefühle gegenüber dem ehemaligen Kolonialherrn.

Nach dieser ersten Begegnung dauerte es weitere zwölf Jahre, bis sich Portugal und Angola ein zweites Mal auf dem Fußballfeld trafen. Und es ist dieses Spiel, das am 14. November 2001 im Stadion von Sporting Lissabon ausgetragen wurde, auf das näher einzugehen ist – denn die Vorkommnisse jenes Tages waren außergewöhnlich.

Nur etwa 10.000 Zuschauer hatten sich im Stadion eingefunden, die meisten von ihnen angolanische Einwanderer, die in Portugal lebten. Sie waren gekommen, um ein Freundschaftsspiel zu sehen, aber jedem Beobachter war bewusst, dass es nicht allein um Sport ging. Auf gar keinen Fall durfte sich das große Portugal einen Ausrutscher beim Treffen mit der Ex-Kolonie erlauben. Deshalb trat das Team gegen den klaren Außenseiter auch mit fast allen Stars an – von Luis Figo und Pauleta über Paulo Sousa und Fernando Couto hin zu Joao Pinto und Nuno Gomes.

Aber schon in der ersten Minute ging Angola durch António Mendonça in Führung. (Wie die meisten seiner Kollegen spielte er übrigens bei einem portugiesischen Klub, Varzim SC.) Ob dieses frühe Tor die Afrikaner nun glauben ließ, sie hätten eine echte Chance gegen die Stars von Portugal, oder ob sie von Anfang an etwas übermotiviert in die Partie gegangen waren, lässt sich nicht mit Bestimmtheit sagen. Ohne Zweifel aber wurden die nächsten 70 Minuten die anstrengendsten in der Karriere des Schiedsrichters Pascal Garibian aus Frankreich.

In der 12. Minute sah der Angolaner Yamba Asha die Gelbe Karte. Nur fünf Minuten später sprang er mit gestrecktem Bein gegen das Knie von Joao Pinto und wurde völlig zu Recht des Feldes verwiesen. In der 25. Minute beging Angolas Verteidiger Wilson ein Foul im Strafraum, was eine Gelbe Karte und einen Elfmeter zur Folge hatte. Der Strafstoß wurde zwar nicht korrekt ausgeführt, aber Monsieur Garibian ließ das 1:1 trotzdem gelten. Das trug möglicherweise dazu bei, dass Wilson kaum 60 Sekunden später gleich mehrere seiner Körperteile dazu nutze, um Luis Figo von den Beinen zu holen. Das war die zweite Rote Karte gegen Angola, und die dritte ließ nur eine weitere Minute auf sich warten – dann durfte Franklim Luis Manuel seinen zwei Teamkameraden unter der Dusche Gesellschaft leisten.

Zur Pause lagen die Angolaner 1:3 hinten und hatten nur noch acht Spieler auf dem Platz. Das muss ihnen die Lust auf die zweite Hälfte genommen haben, denn sie verfielen auf einen ungewöhnlichen Plan, um die Partie nicht zu Ende spielen zu müssen. Zwischen der 45. und der 61. Minute wechselte Trainer Mário Calado gleich sieben Spieler aus, was die Ersatzbank komplett leerte. (Das taten auch die Portugiesen – aber die hatten ja noch elf Mann auf dem Rasen.) Drei Minuten nach der letzten möglichen Einwechselung sprang Verteidiger Neto, der einzige Spieler aus der Startelf, der noch auf dem Feld war, mit beiden Beinen voran in einen Portugiesen. Zum vierten Mal an diesem Tag zückte Referee Garibian Rot. Es war auch das letzte Mal – denn kurz darauf stürzte Angolas Hélder Vicente augenscheinlich schwer verletzt zu Boden. Da niemand mehr auf der Bank war, der ihn vertreten konnte, und da eine Mannschaft mindestens sieben Spieler auf dem Platz haben sollte, brach Pascal Garibian die Partie beim Stand von 5:1 ab. Zu diesem Zeitpunkt hatten die wenigen verbliebenen Zuschauer schon längst damit begonnen, die Tribünen zu demolieren.

099

Im Februar 1999 hatte der englische Drittligist Bristol Rovers gerade eine kleine Serie hingelegt: acht Punkte aus den letzten vier Spielen. Aber niemand sollte Hilfe ablehnen, wenn sie angeboten wird, und so zeigte sich der Klub durchaus interessiert, als zwei Männer behaupteten, es gäbe ein unfehlbares Mittel, um drei Punkte gegen Gillingham zu sichern – Feng Shui. Jene chinesische Lehre vom Leben in Harmonie mit der Umgebung war zu dieser Zeit der letzte Schrei in vielen westlichen Kulturen. Es erschien den Rovers also nicht weiter ungewöhnlich, dass Guy De Beaujeu und Patrick Stockhausen (sie heißen wirklich so!) behaupteten, sie wären Feng-Shui-Experten, die „die spirituelle Balance“ des Stadions in Bristol verbessern und so dem Team zum Sieg verhelfen könnten.

In Wahrheit hatten die zwei von Feng Shui so viel Ahnung wie David Beckham von der Heisenberg'schen Unschärferelation. Sie waren vielmehr Produzenten und Hauptdarsteller einer neuen Comedy-Serie fürs Fernsehen. „Beim Klub ist man komplett auf uns reingefallen“, sagte De Beaujeu später. „Sie haben alles getan, was wir wollten – ohne zu fragen. Wir hatten uns ein paar Ideen aufgeschrieben, aber nach einer Weile fingen wir an, uns bloß irgendwas auszudenken, um zu sehen, wir weit wir es treiben könnten.“ Die Antwort: sehr weit. Zunächst baten die angeblichen Experten darum, einen Keramik-Frosch auf das Eingangstor zum Stadion zu stellen, dann wollten sie vier Blumenkübel in der Umkleidekabine der Rovers platzieren. Je mehr dieser Forderungen klaglos erfüllt wurden, desto mutiger wurden De Beaujeu und Stockhausen. Könnte man die Stühle im VIP-Bereich so drehen, dass sie in dieselbe Richtung weisen? Natürlich. Dürfen überall im Stadion Windspiele aufgehängt werden? Sicherlich. Wäre es möglich, dass Angestellte des Vereins in regelmäßigen Abständen die WCs kontrollieren, um sicherzugehen, dass alle Toilettendeckel unten sind? Aber klar doch. Ist es machbar, dass hinter dem Tor, auf das die Rovers spielen, eine Schüssel mit Plastikfischen aufgestellt wird? Kein Problem. Den Verantwortlichen von Bristol ging wohl erst auf, dass man sie auf den Arm genommen hatte, als Gillingham die Partie mit 1:0 gewann. Die Rovers beendeten die Saison auf Platz – 13.

100

Der spanische Torhüter Iker Casillas ist ein echtes Glückskind. Im Mai 2002 zum Beispiel saß er nur auf der Bank, als Real Madrid im Champions-League-Finale gegen Bayer Leverkusen antrat. Aber in der 68. Minute prallte sein Torwartkollege Cesar so unglücklich mit Lucio zusammen, dass Ersterer verletzt ausgewechselt werden musste. Casillas kam ins Spiel und wurde durch drei Glanzparaden in den letzten Minuten zum Helden des Tages. Trotz dieser tollen Leistung wäre Casillas nicht als Spaniens Nummer eins zur WM gefahren, wenn sich Valencias Santiago Cañizares nicht kurz vor dem Turnier auf sehr bizarre Weise verletzt hätte. So rutschte Casillas schon wieder unvermittelt in eine Elf und war am 17. Juni in Seoul erneut der Star, weil er im Achtelfinale gegen die Republik Irland gleich drei Strafstöße hielt: einen während der regulären 90 Minuten, zwei im Elfmeterschießen. Doch der junge Mann gab sich anschließend ganz bescheiden: „Elfmeter sind eine Lotterie. Mal hält man drei, mal keinen."

Eine solche zurückhaltende Aussage passt zu Casillas bodenständigem Charakter. In der Saison 1999/2000 war er der einzige Spieler im Kader von Real Madrid, der mit öffentlichen Verkehrsmitteln zum Training kam. Er schwor sogar „beim Leben seiner Mutter", dass ihm Geld nichts bedeutet. Ikers Mutter heißt übrigens Maria Carmen Fernandez und hat einen Friseursalon in Madrid. Man darf vermuten, dass sie noch immer etwas zusammenzuckt, wenn sie hört, dass ihr ältester Sohn ein „Glückskind" ist, dass er Elfmeter für eine „Lotterie" hält, dass er sich „aus Geld nichts macht". Als Iker noch jünger war, schickten ihn seine Eltern nämlich mal mit einem Lottoschein zur Annahmestelle. Der Bub hatte aber Besseres zu tun, wahrscheinlich Fußball spielen, und vergaß völlig, das Los abzugeben. Es hätte 1,5 Millionen Euro gewonnen.

101

Nun, da die FIFA nach langem Bitten, Flehen und Fordern endlich dem Ansinnen Australiens entsprochen hat und das Land nicht mehr dem schwachbrüstigen Kontinentalverband Ozeanien zurechnet (sondern Asien), ist es an der Zeit, der spektakulärsten sieben Tage in der Geschichte der WM-Qualifikationen zu gedenken. Denn so etwas, wie sich in der zweiten Aprilwoche 2001 zutrug, werden wir aller Wahrscheinlichkeit nach nicht mehr erleben.

Die Australier begannen den ersten Teil ihrer recht langen WM-Qualifikation am 9. April 2001 mit einem Heimspiel gegen Tonga in der Ozeanien-Gruppe 1. Der Austragungsort war das „International Sports Stadium" in Coffs Harbour, und natürlich galt der Gastgeber als Favorit. Er war sogar ein so hoher Favorit, dass viele europäische Klubs nicht einsahen, warum sie ihre australischen Spieler für eine solche Partie freistellen sollten. Das störte aber Nationaltrainer Frank Farina kein bisschen, denn er wusste, welch großen Wert die FIFA darauf legt, dass Nationalspieler zu Länderspielen anreisen dürfen.

Umso größer war Farinas Verblüffung, als er kurz vor der Partie erfuhr, dass die FIFA nicht bloß den Standpunkt der Spitzenvereine unterstützte – sondern ihm sogar rundheraus verbot, Profis zu nominieren, die ihr Brot in Europa verdienten! Für Farina bedeutete das: kein Bret Emerton (Feyenoord Rotterdam), kein Mark Viduka (Leeds United), kein Paul Agostino (1860 München), kein Mark Schwarzer (Middlesbrough), kein Shaun Murphy (Sheffield). Im November hatte Australien noch mit einem Kader gegen Schottland gespielt, in dem nur ein einziger Spieler stand, der auch in Australien seinem Beruf nachging. Nun, in der WM-Qualifikation, sollte Farina sein Team ausschließlich aus solchen Akteuren zusammenstellen.

Am Ende zeigten sich nur ein paar wenige europäische Klubs nachgiebig und erlaubten den Australiern, Australier einzusetzen – darunter die Glasgow Rangers, die Craig Moore und Tony Vidmar freigaben, sowie die SpVgg Unterhaching, die David Zdrilic reisen ließ. Der Rest des australischen Teams bestand vor allem aus Kickern von South Melbourne, Adelaide City, Perth Glory – und den Marconi Stallions. Von letzterem Klub kam ein 22-jähriger Stürmer namens Archie Thompson, der erst Ende Februar sein Debüt für die Nationalelf gegeben hatte.

Diese australische Mannschaft gewann am 9. April 2001 gegen Tonga mit 22:0. Thompson kam in der 73. Minute, beim Stand von 16:0, auf den Rasen. Vor 1.500 Zuschauern markierte er sechs Minuten später den 18. Treffer. Die nächsten beiden Tore der Australier sorgten für einen neuen Rekordsieg in der Geschichte der WM-Qualifikationsspiele, und das 21:0 in der 85. Minute durch Con Boutsianis überflügelte dann auch noch die Bestmarke für reguläre FIFA-Länderspiele überhaupt. (Bis dahin gehalten von Kuwait, dank eines 20:0 gegen Bhutan aus dem Jahre 2000.)

Dass auch ein 22:0 kein Rekord für die Ewigkeit ist, das bewiesen die Australier schon kaum 48 Stunden später. Am 11. April trafen sie, wieder in Coffs Harbour, auf Amerikanisch Samoa. (Nicht zu verwechseln mit Samoa, zu diesem Land kommen wir noch.) Diesmal stand Archie Thompson in der Startelf und traf schon nach zwölf Minuten. Und nach 23, 27, 29, 32, 37, 42, 45, 56, 60, 65, 85 und 88 Minuten. In der 75. Minute wurde ihm zudem ein vermutlich korrektes Tor aberkannt, was zu ein wenig Verwirrung führte, da einige Nachrichtenagenturen anschließend ein Ergebnis von 32:0 übermittelten. In Wahrheit hatte Australien aber nur 31:0 gewonnen. Schon nach 65 Minuten dieses Spiels konnten die Gastgeber ihren erst zwei Tage alten Weltrekord überbieten, und da der Torschütze des 23:0 Thompson hieß und dies sein elfter Treffer des Tages war, wurde er auch gleich noch Inhaber einer individuellen Bestmarke. Bis dahin hatten der Deutsche Gottfried Fuchs (1912) und der Däne Sofus Nielsen (1908) mit je zehn Toren in einem Länderspiel den Rekord gehalten.

Aber noch immer war die Woche der Australier nicht vorbei. Drei Tage später, am 14. April, schlugen sie Fidschi mit 2:0. Und noch einmal 48 Stunden später, also am 16. April, wurde Samoa mit 11:0 besiegt. Mit anderen Worten: In nur sieben Tagen bestritt Australien vier Länderspiele und schoss dabei durchschnittlich alle 330 Sekunden ein Tor. Mit, wohlgemerkt, einer Notelf.

102

Welchen Beruf sollten Fußballer ergreifen, sobald sie erwachsen sind? Das ist schwierig zu beantworten, denn nur wenige Spieler können dem Spiel – und seinem Glamour – entfliehen und werden daher häufig Trainer, Manager oder Berater. Es geht aber auch anders. Manche Kicker sind nach ihrer ersten Karriere so umtriebig, dass ihre Laufbahn auf dem Rasen fast in Vergessenheit gerät. Wie zum Beispiel Horst Nussbaum, der für Tennis Borussia Berlin und den PSV Eindhoven spielte. Mitte der sechziger Jahre änderte er seinen Namen in Jack White, wurde Musikproduzent und fummelte 1989 so lange an „Rivers of Babylon" von Boney M herum, bis dabei „Looking for Freedom" herauskam – der Nummer-eins-Hit für David Hasselhoff.

Noch viel, viel bunter trieb es jedoch der Holländer Hans Boskamp. Der Sohn des Opernsängers und Schauspielers Johan Boskamp wurde 1932 in Rotterdam geboren, trat aber schon mit elf Jahren der Jugendabteilung von Ajax Amsterdam bei. Als 19-Jähriger wurde Boskamp Nationalspieler und lief 1952/53 viermal in der Abwehr der Niederlande auf. Dann stockte seine Karriere etwas, weil in jenen Jahren der Streit um die Einführung des Profifußballs tobte. Boskamp war einer der Vorreiter: Er schloss sich dem 1954 gegründeten BVC Amsterdam an, weil „BVC" für „Betaald Voetbalclub" stand, also für das bis dahin unbekannte Vollprofitum. Interessanter ist aber, was Boskamp tat, nachdem die Stollenschuhe am wohlverdienten Nagel Platz genommen hatten.

Rollen wir das Feld von hinten auf: Noch heute kann man Hans Boskamp auf den Bühnen Hollands sehen, wenn er im Smoking Schlager und Chansons zum Besten gibt – oder Anekdoten über Trainer Rinus Michels. In den zwei Jahrzehnten davor, also den Neunzigern und Achtzigern, fiel Boskamp hauptsächlich als Fernsehschauspieler auf, der in einem halben Dutzend Serien mitwirkte. Für viele junge Holländer war das ein seltsamer Effekt, denn sie waren vor allem mit seiner Stimme aufgewachsen: In den Siebzigern lieh Boskamp eben jene nämlich Oskar – dem Mülltonnenbewohner aus der Sesamstraße.

Ob die Macher dieser Kindersendung wohl wussten, dass Boskamp da schon etwas Jugendgefährdendes hinter sich hatte? Im Jahre 1973 sorgte er für Schlagzeilen, weil er in Paul Verhoevens Film „Turks Fruit" eine größere Rolle spielte. „Turks Fruit" heißt auf Deutsch „Türkische Früchte" und war sogar für den Oscar nominiert (nicht den aus der Tonne). Das „Lexikon des internationalen Films" schreibt allerdings, der Film sei „eine oft schockierende, streckenweise ekelerregende Mischung aus krassem Sex und genüsslichem Sadismus". (Mehr Erfolg hatte Verhoeven später mit „Basic Instinct".) Noch vor „Oskar" und den „Türkischen Früchten" lagen die Sechziger, und in denen war Boskamp ein Musicalstar, arbeitete für die Plattenfirma EMI und war bestens bekannt mit – John Lennon. Im März 1969 organisierte Boskamp nicht nur die Hochzeitsreise von Lennon und Yoko Ono, sondern auch das legendäre erste „Bed-In" im Hilton-Hotel von Amsterdam. „Wir saßen sieben Tage im Bett und unterhielten uns mit Reportern", sagte Lennon später über diese Aktion. Boskamp erinnert sich: „Sie kicherten dauernd, ließen Bänder und Platten laufen, und wenn sie allein waren, wollte Yoko immer singen. Sie konnte nicht singen. Es war grauenvoll." Vor den sechziger Jahren gab es noch die fünfziger, aber da war Boskamps Leben eher langweilig. Er spielte ja bloß Fußball.

103

Früher, als der Eiserne Vorhang noch munter im Ostwind flatterte, sagte man den Mannschaften, die den Warschauer Pakt vertraten, oft böse Dinge nach. Denken wir nur an die siebziger Jahre und die Ausflüge der Bayern in die DDR: Mal übernachteten die Münchener diesseits der Grenze, weil sie fürchteten, abgehört und beschattet zu werden, mal nahmen sie ihre eigene Verpflegung mit, weil sie Angst davor hatten, vergiftet zu werden. Das war natürlich böswillige Propaganda – oder zumindest die Art von Furcht, die aus Unwissenheit entsteht. Obwohl … Vielleicht ging die Skepsis der Kapitalisten auch auf den ersten Besuch eines kommunistischen Teams im Westen überhaupt zurück. Der fand zwar schon im November 1945 statt, aber die diversen Tricks, die Dynamo Moskau in seinem Verlauf vorführte, mögen Langzeitwirkung gehabt haben.

Dynamo reiste auf seiner Tournee durch Wales, England und Schottland mit einem großen Tross, unter anderem mit einer sehr schweigsamen Übersetzerin, die sich weigerte, die Kabinentrakte zu betreten, sodass ihr Nutzen für die britischen Journalisten extrem begrenzt war. Ebenfalls dabei war der wichtigste Mann des Klubs: Lavrenty Pavlovich Beria, zugleich Chef der Geheimpolizei. Ihm und dem ganzen Land waren die Spiele so wichtig, dass er sich in jedem Hotel, in dem Dynamo abstieg, eine Direktleitung zu Stalin legen ließ, um den sofort über die Ergebnisse zu informieren. Drei Partien lang war Stalin sehr zufrieden. Moskau schlug die Waliser von Cardiff City 10:1, den FC Arsenal aus London 4:3. Dann folgte ein 3:3 gegen Chelsea, bevor das letzte Spiel anstand, in Glasgow bei den Rangers. Vielleicht begannen die Probleme der Moskowiter mit den Rangers schon, als die Schotten gute Gastgeber sein wollten und ein altes, gerahmtes Foto aus Russland in Dynamos Kabine hängten. Leider stammte das Bild noch aus der zaristischen Zeit, weshalb ihm ein kleiner „Unfall“ widerfuhr: Als die Schotten es nach dem Spiel wieder abholen wollten, fanden sie es inmitten von Glasscherben auf dem Kabinenboden.

Kurz vor dem Spiel beschwerte sich Dynamo plötzlich darüber, dass die Rangers Jimmy Caskie aufstellen wollten, der gerade vom FC Everton verpflichtet worden war. Das, so meinten die Russen, ginge nicht an, weil Caskie kein Rangers-Spieler gewesen war, als man die Tournee ausgehandelt hatte. Vielleicht vermuteten sie, die Kapitalisten würden an einem All-Star-Team basteln, um die Kommunisten zu schlagen. Allerdings hatten sie selbst nicht anders gehandelt: Viele Spieler im Kader kamen gar nicht von Dynamo, sondern gehörten eigentlich zu ZSKA Moskau und waren extra für die Tour zwangsrekrutiert worden. Noch beim Essen vor dem Spiel appellierte ein Offizieller des schottischen Verbandes, Dynamo möge doch dem Einsatz von Caskie zustimmen. Die Russen schüttelten schweigend die Köpfe und verließen den Raum.

Die Partie wurde am 28. November 1945, einem Mittwoch, um 14.15 Uhr angepfiffen. Trotz der frühen Anstoßzeit füllten fast 95.000 Menschen den Ibrox Park. Schon nach zwei Minuten sahen sie das 0:1 durch Kartsev. Derselbe Spieler erhöhte Mitte der ersten Hälfte auf 0:2. Doch obwohl die Russen stark und technisch brillant spielten, war die Partie keineswegs einseitig. Die Rangers hatten nach dem ersten Gegentor einen Elfmeter vergeben, und als sie kurz vor der Pause zum Anschluss kamen, mussten die Gäste um den Sieg fürchten. Also versuchten sie einen kleinen Trick. Als die zweiten 45 Minuten begannen, fiel dem Schotten Torry Gillick trotz des heraufziehenden Nebels auf, dass etwas nicht stimmte. Zunächst war er sich nicht sicher, was ihn störte, aber dann blieb er stehen und begann, die Gegner zu zählen. Schließlich lief er zum Schiedsrichter Tommy Thomson hinüber und wies ihn darauf hin, dass Dynamo zwölf Mann auf dem Feld hatte. Thomson, ganz britischer Gentleman, ging natürlich von einem peinlichen Versehen der Gäste aus, trotzdem unterbrach er die Partie und bat Moskau, jemanden vom Platz zu nehmen. Als das geschehen war, ging das Spiel freundschaftlich weiter. Durch einen weiteren Elfmeter glich Glasgow zum 2:2 aus und traf in der Schlussphase noch den Pfosten.

104

Zu den WM-Anekdoten, die stets für die meiste Heiterkeit sorgen, zählt die Geschichte von den Indern, die ihre Teilnahme am Turnier von 1950 absagten, weil sie nicht barfuß spielen durften. Dabei war die ganze Angelegenheit eher traurig, zumindest für die indischen Fußball-Fans und auch für die Spieler selbst. Denn die Hauptschuld daran, dass Indien nicht als erstes asiatisches Team bei einer WM-Endrunde antreten konnte, trug vor allem der Verband des Landes.

Zu den Hintergründen muss man zunächst wissen, dass Indien 1950 keineswegs zu den Ländern zählte, für die der Fußballsport noch recht neu war. Ganz im Gegenteil: Der seit 1888 ausgespielte Durand-Pokal, benannt nach seinem englischen

Stifter Sir Mortimer Durand, ist der drittälteste Fußball-Wettbewerb der ganzen Welt. (Nur um den englischen und schottischen Pokal wird schon etwas länger gespielt.) Zweitens hatte die Sache mit den Schuhen nichts damit zu tun, dass die Inder etwa zu arm oder zu rückständig gewesen wären. Die Fußballer waren es einfach gewohnt, ohne Schuhe zu spielen, was auch daran lag, dass viele von ihnen vom Feld-Hockey kamen.

Viele der starken asiatischen Hockey-Teams, wie zum Beispiel auch Pakistan, spielten lange Zeit barfuß, was bei dieser Sportart nun wirklich nicht von Nachteil ist – wie man gerade in Deutschland schmerzlich erfahren musste: Im Finale des olympischen Hockey-Turniers von 1936 traf Gastgeber Deutschland nämlich auf den Titelverteidiger Indien und lag zur Pause nur 0:1 im Rückstand. Dann zog der Inder Dhyan Chand seine Schuhe aus – und nahm die deutsche Abwehr fast im Alleingang auseinander. Indien siegte 8:1.

Bei den nächsten Olympischen Spielen, 1948 in London, war Indien dann auch im Fußball vertreten. Die Mannschaft unterlag nur denkbar unglücklich mit 1:2 gegen Frankreich: Das Siegtor der Franzosen fiel in der 89. Minute, und die Inder vergaben gleich zwei Elfmeter. Man liest heute meistens, dass alle indischen Spieler damals barfuß gespielt hätten, aber das ist falsch. Einige von ihnen trugen sehr wohl Schuhe, obwohl der Großteil des Teams sich dagegen entschieden hatte.

Im Jahr nach diesen Olympischen Spielen meldete der Verband – die AIFF (All-India Football Federation) – die Nationalmannschaft für die Qualifikationsspiele zur WM 1950 an, woraufhin die FIFA aus Indien und drei anderen asiatischen Teams die Gruppe 10 bildete. Jene drei Teams (Burma, Indonesien und die Philippinen) zogen aber plötzlich ihre

Anmeldungen zurück – und Indien hatte sich kampflos für das Turnier qualifiziert.

Jene 1950er WM sollte in Brasilien ausgetragen werden, was der FIFA schon eine Menge Ärger eingebracht hatte. Frankreich zum Beispiel sagte seine Teilnahme einfach ab, als den Funktionären bewusst wurde, welche Entfernungen zwischen den einzelnen Spielorten in Brasilien lagen. Das Teilnehmerfeld schrumpfte monatlich, und so machte die FIFA der AIFF ein verlockendes Angebot: Der Weltverband wollte die Kosten für die Anreise der Mannschaft übernehmen und hatte auch schon eine Fluggesellschaft (die holländische KLM) und eine Route parat (über Delhi und Amsterdam nach Rio). Doch der indische Verband forderte noch mehr – eine Ausnahme von der Regel, dass alle Spieler Schuhe zu tragen hätten.

Das Seltsame an dieser Geschichte ist, dass die Funktionäre der AIFF völlig eigenmächtig handelten. Sie besprachen sich mit keinem der Trainer und fragten keinen der Spieler. Die meisten von denen hätten nämlich klaglos in Schuhen gespielt und waren von der Forderung ihres Verbandes entsetzt. Denn da die FIFA die Regel bezüglich des Schuhwerkes gerade erst eingeführt hatte, bestand nie eine Chance für die AIFF, ihren Willen durchzusetzen. Vermutlich suchte der Verband einfach bloß einen Vorwand, um die WM zu boykottieren. Ähnlich handelte er nämlich auch in den nächsten Jahren: Die Meldung zur WM 1954 schickte er erst nach Ablauf der Frist weg, und in den folgenden vier Jahrzehnten kam dann vor einer Weltmeisterschaft gar keine Reaktion mehr aus Neu-Delhi.

An den olympischen Fußballturnieren nahm Indien jedoch regelmäßig teil – und durchaus mit Erfolg. Vor dem ersten Auftritt der Elf bei den Spielen 1956 in Melbourne erinnerten sich die Veranstalter an das Barfuß-Theater mit der FIFA und fragten vorsichtig an, ob die Inder etwas dagegen hätten, in Schuhen zu spielen. Das hatten sie nicht. Sie baten lediglich darum, dass ein Spieler, der durch das ungewohnte Gewicht an den Füßen einen Krampf bekäme, seine Schuhe wieder ausziehen dürfte. Dann gingen die Inder auf den Platz und schlugen den Gastgeber Australien vor 12.000 Zuschauern mit 4:2. (Dreifacher Torschütze war der 24-jährige Neville D'Souza, der nebenbei auch noch Hockey spielte.) Die Australier waren so schockiert, dass sie die Inder sofort um eine Revanche baten. Elf Tage später, nach dem Ende der Olympischen Spiele, traten die beiden Teams in Sydney noch einmal gegeneinander an. Diesmal gewann Indien 7:1.

105

Im Sommer 2002 waren im deutschen Profifußball ganz offenbar bizarre Mannschaftsfotos in Mode. Eintracht Frankfurt kutschierte seine Spieler auf den heimischen Flughafen, bei Union Berlin postierte man den Kader vor ein Schloss und packte ein wirklich unfassbares Maskottchen daneben: einen mehr als zwei Meter großen Ritter mit einer Knollennase im Gesicht – und einem Morgenstern in der Hand. Doch es war wieder einmal der FC St. Pauli, der in dieser Konkurrenz der Eigenwilligen den Sieg davontrug. Der Klub fuhr seine Spieler zur Justizvollzugsanstalt Fuhlsbüttel, auch als „Santa Fu" bekannt, und bereitete vor dem mächtigen Tor des Gefängnisses die Foto-Session vor. Mit auf das Bild kamen zwei (echte) Mitarbeiter der JVA, die durch Handschellen an die Profis Hauke Brückner und Marcos Marcao gekettet wurden. Die anderen Mitglieder des Teams verschränkten die Hände hinter dem Rücken, als wären sie gefesselt. Zudem trugen der Zeugwart, der Masseur, der Physiotherapeut und der Busfahrer jene blaßblauen Drillich-Hemden, wie sie einem auf den Fluren solcher Anstalten begegnen. (Falls man dort je hinkommt.)

Aber das war noch nicht alles. Links neben St. Paulis amerikanischem Verteidiger Cory Gibbs nahm Manfred Haustein Platz, einst Libero der SpVg Mölln. Stolz trug er das Trikot mit der Nummer „40“, ernst blickte er in die Kamera. Trainer Dietmar Demuth sagte später der Zeitschrift „Sport-Bild“: „Manni hat sich sehr professionell eingeführt. Er ist unheimlich abgeklärt und wird uns mit seiner Erfahrung sicher weiterhelfen.“ Das sollte sich als Wunschdenken herausstellen, denn St. Pauli beendete die Spielzeit auf dem 17. Platz und stieg in die Regionalliga ab. Das war aber nicht die Schuld von Haustein, denn der war gar kein Fußballprofi, sondern Angestellter einer Sparkasse. Für 2.501 Euro hatte er bei eBay seinen Platz auf diesem Bild ersteigert. Der entweder traditionsbewusste oder humorlose „kicker“ druckte es übrigens in seiner Saisonvorschau nicht ab, sondern wählte ein langweiliges Alternativbild. Ohne Haftanstalt, ohne Handschellen und ohne Haustein.

In der Bunten Liga Aachen kicken Inter Sociale und Lokomotive Lousberg. Die Bunte Liga Oldenburg kennt Rote Armee Fußball und Spartak/TBD. Und zur Bunten Liga Freiburg gehören Torpedo Breisgau und die Roten Socken. All diese Teams heißen, wie sie wollen (und spielen oft auch so). Das liegt daran, dass sie nie in Kontakt mit Funktionären gekommen sind, denn sonst trügen sie wohl treudeutsche Namen wie Borussia oder Germania.

Ende 1981 gründete sich in Kassel der Freizeitsportclub Dynamo Windrad mit dem Ziel, in der nächsten Saison eine Mannschaft für die Kreisliga zu melden. Am 12. Juli 1982 wurde der Klub beim Amtsgericht notiert, was aus ihm einen richtigen „e. V." machte, einen eingetragenen Verein. Doch damit begannen die Probleme erst, denn um am regulären Ligabetrieb teilnehmen zu können, bedurfte es einer Anmeldung bei einem Mitgliedsverband des DFB, in diesem Fall beim Hessischen Fußball-Verband. Und der hatte seine eigene Meinung zum Neuankömmling, die zu einer bizarren Serie von bürokratischen Steil-, Rück- und Doppelpässen führte. Sie seien hier nur in aller Kürze aufgeführt; bei Interesse finden sich noch verwirrendere Details auf der Internetseite des Klubs.

Am 20. April schrieb der HFV: „Ihren Vereinsnamen Dynamo Windrad können wir bei allem Wohlwollen auf keinen Fall anerkennen. Wir müssen den Namen ‚Dynamo' hier erwähnen, der zu sehr den Gepflogenheiten der Vereine der Ostblockstaaten ähnelt." Windrad Kassel schlug sich mehr als ein Jahr mit dem Landessportbund und unterrangigen Gerichten herum, bis der Verein im Juni 1983 vor dem Landgericht

Recht bekam. („Der Begriff ‚Dynamo' bezeichnet ein Gerät zur Energieumwandlung und ist daher politisch neutral", befanden die Richter.) Doch der hessische Verband zeigte die Zähne, ging in die Berufung und drohte mit einem Gang bis vor das oberste Gericht Deutschlands, Entschuldigung: Westdeutschlands. Tatsächlich hatte die Berufung dermaßen Erfolg, dass sogar eine Revision seitens Dynamo ausgeschlossen wurde. Dagegen klagten die verhinderten Kicker 1985 beim Verfassungsgericht, das gerade anderweitig nichts zu tun hatte und sich daher in aller Ruhe mit der Sachlage befassen konnte. „In aller Ruhe" meint: drei Jahre. Dann verlor Dynamo auch das nächste Spiel.

Im September 1989 machte das Hickhack, das die Medien ohnehin schon sehr belustigte, neue Schlagzeilen, weil Dynamo Windrad Kassel sich um Aufnahme in den Turn- und Sportbund der DDR bemühte – oder, wie der Klub es formuliert, um „sportliches Asyl in Thüringen" bat. Doch auch der DTSB wollte oder konnte die Hessen nicht aufnehmen. Aber er wurde doch ein wenig weich und beging einen Fehler, dessen historische Auswirkungen noch immer spürbar sind: Er lud die Kasselaner („als ersten westdeutschen Fußballclub", wie sie schreiben) in das andere Deutschland ein. Zwei Monate später fiel die Mauer. Im April 1991 mahnte der Landessportbund Hessen von den bisher boykottierten Windrädern völlig überraschend den „Beitrag für das Jahr 1991" an. Dynamo überwies; am 18. August wurde das erste reguläre Spiel des Vereins angepfiffen.

107

Der Schwede Glenn Schiller arbeitet heute als Berater einer Handvoll Profis, die außerhalb Skandinaviens kaum bekannt sind. (Seine Firma trägt den klangvollen, aber diffusen Namen „Active Relation Sweden AB".) Sicherlich wissen seine Klienten, dass Schiller vor knapp einem Vierteljahrhundert als Spieler des IFK Göteborg den UEFA-Cup gewann. Vermutlich kennen sie auch den Spitznamen, den er sich während seiner aktive Karriere hart erfeierte: Schiller hieß bei seinen Kollegen und in der Presse nur „Disco", weil er in ebensolchen Etablissements einen Großteil seiner Freizeit verbrachte und ein echter Hallodri war. Aber es ist eher unwahrscheinlich, dass Schillers Spieler wissen, dass ihr Agent seinen größten Erfolg als Profi fast verpasst hätte, weil man den coolen Disco-Glenn auf dem Klo eingesperrt hatte, während das Finale um den UEFA-Pokal lief...

Das passierte am 19. Mai 1982 im Hamburger Volksparkstadion. Göteborg hatte zwei Wochen zuvor das erste Endspiel daheim gegen den HSV mit 1:0 gewonnen – auf einem komplett verschlammten Rasen und durch ein Tor in der 88. Minute. In dieser ersten Partie war Schiller zur Pause in die Partie gekommen, und das war recht typisch. „Disco" zählte nicht automatisch zur ersten Elf, obwohl er beim entscheidenden Halbfinalsieg gegen Kaiserslautern durchspielen durfte. Normalerweise war er der erste Mann, den Trainer Sven-Göran Eriksson für eine Einwechslung vorsah: Im Viertelfinale gegen Valencia kam Schiller sogar schon nach 25 Minuten auf den Rasen.

Auch in Hamburg sollte „Disco" nun zunächst auf der Ersatzbank sitzen. Und das hieß, dass er einer der letzten Göteborger sein würde, die kurz vor Spielbeginn noch einmal die Keramikabteilung des Stadions aufsuchten. Dieser kollektive Gang zur Toilette war unter Eriksson nämlich zu einer Routine der Mannschaft geworden: Die Startelf ging zuerst und steuerte danach das Spielfeld an; die Ersatzspieler warteten, bis ihre Kollegen sich erleichtert hatten, verrichteten dann ihr eigenes Geschäft und verließen anschließend den Kabinentrakt.

Nun hatte dieses gemeinschaftliche Urinieren den Nachteil, dass auch Spieler zur Toilette gingen, die gar nicht mussten. Schiller zum Beispiel saß an jenem 19. Mai etwas länger auf dem Klo. Und zwar so lange, dass er nicht mitbekam, wie alle seine Kollegen schon längst in den Schein des Flutlichts getreten waren. Oder dass der zuständige Platzwart inzwischen seiner Pflicht und Schuldigkeit nachgekommen war. Während eines Spiels muss der Kabinentrakt nämlich verschlossen sein – und das war er jetzt.

Während draußen das bis dahin wichtigste Spiel der Göteborger Klubgeschichte (und des gesamten schwedischen Vereinsfußballs) angepfiffen wurde, stand Schiller einsam in den Katakomben und schlug mit den Fäusten gegen eine verschlossene Tür. Wir wollen es der absoluten Konzentration der Schweden auf die Partie zuschreiben, dass es niemandem vom IFK auffiel, dass einer der Spieler fehlte. (Eriksson sagte später: „Wenn das Spiel beginnt, dann denkt man über so etwas nicht nach. Man steht nicht vor der Bank und zählt seine Spieler!") Vor allem, da Göteborg die Begegnung gegen den großen Favoriten fulminant begann: Die Schweden verteidigten nicht etwa ihren knappen Vorsprung, sondern griffen an! Schon nach zwei Minuten scheiterte Tommy Holmgren mit einem Kopfball nur ganz knapp.

Dann kam, was kommen musste. Nach etwa einer Viertelstunde, während der Schiller sich die Seele aus dem Leib geschrien hatte, um aus der Kabine befreit zu werden, verletzte sich Göteborgs Abwehrspieler Glenn Hysén. Bange Momente folgten. Momente, in denen Eriksson und sein Co-Trainer Gunder Bengtsson darauf warteten, ob Hysén aus dem Spiel genommen werden müsste. Momente, in denen ein Hamburger Platzwart den Kabinentrakt aufschloss, weil er ein merkwürdiges Wummern und Schreien hörte.

Schließlich signalisierte Hysén, dass er nicht weiterspielen konnte. Bengtsson ging zum Linienrichter, um eine Auswechslung anzumelden. Eriksson wandte sich zur Bank, um Schiller Anweisungen zu geben. In genau diesem Augenblick trat „Disco“ aus dem Kabinengang auf den Rasen und rannte zu seinen Kollegen. Möglicherweise glaubte Eriksson, dass sich Schiller in weiser Voraussicht bereits aufgewärmt hatte; jedenfalls schickte er ihn augenblicklich in die Partie. „Ich hatte die Bank noch nicht erreicht, als man mir sagte, ich würde eingewechselt. Ich war nicht aufgewärmt, nicht vorbereitet, gar nichts“, erinnerte sich Schiller Jahrzehnte später in einem Interview mit dem schwedischen Fußball-Magazin „Offside“. Sieben Minuten nach Schillers Einwechslung flankte Holmgren und Dan Corneliusson schoss das 0:1. Zwei weitere Tore der Gäste folgten, der IFK holte als erster Klub aus Schweden eine europäische Trophäe.

108

Im April 1998, wenige Wochen vor Beginn der Weltmeisterschaft, fegte eine bizarre Diskussion durch den ewig rauschenden Blätterwald der englischen Presse. Auslöser der Debatte war wieder einmal das Enfant terrible Paul Gascoigne. Allerdings hatte der für seine Eskapaden berüchtigte Mittelfeldspieler diesmal eigentlich gar nichts getan. Oder jedenfalls nichts weiter Ungewöhnliches oder gar Neues. Er rauchte bloß. Und das schon seit sechs Jahren.

Nun aber, im Vorfeld des großen Turniers, forderten einige Gesundheits-Aktivisten, dass jemand, der sein Land vor den Augen der ganzen Welt auf dem Fußballplatz vertritt, sich seiner Vorbildfunktion bewusst zu sein habe. Clive Bates von der Anti-Tabak-Initiative „ASH" sagte: „Wir zählen bei der WM auf Gascoigne. Aber er muss auch daran denken, wie er sich vor der Welt präsentiert."

Die Sache lief vollends aus dem Ruder, als der über diese Forderungen verärgerte Nationaltrainer Glenn Hoddle erklärte, er habe auf gar keinen Fall vor, seinen Spielern das Rauchen zu verbieten. „Paul raucht, seit er in Italien gespielt hat", sagte Hoddle. „Wenn ich es ihm jetzt untersage, könnte das nachteilige Auswirkungen haben." So richtig für Tumult sorgte aber sein schnippischer Nachsatz: „Der Argentinier Osvaldo Ardiles hat 40 Stück am Tag geraucht, als er 1978 Weltmeister wurde."

Die CRC, Englands größte Organisation zur Bekämpfung von Krebs, reagierte sofort: „Gascoigne und Hoddle haben ein Eigentor geschossen. Der englische Löwe sollte brüllen – nicht mit rasselndem Atem keuchen." Dass Gascoigne soff wie ein Loch (und sich später selbst als Alkoholiker bezeichnen würde), war hingegen kaum ein Thema. In England, das schon 1965 die Tabakwerbung im Fernsehen verbot, gelten diesbezüglich etwas scheinheilige Regeln. In dem Buch „Der Traumhüter", das von den Erlebnissen des deutschen Torwarts Lars Leese beim FC Barnsley handelt, heißt es: „Als sich Leese (...) eine Marlboro light anzündete, fragte ihn Mitspieler Darren Sheridan entgeistert: ‚Was, du rauchst?' ‚Schau dich doch an", entgegnete Leese. Was Leese meinte, verstand Sheridan nicht, der gerade sein sechstes Glas Bier trank."

Aber vielleicht gerade weil diese Doppelmoral so verbreitet ist, gibt es in England auch eine Organisation namens „Forest", die – man glaubt es kaum – das Rauchen fördern will. Und die griff nun in die Hoddle/Gascogine-Debatte ein und veröffentlichte ein All-Star-Team der Raucher. „Forest" nominierte folgende Mannschaft:

Tor: Dino Zoff (Italien)
Abwehr: Gerson (Brasilien), Jack Charlton (England), Frank Leboeuf (Frankreich)
Mittelfeld: Socrates (Brasilien), Bobby Charlton (England), Osvaldo Ardiles (Argentinien), David Ginola (Frankreich), Robert Prosinecki (Kroatien)
Sturm: Jimmy Greaves (England), Malcolm Macdonald (England)
Trainer: Cesár Luis Menotti (Argentinien)

Das ist eine beeindruckende Elf, in der zum Zeitpunkt der Veröffentlichung fünf WM-Gewinner standen. (Leboeuf wurde einige Wochen später der sechste rauchende Weltmeister – und dürfte bei der anschließenden Feier so manche Kippe von

Torwart Fabien Barthez geschnorrt haben.) Aber man hätte sie durchaus noch stärker aufstellen können. So nominierte „Forest" die beiden Engländer Macdonald und Greaves, die an keiner WM teilnahmen, obwohl auch der große Michel Platini dem Nikotin nicht abgeneigt war. Als Giovanni Agnelli, Präsident von Juventus Turin, seinem französischen Superstar einmal deswegen Vorhaltungen machte, sagte Platini mit treuherzigem Augenaufschlag: „Die Hauptsache ist doch, dass [der Dauerläufer im Mittelfeld] Massimo Bonini nicht raucht."

Und dann wäre da natürlich noch der unvergleichliche Johan Cruyff, der als Spieler 20 Zigaretten am Tag rauchte und diesen Konsum nach seiner aktiven Karriere auf bis zu vier Packungen steigerte. Vermutlich entschloss sich „Forest", Cruyff zu ignorieren, weil der 1991 einen schweren Herzinfarkt erlitt und danach auf Dauerlutscher umstieg.

Aber selbst die Intervention von „Forest" konnte Gascoigne am Ende nicht helfen. Am 31. Mai 1998 gab Hoddle seinen WM-Kader bekannt. Zur allgemeinen Überraschung war Gascoigne nicht dabei, weil der Trainer ihn für „nicht fit genug" hielt. Mit von der Partie war aber Teddy Sheringham. Vier Tage später veröffentlichte eine Boulevard-Zeitung Fotos, die ihn rauchend in einem Nachtklub zeigten. Und damit ging die nächste Debatte los.

1 0 9

Was mag in der Kabine einer Nationalelf vor sich gehen, die in wenigen Minuten ein WM-Finale zu bestreiten hat? Vielleicht wird der Trainer seine Spieler noch einmal an ihre Aufgaben erinnern und sie auf die kommenden 90 Minuten einstimmen. Vielleicht nutzt er auch die Taktiktafel, um noch ein letztes Mal Formationen, Spielzüge und Zuordnungen zu demonstrieren. Vielleicht macht das Team aber auch gar nichts, sondern verbringt die verbleibende Zeit in stiller, abgeschotteter Konzentration auf die kommende Aufgabe.

Die Veranstalter der WM 2002 wollten es genau wissen. Als das Endspiel zwischen Deutschland und Brasilien vorbei war, die Siegerehrung stattgefunden hatte und die beiden Teams wieder auf dem Weg in ihre Hotels waren, inspizierte das Stadionpersonal die zwei Mannschaftskabinen. Und dort erlebte es eine Überraschung.

Die Deutschen hatte ihre Kabine – man möchte sagen: natürlich – aufgeräumt und die Taktiktafel fein säuberlich abgewischt. Die Brasilianer hingegen hatten der Nachwelt gleich mehrere Nachrichten hinterlassen. So stand zum Beispiel „Jesus te ama“ auf der Tafel („Jesus liebt dich“) und „Jesus Cristo salve“ („Jesus Christus steht [uns] bei“). Interessanter war aber, dass sich die Brasilianer vor dem Finale offenbar nicht nur mit religiösen Botschaften beschäftigt hatten, sondern sehr eingehend mit etwas so Weltlichem wie Mathematik.

Auf der rechten Seite der Taktiktafel fand sich nämlich unter der Überschrift „Está escrito“ („Es steht geschrieben“) eine Rechnung, in der die Zahl 3964 von entscheidender Bedeutung ist. Dort stand zum Bespiel:

„Argentina: 1978 + 1986 = 3964“

Das bezog sich auf die beiden Weltmeistertitel, die Brasiliens großer Rivale Argentinien bisher gewonnen hatte: 1978 im eigenen Land und 1986 in Mexiko. Auch über ihren Finalgegner Deutschland hatten sich die brasilianischen Spieler Gedanken gemacht:
„Alemanha: 1974 + 1990 = 3964“

Auch zwei der bisher von Deutschland gewonnenen Titel ergeben also als Summe 3964, wenn man die Jahreszahlen zusammenzählt. Damit hatten die Brasilianer jetzt den Weg bereitet, um auf sich selbst zu sprechen – oder zu zählen – zu kommen, denn nun folgte:
„Brasil: 1970 + 1994 = 3964“

Die brasilianischen WM-Triumphe, die in Mexiko und den USA errungen wurden, ergeben ebenfalls 3964, wie man sieht. Blieben noch zwei Siege Brasiliens übrig, der von 1958 und der von 1962. Die Summe dieser Zahlen ist aber 3920! Scheiterte hier die Rechnung der „Seleção“? Mitnichten, denn nun kam die erste verblüffende Pointe:
„Brasil: 1962 + 2002 = 3964“

Wer immer es war, der die Taktikbesprechung vor dem Endspiel von 2002 dazu nutzte, ein wenig mit Zahlen herumzuspielen – der Trainer, ein Betreuer oder ein Spieler –, er hatte dem Team mathematisch bewiesen, dass es das folgende Spiel gegen Deutschland gewinnen würde, ja musste. Doch damit gab er sich noch nicht zufrieden, denn es blieb ihm ja noch immer

eine Jahreszahl übrig. Und so schloss die Rechnung mit einer Prophezeiung:
„Brasil: 1958 + 2006 = 3964"

Vier Jahre später, eben 2006 in Deutschland, zeigte sich, dass ein Fehler in der Rechnung gewesen sein muss, denn Brasilien schied vorzeitig aus. Was eigentlich schade ist, denn ansonsten würde Deutschland im Jahre 2010 mit Sicherheit Weltmeister. (Alemanha: 1954 + 2010 = 3964)

110

Wo wir gerade von einem All-Star-Team der Raucher sprachen, könnte man eigentlich auch mal den 24-Mann-Kader erwähnen, den deutsche Fußball-Journalisten beim Wettbewerb um die Grammatik-WM melden dürften (in der indogermanischen Qualifikationsgruppe „Adjektive").

Tor:
Frank Böse (FC St. Pauli)
Reinhard Mager (VfL Bochum)

Abwehr:
Sascha Dum (Bayer Leverkusen)
Michael Klein (Eintracht Frankfurt)
Marco Kurz (Schalke 04)
Walter Rauh (Karlsruher SC)

Philipp Lahm (Bayern München)
Thomas Süss (Karlsruher SC)
Friedhelm Dick (Rot-Weiß Oberhausen)
Kurt Lang (1. FC Kaiserslautern)

Mittelfeld:
Fabian Ernst (Werder Bremen)
Thomas Lässig (Hansa Rostock)
Tasso Wild (Hertha BSC Berlin)
Wolfgang Kraus (Eintracht Frankfurt)
Kai-Uwe Schnell (Bayer Uerdingen)
Siegfried Stark (Karlsruher SC)
Dieter Harig (Borussia Neunkirchen)
Alfred Schön (Waldhof Mannheim)

Sturm:
Heiko Herrlich (Borussia Dortmund)
Gustav Jung (Wuppertaler SV)
Benjamin Lauth (1860 München)
Alfred Heiß (1860 München)
Hans-Jürgen Sperlich (Hamburger SV)
Siegfried Reich (Hannover 96)

Trainer:
Christian Gross
Heinz Höher

1 1 1

Kommen wir zum Schluss zu den Ersten, denn die sollen ja laut Heiliger Schrift die Letzten sein. Ein holländischer Freund und Kollege von mir besuchte im August 2007 die Begegnung zwischen dem 1. FC Kaiserslautern und der SpVgg Greuther Fürth. Und anlässlich dieses Spiels machte er sich so seine Gedanken über deutsche Vereinsnamen. Was ihn aber ins Grübeln brachte, war nicht etwa das Fürther Ungetüm von Namen, sondern das „1. FC" der Pfälzer. „Was genau soll das eigentlich bedeuten? Ich schätze mal, es gibt keinen 2. FC", schrieb er.

Nun, Ernst, viele deutsche Leser werden jetzt über dich lächeln und denken: „Was für eine Frage! Natürlich heißt 1. FC, dass das der erste Fußballclub der Stadt war und ist!" Hm. Ganz so einfach ist die Sache nicht.

Nehmen wir zum Beispiel den berühmten 1. FC Köln. Der entstand im Jahre 1948 und war nicht der erste Fußballverein der Domstadt. Auch nicht der zweite oder dritte oder vierte oder ... In diesem Moment werfen Fans der Kölner gerne ein, dass ihr Verein ja aus einer Fusion heraus entstand, weshalb das offizielle Gründungsdatum im offiziellen Vereinsnamen auch „01/07" lautet. (Oder muss das heißen „Gründungsdaten"? Ach, die Deutschen machen es einem aber auch nie einfach.) Doch auch keiner der beiden Vorläufervereine des 1. FC, der Kölner BC 01 und die SpVgg Sülz 07, war der erste Fußballklub der Stadt. Das war entweder der Kölner FC von 1899 oder der FC Borussia 1899 (heute VfL Köln 1899). In diesem speziellen rheinischen Fall sollte das „Erster" im Namen also weniger auf Chronologie verweisen, sondern in der Tat auf eine Vormachtstellung.

Nicht genug damit, dass es also 1. FCs gibt, die gar nicht der erste FC sind – es gibt auch 1. FCs, die zu Anfang gar nicht so hießen. Der 1. FC Kaiserslautern trägt erst seit 1932 diesen Namen, gegründet wurde er 1900 als simpler „FC Kaiserslautern". Der 1. FC Saarbrücken hieß (als eigenständiger Verein) zunächst FV Saarbrücken; die Eins kam erst nach dem Zweiten Weltkrieg in den Namen. Sogar der älteste Verein im Westen der Republik, der 1894 gegründete 1. FC Mönchengladbach, war lange ein ganz normaler FC (die „1" steht erst seit 1950).

Wie man sieht, bevorzugten die wahren Gründerväter noch das klassisch englische FC oder das etwas eingedeutschte FV oder Artverwandtes. Das wirft die Frage auf: Wem eiferten die ganzen Klubs nach, die sich später in „1. FC" umbenannten? Wer erfand diese teutonische Eigenart, wer war der Erste der Ersten? Nun, das sind zwei Fragen, die unterschiedliche Antworten erfordern.

Der Verein, den die meisten Nachzügler imitierten, ist mit ziemlicher Sicherheit der große 1. FC Nürnberg. Der hieß wirklich schon bei seiner Gründung im Mai 1900 „1. FC", um aller Welt zu zeigen, dass er der erste in Nürnberg gegründete Fußballklub war. Die Sache hatte allerdings gleich zwei Haken. Erstens spielte der neue Verein nicht das, was heute „Fußball" heißt, sondern Rugby. Und zweitens hatte es schon vor ihm zwei andere Fußballklubs gegeben, was die Gründer des FCN aber vermutlich nicht wussten.

Bliebe noch die Frage, ob der 1. FC Nürnberg der erste deutsche Verein war, der sich so nannte. Nein, das war er nicht. Wem diese Ehre gebührt, das muss aber vorerst offen bleiben. Auch auf die Gefahr hin, den Leser unbefriedigt wieder in seinen Alltag zu entlassen: Der Autor tippt auf den „1. Hanauer

Fußball-Club 1893", der am 23. März des im Namen genannten Jahres so gegründet wurde; aber man kann ja immer noch eines Besseren belehrt werden.

DER AUTOR

Ulrich Hesse-Lichtenberger wurde 1966 in Dortmund geboren. Er arbeitete lange als freier Autor für Magazine im In- und Ausland; 2002 veröffentlichte er die erste umfassende Geschichte des deutschen Fußballs in englischer Sprache („Tor! The Story of German Football“, WSC Books), von der es inzwischen auch eine japanische Fassung gibt. Bis 2004 war er Chefredakteur der deutschen Ausgabe des offiziellen UEFA-Magazins zur Champions League, im folgenden Jahr erschien im Verlag Die Werkstatt sein Buch zur Geschichte der Europapokale („Flutlicht und Schatten“). Heute leitet Hesse-Lichtenberger die Redaktion einer Internet-Firma – deren Name auf eine seiner Geschichten im vorliegenden Band zurückgeht.